文史哲學集成

張仁青著

魏晉南北朝文學思想史 下冊

文史哲出版社印行

魏晉南北朝文學思想史 / 張仁青著. -- 初版. -- 臺北市:文史哲, 民 92 印刷
面 ; 公分. -- (文史哲學集成 ; 24)
參考書目：面
ISBN 957-547-306-x (平裝)

1 中國文學 － 六朝（222-588）－ 評論 2. 中國 － 哲學 － 六朝（222-588）－ 評論

820.903

文史哲學集成

魏晉南北朝文學思想史

著　者：張　仁　青
出版者：文　史　哲　出　版　社
http://www.lapen.com.tw
登記證字號：行政院新聞局版臺業字五三三七號
發行人：彭　正　雄
發行所：文　史　哲　出　版　社
印刷者：文　史　哲　出　版　社
臺北市羅斯福路一段七十二巷四號
郵政劃撥帳號：一六一八〇一七五
電話 886-2-23511028・傳真 886-2-23965656

上下冊實價新臺幣五四〇元

中華民國六十七年(1978)十二月初版
中華民國九十二年(2003)九月初版

ISBN 957-547-306-x

魏晉南北朝文學思想史 下冊

目　次

表目錄

第六章　魏晉南北朝之文學思想（一）

第一節　建安時代㈠

建安時代，乃文學自覺之時代，亦文學思想轉變之樞鍵也。前乎此者爲周秦兩漢，文學依附學術，爲扶翼道德、維繫彝倫之工具，固無獨立生命可言。洎乎建安，時移世異，文運大昌，在自由空氣之彌漫下，文士乃驟然覺醒，以爲文學自有其崇高的價值與無窮的生命，亟宜革除儒家實用之觀念，突破倫理道德之藩籬，而勇向藝術至上的唯美主義之路邁進。加以名士標榜之習，漸染九州，人倫月旦之風，扇揚天下，載筆之倫，乃與之步調一致，臧否黑白，陟黜篇章，遂使文壇上洋溢蓬勃之朝氣，呈現往古得未曾有之壯觀。文學思想自此而日趨複雜，文學批評亦自此而益臻美備，著其先鞭者，其魏文帝曹丕乎。四庫提要集部詩文評類敍云：

> 文章莫盛於兩漢，渾渾灝灝，文成法立，無格律之可拘。建安黃初，體裁漸備，故論文之說出焉，典論其首也。

蓋曹氏之前，有論文之實，而無專篇之作，專篇論文，實始曹氏。其論文雖寥寥不及千言，而文學之不朽論、鑑賞論、批評論，以至文體論、文氣論、文德論等，無不畢具，多能言前人之所未言，發前人之所未發。對後世之文學思想、文學創作、文體區分，有極深遠之影響，故曹氏此作，實綰千數百年文學轉移之紐者也。玆將建安一代及稍後文學思想之有關文運升降者，述於左方。

一　曹丕典論論文

曹丕之文學思想，分見於所著典論論文、與吳質書、與王朗書諸文中，而以典論論文爲最要，此篇爲中國文學批評之嚆矢，自是以後，始見專門論文之篇章，故曹氏實魏晉文學自覺時代之先驅者。

曹氏雅好文學，以著述爲務，三國志魏書謂其所勒成垂百篇，隋書經籍志有魏文帝集十卷，典論五卷。典論原書凡二十篇，據卞蘭贊述太子表見藝文類聚卷十六，知是書成於爲太子時，乃曹氏所精心結撰，故嘗以素書典論及詩賦餉孫權，又以一紙寫一通與張昭，其自喜可知。惜其書久已散佚，今全篇存者，僅文選所載之論文，及三國志裴松之注所引之自敘而已。其他篇名見於羣書所引者，有論太宗、論孝武、論周成漢昭等十一篇，清嚴可均全漢文輯爲一卷。

典論論文雖僅六百餘言，而涵蓋至廣，首先指出古今文人相輕之通病，次言論文應持之態度，次評建安七子詩文之長短，次論文體各有所宜，次論才性各有所偏，末贊文章之不朽，而以成一家言之可貴終焉。今特摻入他文，分加論述。

(一)文學不朽論

曹丕之中心思想，在於確認文學有獨立之生命，與永恆之價值。典論論文云：

蓋文章，經國之大業，不朽之盛事。年壽有時而盡，榮樂止乎其身，二者必至之常期，未若文章之無窮。是以古之作者，寄身於翰墨，見意於篇籍，不假良史之辭，不託飛馳之勢，而聲名自傳於後。故西伯幽而演易，周旦顯而制禮，不以隱約而弗務，不以康樂而加思。夫然，則古人賤尺璧而重寸陰，懼乎時之過已。而人多不强力，貧賤則懾於饑寒，富貴則流於逸樂，遂營目前之務，而遺千載之功。日月逝於上，體貌衰於下，忽然與萬物遷化，斯志士之大痛也。

視文章爲經國之大業，不朽之盛事，此意漢末王充已數數言之，其論大抵見於論衡之超奇、佚文、書解、案書、須頌、對作、自紀諸篇。佚文篇云：

文人之休，國之符也，望豐屋，知名家，睹喬木，知舊都，鴻文在國，聖世之驗也。

書解篇云：

案古俊乂，著作辭說，自用其業，自明於世。世儒（按指說經著）當時雖尊，不遭文儒（按指著作者）之書，其跡不傳。

然當時文學猶附麗於學術之中，故王充所論，初不專在文學。曹氏觀念中之文章，雖仍不脫漢人窠臼（如文王演易周公制禮皆以爲文章之事），然已賦予獨立之價值，不朽之生命，且能一洗儒家氣味，隱然有取代儒家地位之意圖，以視王充，進步已多，蓋新觀念之建立，要難一蹴而幾也。三國志魏文帝紀裴注引魏書云：

帝初在東宮，疫癘大起，時人彫傷，帝深感歎，與素所敬者大理王朗書曰：『生有七尺之形，死惟一棺之土，惟立德揚名，可以不朽，其次莫如著篇籍。疫癘數起，士人彫落，余獨何人，能全其壽。』故論撰所著典論詩賦，蓋百餘篇，集諸儒於肅城門內，講論大義，侃侃無倦。

按春秋叔孫豹有言：『太上有立德，其次有立功，其次有立言，雖久不廢，此之謂不朽。』左傳襄公二十四年曹氏生丁亂世，兵疫踵起，生命無常，德功難立，故退而著書立說，庶垂休名於後世，與前論相發明。近儒王國維氏頗能推闡曹氏之意，持論甚精，其言曰：

生百政治家，不如生一大文學家。何則，政治家與國民以物質上之利益，而文學家則與以精神上之利益。夫精神之與物質，二者孰重，物質上之利益，一時的也，精神上之利益，永久的也。前人政治上所經營者，後人得一旦而壞之。至古今之大箸述，苟其箸述一日存，則其遺澤且及於千百世而未沫。故希臘之有荷馬也，意大利之有但丁也，英吉利之有莎士比亞也，德意志之有哥德也，皆其國人人之所尸而祝之，社而稷之者。而政治家無與焉，彼等誠與國民以精神上之慰藉，而國民之所恃以爲生命者。若政治家之遺澤，決不能如此廣且遠也。靜庵文集教育偶感

又曰：

世人喜言功用，我姑以其功用言之。夫人之所以異於禽獸者，豈不以其有純粹之知識，與微妙之感情哉。至於生活之欲，人與禽獸何以異。後者政治家及實業家之所供給，前者之慰藉滿足，非求諸哲學及美術不可。就其所貢獻於人之事業言之，其性質之貴賤，固以殊矣。至就其功效之所及言之，則哲學家與美術家之事業，雖千載以下，四海以外，苟其所發明之眞理，與其所表之記號之尚存，則人類之知識感情，由此而得其滿足慰藉者，曾無以異於昔。而政治家及實業家之事業，其及於五世十世者希矣。此又久暫之別也。靜庵文集論哲學家及美術家之天職

推王氏之意，以為文學上可華國，下可榮身，極具崇高之價值。又以為文學家、哲學家、美術家皆優於政治家，若律以叔孫豹之三不朽，則立言遠在立功之上。其重視文學，可以概見，溯厥淵源，則猶曹氏之遺意也。

(二)文學批評論

昔人每以功利或教化之眼光觀察一切文學作品，如詩經與楚辭，乃先秦南北文學之名著，而卜商則謂：『關雎，后妃之德也，風之始也，所以風天下而正夫婦也。』（毛詩關雎序）王逸亦稱：『離騷之文，依詩取興，引類譬諭。故善鳥香草，以配忠貞，惡禽臭物，以比讒佞，靈修美人，以媲於君，宓妃佚女，以譬賢臣。』凡不合於『文以載道』之旨者，非遭曲解，即遭擯棄，其阻礙純文學之發展，何可勝言。至於曹氏，乃一掃前習，還我眞面，品騭文學，率以氣勢與個性為標準。其評鄴下諸子之作品云：

王粲長於辭賦，徐幹時有齊氣，然粲之匹也。如粲之初征、登樓、槐賦、征思，幹之玄猿、漏卮、圓扇、橘賦，雖張蔡不過也。然於他文，未能稱是。琳瑀之章表書記，今之雋也。應瑒和而不壯，劉楨壯而不密。孔融體氣高妙，有過人者，然不能持論，理不勝辭，以至乎雜以嘲戲，及其所善，揚班儔也。（典論論文）

孔璋章表殊健，微為繁富。公幹有逸氣，但未遒耳，其五言詩之善者，妙絕時人。元瑜書記翩翩，致足樂也。仲宣獨自善於辭賦，惜其體弱，不足起其文，至於所善，古人無以遠過。（與吳質書）

一再强調氣勢在文學上之重要性，又反覆說明作家個性與文學風格之關係，在文學批評史上誠屬首見。嗣是以往，文學遂逐漸消除倫理色彩，遠離教化立場，而蓬勃發展，芳香四溢矣。

曹氏固以新觀念品評同時作家，而品評前代作家，則猶是儒家本色。如較論屈原司馬相如作品之優劣云：

或問屈原相如之賦孰愈。曰：優游案衍，屈原之尙也，窮侈極妙，相如之長也，然原據託譬喻，其意周旋，綽有餘味矣，長卿子雲意未能及已。（北堂書鈔一百引典論論文）

又評賈生過秦論云：

余觀賈誼過秦論，發周秦之得失，通古今之制義，洽以三代之風，潤以聖人之化，斯可謂作者矣。（太平御覽五百九十五引典論論文）

儒家教化與致用之文學觀，依稀騰躍紙上，此非曹氏自相矛盾，良以飫讀經書者，要難脫然自外於儒家，而不受絲毫影響，矧儒家學術思想又素爲統治階級所喜愛乎。

㈢文學鑑賞論

文學鑑賞帶有批評之成分，衡文必須公正，態度貴能客觀。好異甘酸，是丹非素，固非所宜。文人相輕，貴遠賤近，尤爲文學鑑賞之蔽障。曹氏以爲非掃除此種蔽障，不足以言鑑賞。玆分論之：

⑴文人相輕　文人相輕之習，無時無之，無地無之，蓋詞壇之通病也。曹氏嚴加指斥曰：

文人相輕，自古而然。傅毅之於班固，伯仲之閒耳，而固小之，與弟超書曰：『武仲以能屬文爲蘭臺令史，下筆不能自休。』（典論論文）

既又揭舉文人所以相輕之故曰：

夫人善於自見，而文非一體，鮮能備善，是以各以所長，相輕所短。里語曰：『家有敝帚，享之千金。』斯不自見之患也。今之文人，魯國孔融文擧，廣陵陳琳孔璋，山陽王粲仲宣，北海徐幹偉長，陳留阮瑀元瑜，汝南應瑒德璉，東平劉楨公幹。斯七子者，於學無所遺，於辭無所假，咸自以騁驥騄於千里，仰齊足而並馳。以此相服，亦良難矣。（同上）

夫文體繁夥，兼善爲難，而褊狹文人，每以己之所長，譏人之短，是不識文章之大體也。劉勰嘗申述其意而慨乎言之曰：

知音其難哉。音實難知，知實難逢，逢其知音，千載其一乎。夫古來知音，多賤同而思古，所謂日進前而不御，遙聞聲而相思也。昔儲說始出，子虛初成，秦皇漢武，恨不同時。既同時矣，則韓囚而馬輕，豈不明鑒同時之賤哉。至於班固傅毅，文在伯仲，而固嗤毅云下筆不能自休。及陳思論才，亦深排孔璋，敬禮請潤色，歎以爲美談，季緒好詆訶，方之於田巴，意亦見矣。故魏文稱文人相輕，非虛談也。（文心雕龍知音篇）

似此作消極之慨歎者實繁，而爲積極之建議者蓋寡。獨曹氏云：

蓋君子審己以度人，故能免於斯累。（典論論文）

謂可以正『文人相輕』，『敝帚千金』之習也。蓋文學鑑賞之頗平，惟有深於此道者始優爲之。易言之，惟有高明作家始有此識見，有此資格，而不流爲個人之好惡。劉氏亦云：

凡操千曲而後曉聲，觀千劍而後識器。故圓照之象，務先博觀。閱喬岳以形培塿，酌滄波以喻畎澮，無私於輕重，不偏於憎愛，然後能平理若衡，照辭如鏡矣。（文心知音篇）

謂所以祛『賤同』之方也。要之，文學鑑賞必出以至公至正之態度，恢廓宏大之器量，乃可以糾正創作上偏頗之失。若暗於自見，明於燭人，但知『賤同』，一味『相輕』，則必流於謾罵而非鑑賞，其貽害文壇，寧有紀極耶。

⑵貴古賤今　崇古抑今、貴遠賤近之惡習，貽害文壇，尤甚於文士之相輕。蓋文人相輕之習，只限於少數成名作家，而貴古賤今之習，則凡載筆之倫均受沾染。以爲前人之作，句句珠玉，今人之作，字字糞土，無視於事理之有殊異，質文之有代變，舉今人鏤肝鉥腎、嘔心瀝血之創作，不問良莠，不別雅鄭，一筆而抹殺之，長此以往，後人將永難超軼前人，而文化亦將停滯而不能進步，固不止文學一端已也。故曹氏云：

常人貴遠賤近，向聲背實。（典論論文）

此項見解，漢陸賈、桓譚、王充已屢言之（詳見新語、新論、論衡），初非曹氏之創獲。如桓譚云：

親見揚子雲容貌不能動人，安肯傳其書。（新論）

王充云：

俗好高古而稱所聞。前人之業，菜果甘甜，後人新造，蜜酪辛苦。（論衡超奇篇）

又云：

夫俗好珍古不貴今，謂今之文不如古書。夫古今一也，才有高下，言有是非，不論善惡而徒貴古，是

謂古人賢今人也。……才有淺深，無有古今，文有眞僞，無有故新。論衡案書篇

儒家信而好古之精神，所予文學界之影響至大，王充爲突破傳統之大思想家，反抗之情特著，故不恤與此立異。

經過陸桓王曹諸子之大肆抨擊，文壇上貴古賤今之習，依然如故，及至唐代，且有變本加厲之勢焉。下列三事，可當一臠。

劉知幾史通鑒識篇：

若乃老經撰於周日，莊子成於楚年，遭文景而始傳，值嵇阮而方貴。若斯流者，可勝紀哉。故曰廢興、時也，窮達、命也。適使時無識寶，世缺知音，若論衡之未遇伯喈，太玄之不逢平子，勢將煙燼火滅，泥沈雨絕，安有歿而不朽，揚名於後世者乎。

白居易與元九書：

夫貴耳賤目，榮古陋今，人之大情也。僕不能遠徵古舊，如近歲韋蘇州之歌行，才麗之外，頗近興諷。其五言詩，又高雅閑淡，自成一家之體，今之秉筆者誰能及之。然當蘇州在時，人亦不甚愛重。必待身後，人始貴之。

柳宗元與友人論爲文書：

嗟乎，道之顯晦，幸不幸繫焉，談之辯訥，升降繫焉，鑒之頗平，好惡繫焉，交之廣狹，屈伸繫焉。則彼卓然自得以奮其間者，合乎否乎，是未可知也。而又榮古虐今者比肩疊跡。大抵生而不

遇，死則垂聲者衆焉。揚雄沒而法言大興，馬遷生而史記未振，彼之二子，且猶若是，況乎未甚聞著者哉。固有文不傳於後祀，聲遂絕於天下者矣。

或歎知音之稀，或悲時運之移，雖遭遇不同，窮厄各別，所以興慨，其致一也。千載以後之章實齋，更爲之扼腕太息曰：

莊子曰：『天下之治方術者，皆以其有爲不可加矣。』夫耳目口鼻，皆有所明，而不能相通，而皆以己之所治爲不可加，是不自知之過也。天下鮮自知之人，故相知者少也。……凡受成形者，不能無殊致也，凡稟血氣者，不能無爭心也。有殊致，則入主出奴、黨同伐異之弊出矣，有爭心，則挾恐見破，嫉忌詆毀之端開矣。……人之所以異於木石者，情也，情之所以可貴者，相悅以解也。賢者不得達而相與行其志，亦將窮而有與樂其道，不得生而隆遇合於當時，亦將歿而俟知己於後世。然而有其理者不必有其事，接以迹者不必接以心，若可恃若不可恃，若可知若不可知。後之視今，亦猶今之視昔。嗟乎，此伯牙之所以絕絃不鼓，而卞生之所以抱玉而悲號者也。文史通義知難篇

千古一例，文士同慨，蓋成見已深，積習難改歟。

四文體論

昔孔門論詩有四始六義之目，是爲文章辨體之權輿。漢揚雄評賦有云：『詩人之賦麗以則，辭人之賦麗以淫。』法言吾子篇 然滄海片鱗，難窺全貌。蓋古人辨析文體，概以根本思想爲主，而不拘於形式故也。至明言文體與內容之關係，則首推曹氏。其典論論文云：

夫文本同而末異，蓋奏議宜雅，書論宜理，銘誄尙實，詩賦欲麗。此四科不同，故能之者偏也，唯通才能備其體。

其所舉四科，乃文體之主要者，雖不能概括當時文體之全，然其範圍則與後人之文章體制略同，並能與吾人之文學概念相一致，可謂從形貌作爲文章辨體之作始者。細繹曹氏所言，在此諸體中，以詩賦最爲華麗，其次奏議，其次書論，而銘誄以眞實爲貴，最不宜專講辭藻。『詩賦』與『銘誄』爲有韻之文，『奏議』與『書論』則爲無韻之文。其後陸機推闡其意，將文體擴分爲十類，劉勰則專列文體論二十五篇，蕭統更析之爲三十八類。至姚鼐曾國藩，愈衍愈細，愈析愈密，要皆深受曹氏之啓發者也。

茲表列曹陸劉蕭四人對文體之見解，以觀文學思想衍變之概略云。

㈢曹丕陸機劉勰蕭統評論文體比較表

曹丕 典論論文	陸機 文賦	劉勰 文心雕龍定勢篇	蕭統 文選序	說明
奏議宜雅	奏平徹以閑雅	章表奏議，則準的乎典雅。		曹丕所言之銘，乃兼指『碑』『銘』而言。
書論宜理	論精微而朗暢	符檄書移，則楷式於明斷。史論序注，則師範於覈要。	論則析理精微	
銘誄尙實	碑披文以相質 銘博約而溫潤 誄纏緜而悽愴	箴銘碑誄，則體制於弘深。	銘則序事溫潤 美終則誄發	
詩賦欲麗	詩緣情而綺靡 賦體物而瀏亮	賦頌歌詩，則羽儀乎淸麗。		

細觀上表，最堪注意者，則爲詩賦，三家均一致主張須『綺』須『麗』。意謂詩賦須刻意雕琢，刻意修飾，以臻於藝術美之極峯。六朝文學作品在此種唯美思潮之沖擊下，自當離開社會實用使命，而趨向個人浪漫主義。文學思想領導文學創作，此其最佳左證已。

㈤文氣論

宋蘇轍有言：『文者，氣之所形。』上樞密韓太尉書　明白揭出『氣』在文中之重要性。遠在先秦之世，曾子卽有『出辭氣斯遠鄙倍』論語泰伯篇　之論，孟子亦有『我善養吾浩然之氣』孟子公孫丑篇　之說，然皆關乎道德修養，無預於文事，以氣論文，當自曹氏始。典論論文云：

文以氣爲主，氣之淸濁有體，不可力强而致。譬諸音樂，曲度雖均，節奏同檢。至於引氣不齊，巧拙有素，雖在父兄，不能以移子弟。

又云：

徐幹時有齊氣。

又云：

孔融體氣高妙，有過人者。

又與吳質書云：

公幹有逸氣，但未遒耳。

評鑑作品，一再以氣爲言，此蓋風會所趨，非憑空而至也。文心雕龍時序篇述建安時代之文風云：

觀其時文，雅好慷慨，良由世積亂離，風衰俗怨，並志深而筆長，故梗概而多氣也。

一語道破建安文學尚氣之故，在於『風衰俗怨』，極爲有見。近人劉永濟氏本文心之說，窮竟其原委，有曰：

風會之興，必有其源，建安文學尚氣之源，亦有可得而言者。蓋東漢自明章崇儒，經術久漸，學尚墨守，憚於闡發，經生之文，類多散緩，淺人爲之，遂成宂漫。安和之世，文風已敝，御覽引後漢書陳忠（安帝時人）奏選尚書郎曰：『尚書出納帝命，爲王喉舌，而諸郎多文俗吏，鮮有雅才，每爲詔文，宣示內外，轉相求請。』故舍人詔策篇曰：『安和政弛，禮閣鮮才，每爲詔敕，假手外請。』降及靈帝，雖好辭製，而當時鴻都之士，大抵浮華無實，已不足振藻揚芬，而依託聲光者，本無才學，虛冒文名，乃出之請託，醜聲四溢，是以陽球楊賜蔡邕諸君，交相詆斥，指爲妖妄，此則不特文學衰微之憂，實乃人心澆漓之象也。加以獻帝末季，天下大亂，風俗偷薄，魏武救之以名法，務爲清峻，而海宇多事，才士皆有慷慨靖亂之心，言爲心聲，發而不覺，文擧正平之文已然，至建安諸子，而風會遂成，故典論論文直揭宗風，而倡主氣之說。舍人『世積亂離，風衰俗怨，並志深而筆長，故梗概而多氣』四語，識解甚高，誠溯河窮源之論矣。（文心雕龍校釋時序篇）

至於曹氏所謂『氣』，究何所指，衆說紛紜，莫衷一是，要而言之，約分四派：

(1)才性派　才性卽今世所謂『天才』或『才氣』，執此說最力者除劉勰外，新近有陳鍾凡朱東潤二人。劉氏文心雕龍云：

夫情動而言形，理發而文見，蓋沿隱以至顯，因內而符外者也。然才有庸儁，氣有剛柔，學有淺深，習有雅鄭，並情性所鑠，陶染所凝，是以筆區雲譎，文苑波詭者矣。故辭理庸儁，莫能翻其才，風趣剛柔，寧或改其氣，事義淺深，未聞乖其學，體式雅鄭，鮮有反其習。各師成心，其異如面。（體性篇）

陳氏中國文學批評史云：

氣有清濁，雖父兄子弟，不能相移，此實指『才性』言之，為後世陽剛、陰柔說之所本，與唐宋人之以『語勢』為『文氣』者不同。（第六章）

朱氏中國文學批評史大綱云：

子桓之所謂氣，指才性而言，與韓愈之所謂文氣者殊異。又典論稱『徐幹時有齊氣』，『孔融體氣高妙』，與吳質書言『公幹有逸氣』，其所指者，皆不外才性也。劉勰文心雕龍風骨篇，論本於此。（第六）

建安時代之文學批評

按建安以前，論文者多主後天之說，謂文學由時代與個人環境所造成，最著者為司馬遷，其報任少卿書云：『詩三百篇，大抵賢聖發憤之所為作也。』至元嘉時，謝靈運擬魏太子鄴中集詩八首，每詩之前，有一小序，意謂文學悉由環境所造成。其後踵武者甚衆，頗難悉數。獨曹丕以才性評隲時文，以為才性稟諸先天，與生俱來，非後天環境所能改變。桓譚新論云：『惟人心之所獨曉，父不能以禪子，兄不能以教弟也。』（離事篇）趙壹非草書亦云：『凡人各殊氣血，異筋骨，心有疏密，手有巧拙。書之好醜，在心與手，可強為哉。若人顏有美惡，豈可學有相若耶。』（全後漢文）曹氏蓋本此二說以評文，故吾師高仲華先生謂為『徹底的天才論者』。

又按才性隨人而殊，不能相肖，故曹氏曰『不可力强而致』。劉勰所謂『才有庸儁，氣有剛柔』，亦是說明作家稟賦之差異。其見與曹氏同。至謂『學有淺深，習有雅鄭』，則在强調後天之薰陶。又謂『才有天資，學愼始習，斲梓染絲，功在初化』，明示學足以變化氣質，人貴愼其始習。又謂『才性異區，文辭繁詭』，『習亦凝眞，功沿漸靡』（俱見文心體性篇），直言陶染學習之功，亦可凝積而彌補才氣之不足。此則曹劉二家之所異也。

(2)氣勢派　曹氏所謂『氣』，概指文章之『氣勢』或『語氣』，此乃祖述孟子之說。孟子養氣之義，雖指道德修養而言，並未明言文氣，而後人多以爲文氣說之祖，韓柳諸古文大家尤津津樂道。惟剖析最精者，莫如唐之李德裕與清之吳曾祺。李氏文章論云：

魏文典論稱『文以氣爲主，氣之清濁有體』，斯言盡之矣。然氣不可以不貫，不貫則雖有英辭麗藻，如編珠綴玉，不得爲全樸之寶矣。鼓氣以勢壯爲美，勢不可以不息，不息則流宕而忘返，亦猶絲竹繁奏，必有希聲窈眇，聽之者悅聞，如川流迅激，必有洄洑逶迤，觀之者不厭。從兄翰常言『文章如千兵萬馬，風恬雨霽，寂無人聲』，蓋謂是矣。（李文饒外集）

吳氏涵芬樓文談云：

昔賢論文，莫不以氣爲主。曹子桓謂氣之清濁有體，不可力强而致。韓文公謂氣盛則言之短長與聲之高下皆宜。柳子厚謂未敢昏氣出之，懼其雜也，未敢矜氣作之，懼其驕也。李習之謂義深意遠，理辨氣

厚，則辭盛而文昌。李文饒謂氣不可以不息，不息則流蕩而忘返。此數君子者，皆深於文也，而其言之相似如此。養氣第九

李氏為一代賢相，非以文名家者，而識見高卓若此，其語較曹韓諸家為深入。

(3)音律派　近人羅根澤氏謂曹丕之提倡文氣，似受多方面影響，而氣用於文，文須重氣，則大概由於譯讀佛經。文學之講求音律，乃基於轉讀梵音，首傳經音者為其弟曹植，此與曹氏之首創文氣說，不可謂絕無關係。因而斷言文氣說為音律說之前驅，曹氏所謂文氣，實即自然之音律。說詳魏晉六朝文學批評史第四章

按羅氏之論，心裁別出，足資參較。

(4)風骨派　風骨即風力，一稱風格，又稱氣質，亦稱體氣，概指文辭之骨格而言，建安文學，最具風骨，每為後人所豔稱，鍾嶸詩品所謂『建安風力』，李白詩所謂『蓬萊文章建安骨』是也。故曹氏所謂氣，即是風骨。力持此說者為近人陳延傑與劉永濟。陳氏讀文心雕龍云：

風骨即魏文帝所謂氣也。魏文云：『文以氣為主，氣之清濁有體，不可力强而致。』故其論孔融，則云體氣高妙，論徐幹，則云時有齊氣，論劉楨，則云有逸氣。蓋作者風骨各不同焉，故凡為文者，須蔚風力，嚴骨鯁。若徒繁雜失統，索莫乏氣，則又無風骨矣。東方雜誌

劉氏文心雕龍校釋風骨篇云：

魏文典論論文曰：『文以氣為主。』又與吳質書曰：『公幹有逸氣。』裴子野雕蟲論曰：『曹劉偉其風力。』是魏文所謂氣，即風力也。宋書謝靈運傳論曰：『相如工為形似之言，班固長於情理之說，

子建仲宣以氣質爲體。』氣質，卽風骨也，或曰體氣。典論論文曰：『孔融體氣高妙，有過人者』是也。或曰骨氣。鍾嶸詩品曰：『魏陳思王植詩，其原出於國風，骨氣奇高』是也。或曰體度風格。顏之推家訓文章篇曰：『古人之文，宏材逸氣，體度風格，去今實遠』是也。大抵名因所用而異稱，義因所名而微別。古人於此，心知其意，而隨文取便，學者貴能觀其會通，正其名用，庶得古人論文之眞意。

按唐代史學家如魏徵李延壽之流，古文家如韓愈柳宗元之儔，常言齊梁之世，文體日衰，藻采獨盛，建安風骨，澌滅已盡，非曹氏之嗣音耶。

(5)折衷派　以上各家之說，皆能持之有故，言之成理，謂爲個人之獨見可，謂爲通方之論，則猶待商榷。近人郭紹虞氏嘗有極中肯之闡釋，其言曰：

曹丕典論論文中所言之氣，兼有兩種意義。所謂『氣之淸濁有體，不可力强而致』者，是指才氣而言。曰『齊氣』曰『逸氣』云者，又兼指語氣而言。蓄於內者爲才性，宣諸文者爲語勢，蓋本是一件事的兩方面，故亦不妨混而言之。中國文學批評史第四篇第一章

按郭說是也，然尚恨有闕者。鄙意以爲『孔融體氣高妙』、『文以氣爲主』、『氣之淸濁有體』之『氣』，乃指『天賦之才氣』而言。『徐幹時有齊氣』、『公幹有逸氣』之『氣』，則指『文章之氣勢』而言。『引氣不齊』之『氣』，當指『物理學上之音量或音調』皆由氣勢引伸者而言。

㈥文德論

儒家一向重視士品，盡人皆知，毋待覼縷。建安之世，海宇塵飛，神州魚爛，儒學已不足以維繫人心，弭平禍亂。及曹操秉政，需才孔殷，先後頒布四令，大意謂有行之士，未必能進取，進取之士，未必能有行，士有偏短，不可廢棄詳見本編第三章第三節云云。此才行不相掩之論既發，曹丕乃有文行不相掩之說。典論論文云：

觀古今文人，類不護細行，鮮能以名節自立。

傅玄亦有『魏文慕通達，而天下賤守節』晉書本傳之語，自是儒術日輕，玄風漸啓，文學生機，尤勃然興盛，不復爲載道與致用之工具，故唯美文學所以獨霸於六朝者，魏武父子實有以先之也。

惟細察曹丕之思想，依然不脫儒家範疇。如與王朗書云：

惟立德揚名，可以不朽，其次莫如著篇籍。

與吳質書云：

偉長獨懷文抱質，恬淡寡欲，有箕山之志，可謂彬彬君子者矣。著中論二十餘篇，成一家之言，辭義典雅，足傳于後，此子爲不朽矣。

前者强調立德之要，後者盛讚立言之士，皆純然儒家思想。又建安諸子罕有全德，獨徐幹略無遺行。三國志王粲傳裴注引韋誕之言曰：

仲宣傷於肥戇，休伯都無格檢，元瑜病於體弱，孔璋實自粗疏，文蔚性頗忿鷙。如是彼爲，非徒以脂燭自煎糜也，其不高蹈，蓋有由矣。

顏氏家訓文章篇又益之曰：

自古文人，多陷輕薄。……吳質詆忤鄉里，曹植悖慢犯法，杜篤乞假無猒，路粹隘狹已甚，陳琳實號粗疏，繁欽性無檢格，劉楨倔强輸作，王粲率躁見嫌。孔融禰衡，誕傲致殞，楊脩丁廙，扇動取斃。……凡此諸人，皆其翹秀者，不能悉紀，大較如此。

兩君所譏皆不及徐幹，信曹氏之非妄歎已。王昶戒子書有云：

北海徐偉長，不沽名高，不求苟得，澹然自守，惟道是務。有所是非，則託古人以見其意。吾敬之重之，願兒子師之。東平劉公幹，博學有高才，誠節有大意，然性行不均，少所拘忌。吾愛之重之，不願兒子慕之。

蓋君子所見，大抵相同也。

※　※　※

綜觀上論，可知曹丕爲中國文學史上第一個文學思想家，典論論文爲第一篇批評論文，事屬草創，品鑑難免未周，不足爲其瑕纇。而其沾溉詞林，垂裕來葉，則殊有足多者。玆分四端述之：

第一：曹丕揭擧文學本身具有永恆之價值，與道德事功鼎足而三，分庭而抗，將穆叔之三不朽理論發揚光大，開啓後世爲文學而文學之先路。

第二：曹丕高呼文藝作品具有無窮之生命，足與爲世所重之儒學玄學分疆並峙，略無遜色，確切奠定文學作品之藝術意義。

第三：典論論文雖寥寥短章，而涵蓋至廣，舉凡文學之批評，文學之鑑賞，文體之區分，以至文氣論，文德論等，無不粲然明備，爲後世文學思想家開拓一條康莊大道，藍篳啓山，厥功至偉。宋儒云：『前修未密，後出轉精。』移以語此，當更愜切。

第四：典論論文與與吳質書氣象高華，風骨翹秀，爲兩篇極優美的文章，亦爲家弦戶誦之『批評文藝』，頗符於蕭統『沈思翰藻』之選文標準，故均見錄於文選，堪作六朝唯美文學之典範。以視東西洋文學批評家所撰文字之質朴無文者，固不可同日而語矣。

近人許文雨氏於典論論文嘗深致推服，玆節錄其語，以當總評。

我國有規模略具之文論，其昉於中世期之曹魏乎。淸儒閻若璩謂論語爲命及小子二章乃孔門論詩文之法，是上古期之東周，文論已萌其端。然究爲談餘之偶及，雖片言百義，而於體終略而未具。中世之初，西京辭賦家流惟務博觀，遑論未遑。若東漢王充，論衡當世，間涉經藝，論條亦未爲備也。大抵爾時文學，倡導乏人，成績猶未豐厚，故難爲評論之資耳。迨靈帝西園首倡，爲千古人主擅文之祖。降及建安，曹公父子，篤好斯文，鄴下風流，總標七子，上好下甚，如影斯響，文藝製作，日臻發達，不有綜合之評，何以爲優劣之別。又因其時，海內分峙，人習縱橫，鼓舌騁詞，動相訾議。風氣所播，遂及文苑。故文論之專業，至是而開者，自以前者爲正因，而後者爲旁因也。以魏文典論論文觀之，寥寥短篇，其論文人相輕，則文心雕龍知音篇之所啓也。論建安諸子，則文心雕龍才略篇之所肇也。論四科不同，則陸機文賦詮述十體及文心雕龍論文章體製各篇之所自也。論文氣淸濁，則文心雕龍體性篇及晚近曾氏古文四象說之所本也。若總括計之，此短篇中凡文學欣賞論、個性論、文體論、文氣論，胥具之矣。（文論講疏導言）

二　劉楨之文氣說

劉楨爲建安七子之一，生平不詳，僅略見於三國志王粲傳，以兀傲不馴見知於世。其文學理論之作，泰半亡佚不存，今所見者，祇文心雕龍風骨定勢兩篇各引一條而已。風骨篇云：

公幹亦云：『孔氏卓卓，信含異氣，筆墨之性，殆不可勝。』

定勢篇云：

劉楨云：『文之體指貴强（按原文作『文之體指實強弱』頗隱晦難解今據黃季剛先生文心雕龍札記校改），使其辭已盡而勢有餘，天下一人耳，不可得也。』

自劉楨之語氣觀之，似爲響應曹丕之文氣論而作，曹丕云『孔融體氣高妙，有過人者。』劉楨則云『孔氏（按孔氏即孔融）卓卓，信含異氣。』『異氣』卽曹丕所謂之『體氣高妙』，『卓卓』卽曹丕所謂之『有過人者』。『信有』二字正說明自己對曹丕之批論確信不疑。二人所謂氣，均指天賦之才氣而言，故曰『筆墨之性，殆不可勝。』（參用吾師高仲華先生之說○見中國修辭學研究第二章）

至『文之體指貴强』云者，殆指文章之氣勢而言，故劉勰云『公幹所談，頗亦兼氣。』（文心雕龍定勢篇）而陸厥亦云『自魏文屬論，深以清濁爲言，劉楨奏書，大明體勢之致。』（與沈約書見南齊書本傳）劉楨之重視文章氣勢，由是可見。

文學作品與文學思想恆互為表裏，蓄於內者為思想，發於外者為作品。今以劉楨為例，其為人既傲岸不馴，恃才凌物，其文學理論亦偏重才氣與氣勢，發為文章，遂多磅礴之氣。如曹丕評之曰：

劉楨壯而不密。（典論論文）

又曰：

公幹有逸氣，但未遒耳。（與吳質書）

劉勰評之曰：

文之任勢，勢有剛柔，不必壯言慷慨乃稱勢也。（文心定勢篇）

又曰：

王徐應劉慷慨以任氣，磊落以使才。（文心明詩篇）

鍾嶸品詩，列其詩於上品，而評之曰：

魏文學劉楨，其源出於古詩，仗氣愛奇，動多振絕，眞骨凌霜，高風跨俗。但氣過其文，雕潤恨少。然自陳思已下，楨稱獨步。

是皆劉氏尚氣之證。

第二節　建安時代㈡

一　曹植之文學無用論 楊修附

曹植爲一代文宗，雄霸建安詞壇，有『八斗』『繡虎』之譽，而在政治上則爲一徹底失敗者，遂將滿腔幽憤寄之於筆端，而成就其文學生命之異采。其文學思想亦頗有異於乃兄者，玆分四端論述之。

㈠文學無用論

曹丕譽文章爲『經國之大業，不朽之盛事』，曹植則薄視文學，詆辭賦爲小道，若非一時憤激之言，卽未知重視文學本身之價値。其與楊德祖書云：

辭賦小道，固未足以揄揚大義，彰示來世也。昔揚子雲先朝執戟之臣耳，猶稱壯夫不爲也。吾雖德薄，位爲蕃侯，猶庶幾戮力上國，流惠下民，建永世之業，留金石之功，豈徒以翰墨爲勳績，辭賦爲君子哉。若吾志未果，吾道不行，則將采庶官之實錄，辯時俗之得失，定仁義之衷，成一家之言。雖未能藏之於名山，將以傳之於同好。

其思想蓋本漢之揚雄，揚氏之言曰：

或問：『吾子少而好賦。』曰：『然，童子雕蟲篆刻。』俄而曰：『壯夫不爲也。』

或問：『景差唐勒宋玉枚乘之賦也益乎。』曰：『必也淫。』『淫則奈何。』曰：『詩人之賦麗以則，辭人之賦麗以淫，如孔氏之門用賦也，則賈誼升堂，相如入室矣。如其不用何。』法言吾子篇完全站在儒學立場而對辭賦深致不滿，曹植承其遺風，遂發爲文學無用之論。此乃一般士大夫之傳統思想，惟認經史百家言爲有價值，不認純文學作品之同樣有價值也。而且儒家之道德觀念與事功觀念已深中人心，牢不可破，誠如朱之瑜所云：

夫立言豈聖人之得已哉，蓋聖人以拯救天下爲心，德無其位，功非其時，不得已徒託之空言。（立庵說○見舜水文集）

此其述聖人之心志，蓋能推衍穆叔之教者矣。夫聖人以悲憫爲心，胞與爲懷，在不能『立德』時，則退求其次而『立功』，若又不能『立功』，乃不得已而『立言』，『立言』自不如『立德』『立功』之可貴。

惟三代以後，已無聖人，『立德』之望，既告幻滅，俊乂之士，不甘隱淪，乃競求『立功』，時際喪亂，所望彌切，建安羣彥，尤拳拳於此，無或忘之。後漢書孔融傳曰：

負其高氣，志在靖亂。

曹操秋胡行曰：

不感年往，憂時不治。

陳琳遊覽詩曰：

騁哉日月逝，年命將西傾，建功不及時，鐘鼎何所銘。

是皆有意於淑世立功也。曹植生丁此世，固難自外於時尚，於是而有『戮力上國，流惠下民』之壯志，且欲『建永世之業，留金石之功』。退一步言之，若不得已而必欲『立言』，亦是效法孔子之作春秋，褒善黜惡，而非以文學家終其身，故曰：『若吾志未果，吾道不行，則將采庶官之實錄，辯時俗之得失，定仁義之衷，成一家之言。雖未能藏之於名山，將以傳之於同好。』與楊德祖書

曹氏既目辭賦爲『小道』，以爲德業之餘事，此說一出，正猶陽春白雪，屬而和者甚寡，其至友楊修且答書駁之曰：

今之賦頌，古詩之流，不更孔公，風雅無別耳。修家子雲，老不曉事，强著一書，悔其少作。若此仲尼周旦之儔，爲皆有諐耶。君侯忘聖賢之顯迹，述鄙宗之過言，竊以爲未之思也。若乃不忘經國之大美，流千載之英聲，銘功景鐘，書名竹帛，斯自雅量，素所蓄也，豈與文章相妨害哉。答臨淄侯牋

謂文章無害德業，調和三端，所見當在曹氏之上。曹氏蓋長於創作而拙於批評者，劉勰評其『辯而無當』文心序志篇，似非漫言。梁簡文帝蕭綱則曰：

竊常論之，日月參辰，火龍黼黻，尚且著於玄象，章乎人事，而況文辭可止，詠歌可輟乎。不爲壯夫，揚雄實小言破道，非謂君子，曹植亦小辯破言，論之科刑，罪在不赦。答張纘謝示集書

斥之尤不遺餘力。晉葛洪亦有此言，留待後論。

(二)文學批評論

曹植對文學之利病、美惡，品評無一定之標準，往往隨各人之好尚爲之。

今世作者，可略而言也。昔仲宣獨步於漢南，孔璋鷹揚於河朔，偉長擅名於青土，公幹振藻於海隅，德璉發跡於此魏，足下高視於上京。

人各有好尙，蘭茝蓀蕙之芳，衆人所好，而海畔有逐臭之夫。咸池六莖之發，衆人所共樂，而墨翟有非之之論，豈可同哉。與楊德祖書

品文雖無定準，然頗尊重批評精神。

世人之著述，不能無病。僕常好人譏彈其文，有不善者，應時改定。同上

而批評文學必具著作之才者始能之，以其深知此中甘苦也。無著作之才而信口雌黃，其不貽譏於高明者未之有焉。

蓋有南威之容，乃可以論於淑媛，有龍泉之利，乃可以議於斷割。劉季緒才不能逮於作者，而好詆訶文章，掎摭利病。昔田巴毀五帝，罪三王，呰五霸於稷下，一旦而服千人，魯連一說，使終身杜口。劉生之辯，未若田氏，今之仲連，求之不難，可無息乎。同上

陳義極高，南朝及以後之文學批評家多奉爲圭臬。劉勰文心雕龍知音篇云：

凡操千曲而後曉聲，觀千劍而後識器，故圓照之象，務先博觀。閱喬岳以形培塿，酌滄波以喻畎澮，無私於輕重，不偏於憎愛，然後能平理若衡，照辭如鏡矣。

『操千曲而後曉聲，觀千劍而後識器』，此批評者之條件也。『平理若衡，照辭如鏡』，此批評者之本分也。故不閑文事或不善創作者，不可妄事批評。亦猶五音不全、節奏莫辨之音盲，信口評斷貝多芬（Beethoven）之田園、英雄、運命等交響樂曲（Symphony），必難免於『妄人』之譏也。西哲約翰賓（Ben Johnson）嘗謂：惟有詩人，且須第一流詩人乃有資格評論詩。而近代美學家咸謂藝術批評者至少須在刹那

間提高其欣賞境界，與作者等，如此對作品不致發生誤解，纔能進一步加以批評。杜甫詩云：『文章千古事，得失寸心知。』內行人尙且不易了解作者之寸心，況外行人乎。邵長蘅與魏叔子書云：

雖然，僕僅能言之耳。僕才氣蹇劣，又苦人事，雖心蘄其至是，力不能赴。歲月荏苒，恐遂無成，亦何敢望與先生抗衡哉。養由基射楊葉於百步之外，不失一焉，張七屬之甲，一發而洞胸貫札，此其於藝至精也。而支離疏攘臂其旁，談縱送之法，刺刺不休，試令之操弓挾矢，則捫指退矣。僕論文大類是，唯先生進而敎之。（青門集）

此種文學批評與文學創作渾然無別之思想，久經膠固人心，於是中國文學批評家多兼文學創作家，而中國文學批評史亦與西洋殊科，罕有以批評爲專業者，文心詩品以後，嗣響無人，卽其明證。此則中西文學批評史本循不同之方向而發展者也。

夫創作與批評原不宜混爲一談，文學家不必皆爲批評家，亦猶批評家不必皆爲文學家也。蓋才性有偏長，術業有專攻，能摛辭者未必能說理，能說理者未必能摛辭。魏文謂孔融『不能持論，理不勝辭』（典論論文），非兼擅爲難之證乎。矧文學一事，才學之外，專憑意興，作者握管濡墨之頃，往往不自知其優劣所在，而旁人反能指其利病，所謂『當局者迷，旁觀者淸』，此所以文學批評家不必皆爲文學創作家也。（參今人何朋氏之說○見中國文學理論第八章）傅庚生中國文學批評通論有云：

批評家在文學工作上，倚其特殊之天才，與情理兼至之素養，據有屹然獨立之地位，不爲創作之附庸。偉大之批評家與批評傑作，視偉大之作家與文學傑作，固無遜色也。惟是欣賞文學者，亦必有創作之經驗，備悉行文之甘苦，然後可執以衡文。文賦云：『余每觀才士之所作，竊有以得其用心。夫放言遣辭，良多變矣，妍媸好惡，可得而言。每自屬文，尤見其情。』可資佐證已。（上編第三章創作與批評）

又云：

如吾儕生今之世，仍不廢往昔各體文章與詩詞等之練習者，非所以爲創作，以上與古人抗軛也，爲自屬其文而妍媸易曉，蘄以較深了解前人之作品耳。創作者若能本行文之經驗以衡文，自必事半而功倍，惟不宜仍居創作者之立場，而有迴護非薄輕重迎拒之心也。子建論文，輒坐此病。人無南威之容者，未必併無辨妍媸之目，要在無鹽不以己容律西子，而能明其所以爲妍媸者以論之。支離疏談縱送之法，有其識也，則亦可矣，捫指而退，無引滿摧堅之力耳，其又奚害。（同上）

觀此，則論文之難，可以概見。雖才高八斗如陳王者，猶不能無疵纇，況其下焉者乎。近儒黃季剛先生於曹氏評文要旨有極中肯之評量，錄之以備參證。

詳陳王此書之旨，首言常文鮮無瑕謫，次明自非作者不宜妄議古人，復明好尚不同，故是非互異。此可爲讜論矣。然文人譏彈昔作之情，亦有數族。未可謂評量古人，卽爲輕薄。先士所作，確見其違，偶用糾繩，便爲虐古也。其或實知之士，辨照是非，廣覽書傳，疾彼誤書，不能默爾。于是考之以心，效之以事，披尋證驗以考虛浮，雖使古人復生，不得罪其誹謗，此上第也。至若明知前失，恐誤後人，筆之簡篇，以戒沿誤，雖于古人爲不恭，而于後生則有益，此其次也。若夫情有愛憎，意存偏黨，素所嗜好，雖明悉其誤而不言，夙所鄙蚩，雖本無疵纇而狂舉。此爲下矣。才非作者，學不周浹，濫下雌黃，輕施抨擊，以不俗爲俗，以不狂爲狂，此乃妄人，亦無足誅斥也。

自古在昔，先民有作，文章利病，誠亦多途。後生評論前賢，若非必不得已，原不必妄肆詆諆，載之紙素。若意在求勝，工訶古人，翻駁舊作，尋摘瘡痏，夫豈謹厚之道。觀韓退之推許三王，極崇李杜。即太白亦稱崔顥，少陵亦慕蘭成，何必以哂笑前文爲長哉。人情每明于知人，而闇于察己。蓋班固譏司馬遷之蔽，而傅玄復譏固之失，所謂笑他人之未工，忘己事之已拙。上智猶其若此，而況庸庸者哉。是以論量古人，取其鑑己。己果無瑕，何必以勝古爲樂，己若有過，自救不暇，而暇論人乎。好訶古者不可不深思此義也。

至于同時之文，尤不可輕於議論。昔葛洪論時人之文，每撮其所得之佳者，而不指摘其病累，故無毀譽之怨。顏之推稱『山東風俗，不通擊難，吾初入鄴，常以此忤人，至今爲悔。』觀此二條，則彈射人文，正非佳事，自非子姓門徒，惟有括囊，以求無咎云。（文心雕龍札記指瑕篇）

㈢文學創作論

文學創作者，世間第一難事也，作家本身須備具卓越之才華，深厚之功力，與夫豐富之學識，固無論矣。而其作品所牽涉涵蓋者，又極廣大。即以人物而論，舉凡體貌、精神、心靈、個性、脾氣、見識、膽量……諸端，皆在刻畫之列，非身歷其境者不能體會個中甘苦。曹植爲建安文壇祭酒，終身盡瘁於文藝創作，故其對創作之體驗，當較常人爲深。與吳季重書云：

夫文章之難，非獨今也，古之君子，猶亦病諸。家有千里驥而不珍焉，人懷盈尺，和氏無貴矣。

物以稀爲貴，文章亦然，若一味貪多，不知裁汰，必致珠目相混，冗濫不精，不爲貴矣。故其所作，往往懸鵠極高，絕不苟且。前錄序云：

故君子之作也，儼乎若高山，勃乎若浮雲，質素也如秋蓬，摛藻也如春葩。氾乎洋洋，光乎皜皜，與雅頌爭流可也。

余少而好賦，其所尚也，雅好慷慨，所著繁多，雖觸類而作，然蕪穢者衆，故刪定，別撰爲前錄七十八篇。

『高山』謂境界之高，『浮雲』謂立意之奇，『秋蓬』喻內容之眞實，『春葩』喻遣詞之姸麗，『洋洋』言氣勢之磅礴，『皜皜』言篇體之光華。寥寥數語，創作之理想，盡在其中矣。

創作鵠的既高懸於上，創作態度自須謹嚴，作品完成後，不可急於求售，獲取浮名，應借他山之石，以作攻錯之資。與楊德祖書云：

世人之著述，不能無病。僕常好人譏彈其文，有不善者，應時改定。昔丁敬禮嘗作小文，使僕潤飾之。僕自以才不過若人，辭不爲也。敬禮謂僕：『卿何所疑難，文之佳惡，吾自得之，後世誰相知定吾文者邪。』吾常歎此達言，以爲美談。

昔尼父之文辭，與人通流，至於制春秋，游夏之徒，乃不能措一辭。過此而言不病者，吾未之見也。

此言除孔子春秋非他人所能措一辭外，其餘作者，皆不免有病，故須央人斧正。此種觀念爲前人所無，殆至建安之世而始盛。白居易與元九書云：

凡人爲文，私於自是，不忍於割截，或失於繁多，其間妍媸，抑又自惑，必待交友有公鑒無姑息者，討論而削奪之，然後繁簡當否，得其中矣。

蓋文章有難於自信者，必資良友之刪削也。章學誠於此有進一步看法，其言曰：

文辭非古人所重，草創討論，修飾潤色，固已合衆力而爲辭矣，期於盡善，不期於矜私也。丁敬禮使曹子建潤色其文，以謂後世誰知定吾文者，是有意於欺世也。存其文而兼存與定之善否，是使後世讀一人之文而獲兩善之益焉，所補豈不大乎。（文史通義說林篇）

駁曹氏贊歎丁敬禮『後世誰相知定吾文者』之言之不當，頗有見地，蓋存其改定之文，使後人讀之，可藉以得作文修飾之助，獲益者固不止丁敬禮一人而已。

自曹植提倡倩人定文之風以後，天下靡然從之，於是綴文之士，凡有所作，無不鏤肝鉥腎，一字不苟，必斟酌至當，無懈可擊，然後出之，直接引導文學步入雕琢之路，對唯美文學之發展，厥功至偉。日本學者狩野直喜、鈴木虎雄、青木正兒諸氏均一致認爲六朝爲文藝至上時代，南北朝盛行修辭主義文學，實種因於此。（詳見拙譯青木氏著中國文學思想史第三章）

(四)文學鑑賞論

鑑賞者，欣賞也。欣賞者，明悉作品內容，體驗創作甘苦，因而得無限之快感也。文學之批評與創作固難，而鑑賞亦復不易，語云，知音難得，卽謂得眞實鑑賞者之難也。與楊德祖書云：

以孔璋之才，不閑於辭賦，而多自謂能與司馬長卿同風。譬畫虎不成，反爲狗也。前書嘲之，反作論盛道僕讚其文。夫鍾期不失聽，於今稱之。吾亦不能妄歎者，畏後世之嗤余也。

此言鑑賞之難。陳琳既無自知之明，又乏鑑賞能力，致貽『畫虎類狗』之譏，此自我鑑賞之難也。而楊修則不然，答臨淄侯牋云：

不侍數日，若彌年載，豈由愛顧之隆，使係仰之情深邪。損辱嘉命，蔚矣其文，誦讀反覆，雖諷雅頌，不復過此。……輒受所惠，竊備矇瞍誦詠而已。敢望惠施，以忝莊氏，季緒瑣瑣，何足以云。

以曹氏作品之完美無疵，故無一言以折之，蓋必不堅於自是者乃可以少武斷之嫌，其賢於孔璋遠矣。文心雕龍知音篇云：

夫麟鳳與麏雉懸絕，珠玉與礫石超殊，白日垂其照，青眸寫其形。然魯臣以麟爲麏，楚人以雉爲鳳，魏氏以夜光爲怪石，宋客以燕礫爲寶珠。形器易徵，謬乃若是，文情難鑒，誰曰易分。

夫篇章雜沓，質文交加，知多偏好，人莫圓該。慷慨者逆聲而擊節，醞籍者見密而高蹈，浮慧者觀綺而躍心，愛奇者聞詭而驚聽。會己則嗟諷，異我則沮棄，各執一隅之解，欲擬萬端之變。所謂東向而望，不見西牆也。

此因主觀之好尚而累衡鑑之明也。古來知音，多賤同而思古，所謂『日進前而不御，遙聞聲而相思。』同上蓋人皆有自尊之心，遂存好勝之念，與同代之人，常欲爭勝，而相輕之習以成。與古代之人，每喜攀援，而溢美之情遂著。此因自尊之念而累衡鑑之明也。

衡鑑之要，首在學與識。孟子云：

羿之敎人射，必志於彀，學者亦必志於彀。大匠誨人，必以規矩，學者亦必以規矩。（孟子告子篇）

言其假於物者同也。以喻鑑賞，則『彀』與『規矩』皆學之事也。以學爲本，則欣賞之能力自高，且可以進而言批評矣。

其次論識。文史通義說林篇云：

學問文章，聰明才辨，不足以持世，所以持世者，存乎識也。所貴乎識者，非特能持風尙之偏而已也，知其所偏之中，亦有不得而廢者焉。非特能用獨擅之長而已也，知己所擅之長，亦有不足以該者焉。不得而廢者，嚴於去僞，而愼於治偏，則可以無弊矣。不足以該者，闕所不知，而善推能者，無有其人，則自明所短，而懸以待之，亦可以無歉於世矣。

觀章氏之意，顯然識重於學。所謂識，以今語言之，卽眼光與識見，以文學言之，卽鑑賞者之判斷力也。惟具有銳利之眼光與正確之判斷力，品衡藝文始能直指妙處，無爽錙銖，不致重蹈二劉覆轍，而見嗤於曹氏也。

※　※　※

曹植文學思想影響於當時及後代文壇者至深，前已約略言之，其可得而言者，尙有二事：

第一：曹氏揭櫫文學無用論，雖屬一時憤激之語，不意竟爲後人所拳拳服膺，多據以作攻擊文學之利器，至宋代則變本加厲，甚至有以綴文爲玩物喪志者。程伊川云：

問：作文害道否。曰：害也，凡爲文不專意則不工，若專意則志局於此，又安能與天地同其大也。書曰：『翫物喪志』，爲文亦翫物也。（伊川語錄）

明朱舜水所言，意亦同此。其與奧村庸禮書云：

吟詩作賦，非學也，而廢日棄時，必不可者也。『空梁落燕泥』，工則工矣，曾何益於治理。『僧推月下門』，覈則覈矣，曾何補於民事。『雞聲茅店月，人跡板橋霜』，新則新矣，曾何當於事理。（舜水文集）

詞藝既不爲世人所重視，而筆耕之士遂不復爲社會所景仰。杜子美黃仲則之侘傺不偶，憔悴以終，是其明證已。迨『一爲文人，使無足觀』之論既發，更每下愈況。方今世亂日亟，文士地位，尤一落千丈，直俳優之不若，言念及此，不禁擲筆三歎。

第二：曹氏雖身爲貴族，而對於民間歌謠，反極重視。與楊德祖書云：

夫街談巷說，必有可采，擊轅之歌，有應風雅。匹夫之思，未易輕棄也。

又對其友邯鄲淳背誦俳優小說數千言。（事見三國志王粲傳裴注引魏略）自是天地間任何題材均可入詩，無形中擴大五言詩之創作範圍。據丁福保所編全三國詩，曹氏之作凡一百零八首，樂府詩竟達六十五首，故知其提倡平民文學，並非徒託空言。樂府民歌所以能與五言古詩分霸六朝文壇，曹氏抎揚之功，不可沒也。

二　阮瑀應瑒之文質論

文質之論，源出論語，語其大要，蓋在文質兩備，勿有所偏而已。論語雍也篇：

子曰：『質勝文則野，文勝質則史，文質彬彬，然後君子。』

又顏淵篇：

棘子成曰：『君子質而已矣，何以文爲。』子貢曰：『惜乎夫子之說君子也，駟不及舌。文猶質也，質猶文也，虎豹之鞹，猶犬羊之鞹。』

此皆聖人明示質文並用之義也。後世摛文闡發其奧蘊者，蔚有其人。如劉向說苑修文篇：

詩曰：雕琢其章，金玉其相。言文質美也。

又反質篇：

是以聖人見人之文，必考其質。

大抵表章聖言而主文質合一者，雖吉光片羽，亦彌足珍貴。降及建安，始有單篇論文出現，則阮瑀應瑒是已。

阮瑀所作文質論，乃專論文化上之文質問題，似與文學無關，然文學爲文化之一部分，故論文化，亦可以通於文學。玆節錄其中一段如左：

蓋聞日月麗天，可瞻而難附，羣物著地，可見而易制。夫遠不可識，文之觀也，近而易察，質之用也。文虛質實，遠疏近密，援之斯至，動之應疾，兩儀通數，固無攸失。若乃陽春敷華，遇衝風而隕落，素葉變秋，既究物而定體。麗物若僞，醜器多牢，華璧易碎，金鐵難陶。（藝文類聚人部六）

所謂『文虛質實』，『華璧易碎』云云，顯然在崇質抑文，或係針對桓靈以來浮華不實之世風而故加譏刺歟。惟應瑒則持異議，其文質論發端曰：

蓋皇穹肇載，陰陽初分，日月運其光，列宿耀其文，百穀麗於土，芳華茂於春。是以聖人合德天地，稟氣淳靈，仰觀象於玄表，俯察式於羣形，窮神知化，萬物是經。故否泰易趍，道無攸一，二改代序，則有文有質。同上

其言猶是折衷端木，陳述文質相濟之要。既而曰：

若乃陶唐建國，成周革命，九官咸乂，濟濟休令，火龍黼黻，暐韡於廊廟，兗冕旂旒，舄奕乎朝廷，冠德百王，莫參其政，是以仲尼嘆煥乎之文，從郁郁之盛也。

言陶唐姬周之文章郁郁，爲孔子所深歎。又曰：

夫質者端一玄靜，儉嗇潛化利用，承清泰，御平業，循軌量，守成法。至乎應天順民，撥亂夷世，摛藻奮權，赫奕丕烈，紀禪協律，禮儀煥別，覽墳丘於皇代，建不刊之洪制，顯宣尼之典教，探微言之所弊。若夫和氏之明璧，輕縠之袿裳，必將遊玩於左右，振飾於宮房，豈爭牢僞之勢，金布之剛乎。

且少言辭者，孟僖所以不能答郊勞也，寡智見者，慶氏所以困相鼠也。今子棄五典之文，闇禮智之大，信管望之小，尋老氏之蔽，所謂循規常趍，未能釋連環之結也。

言徒質不足以應世，朝章國典，禮儀教化，端資乎文。其結論曰：

言辨國典，辭定皇居，然後知質者之不足，文者之有餘。

重文之意，彰彰明甚，與阮瑀之重質者殊趣，而與曹丕『文章經國之大業』相呼應。六代尙文輕質，導致美文（belles - lettres）之全盛，應氏實有推轂之功焉。

至劉勰評其『華而疏略』文心雕龍序志篇，略有非薄之意者，蓋緣於仁智所見不同。劉氏雖標示『質文交加』文心知音篇，『華實相勝』文心章表篇，於文質似無所偏袒，然其潛在意識，則傾向於質，觀文心雕龍章表情采宗經原道諸篇可證。思想不同，立場自異，固不足為應君病也。

三　桓範之文體論

曹丕以後，繼論文體者有桓範。範字元則，沛國人，黃初元年，以有文學與王象等典集皇覽，正始中拜大司農，抄撮漢書中諸雜事，自以意斟酌之，名曰世要論，凡十二卷，計有為君難、臣不易、讚象、銘誄、序作等十四篇，均存於羣書治要卷四十七及全三國文卷三十七中，其政治思想、文學思想多於此書中見之。

桓範之世要論，隋書經籍志列之法家，極為有見，蓋桓氏乃三國時代傑出之政治思想家，司馬懿嘗譽為『智囊』人物。見三國志曹爽傳裴注引干寶晉書其思想係淵源於先秦之法家，循名責實，重質輕文，而文學思想亦大抵若是。

桓氏論文之作，僅存三篇，辨章文體，深得竅要，非泛泛不著邊際者可比。讚象篇云：

夫讚象之所作，所以昭述勳德，思詠政惠，此蓋詩頌之末流矣。宜由上而興，非專下而作也。世考之導，實有勳績，惠利加於百姓，遺愛留於民庶，宜請於國，當錄於史官，載之竹帛，上章君將之德，下宣臣吏之忠。若言不足紀，事不足述，虛而為盈，亡而為有，此聖人之所疾，庶幾之所恥也。

讚像之作，意專褒美，詞多揄揚，乃古詩之一流。惟自東漢以後，文尚華采，頌讚人物，往往過情，下逮魏世，宂濫愈甚，桓氏欲矯其弊，故言之剴切若此。銘誄篇云：

夫渝世富貴，乘時要世，爵以賂至，官以賄成。視常侍黃門，賓客假其氣勢，以致公卿牧守，所在宰莅，無清惠之政，而有饕餮之害。爲臣無忠誠之行，而有姦欺之罪，背正向邪，附上罔下，此乃繩墨之所加，流放之所棄。而門生故吏，合集財貨，刋石紀功，稱述勳德，高邈伊周，下陵管晏，遠追豹產，近踰黃邵，勢重者稱美，財富者文麗，後人相踵，稱以爲義。外若讚善，內爲己發，上下相效，競以爲榮，其流之弊，乃至于此，欺曜當時，疑誤後世，罪莫大焉。且夫賞生以爵祿，榮死以誄諡，是人主權柄，而漢世不禁，使私稱與王命爭流，臣子與君上俱用，善惡無章，得失無效，豈不誤哉。

曹丕典論論文云：『銘誄尚實』，言銘誄之作以眞實爲貴也。故記述行誼，當恰如其分。若利其潤筆，稱譽失實，言才高動曰八斗，言學富動曰五車，直同戲作，無當高明，良大雅之所譏，宜士林其弗取。蔡邕既撰郭有道碑，謂盧植曰：『吾爲碑銘多矣，皆有慚德，惟郭有道無愧色耳。』（後漢書郭泰傳）賢如伯喈，猶有慚德之歎，況常人乎。桓氏茲篇，亦是針砭時弊而作者。序作篇云：

夫著作書論者，乃欲闡弘大道，述明聖教，推演事義，盡極情類，記是貶非，以爲法式，當時可行，後世可修。且古者富貴而名賤廢滅，不可勝記，唯篇論俶儻之人爲不朽耳。夫奮名千百代之前，而流譽於千載之後，以其覽之者益，聞之者有覺故也。豈徒轉相放效，名作書論，浮辭談說，而無損益哉。而世俗之人不解作體，而務汎溢之言，不存有益之義，非也。故作者不尚其辭麗，而貴其存道也，不好其巧慧，而惡其傷義也。故夫小辯破道，狂簡之徒，斐然成文，皆聖人之所疾矣。

此猶是輕文尚質之意。言文章之用，當述明聖敎，闡弘大道，立褒貶，昭法式，衣被時人，垂裕來葉。此種見解，顯然是曹丕文學不朽論詳見本章第一節之擴大。至謂作者不宜崇尚麗辭，而貴存聖道，則又爲唐宋『文以載道』說之先聲。

桓氏辨章文體，遠較曹丕詳密，不僅闡明文體之性質，揭示文體之作法，抑且痛斥其流弊，使以後摛文之士引以爲戒，不致重蹈前人覆轍。

第三節　太康時代㈠

曹魏失御，典午紹基，平蜀沼吳，書軌混同，太康之世，號爲天下無窮人，蓋久亂思治，勢有固然。一般文士，乃羣集洛下，執政者如張華諸人，宏獎風流，愛才若渴，於是造成中國文學史上漢武帝及建安兩時期文人大結集以後之第三次大結集，所謂三張二陸兩潘一左均在此時嶄露頭角，聲名籍甚，彬彬然稱文壇祭酒焉。鍾嶸詩品序云：

太康中，三張二陸，兩潘一左，勃爾復興，踵武前王，風流未沫，亦文章之中興也。

文風既盛，文學理論之作自亦隨之俱盛，其說足以光美一代，垂範來葉者，有陸機、陸雲、左思、皇甫謐、摯虞等，今各爲條論，繫諸左方：

一　陸機文賦

陸機文賦在中國文學思想史上爲一畫時代之大製作，上繼曹丕之典論論文，下開劉勰之文心雕龍，而有承前啓後之功焉。在此洋洋二千言中，舉凡文章之立意、運思、命筆、遣詞、條理、聲色、剪裁、弊病，以至文學之重要，文思之開塞等，皆暢加論述，毋使遺漏。尤其通篇以駢四儷六之賦體出之，批隙導窽，有蘊必宣，苟非才大如海者，殆難爲役。故陸氏此作，不僅爲文學思想史上之有數瑋篇，抑且爲文學創作理論奠定鴻基，六代作者，在此一理論基礎下，多能遵循其思想路線而從事創作，因而造成唯美文學之全盛，故陸氏在六朝文壇上實居於舉足輕重之地位。

文賦之作，成於何時，未易稽考，杜甫醉歌行有云：『陸機二十作文賦』，世多從之，遂以爲成於弱冠之年。惟臧榮緒晉書云：

陸機字士衡，吳郡人也，祖遜，吳丞相，父抗，吳大司馬。少襲領父兵，爲牙門將軍，年二十而吳滅，退臨舊里，與弟雲閉門勤學，積十一年。譽流京華，聲溢四表，被徵爲太子洗馬，與弟雲俱入洛，司徒張華素重其名，如舊相識，以文錄呈。天才綺練，當時獨絕，新聲妙句，係蹤張蔡。機妙解情理，心識文體，作文賦。

此爲最早信史之可徵者，固未明言成於何時，不知老杜何所據而云然，或醉中率爾成章，未嘗翻檢史料歟。

據臧書及晉書機傳推之，此賦似成於陸氏青年時期，太約在三十歲前後。

至陸氏撰文賦之動機，蓋在討論文學之創作問題，亦卽如何揚棄文藝作品之弊病，尋求文藝建設之正途，此其在序言中已敍述甚詳。

余每觀才士之所作，竊有以得其用心。夫放言遣辭，良多變矣，姸蚩好惡，可得而言。每自屬文，尤見其情，恆患意不稱物，文不逮意，蓋非知之難，能之難也，故作文賦，以述先士之盛藻，因論作文之利害所由，他日殆可謂曲盡其妙。至於操斧伐柯，雖取則不遠，若夫隨手之變，良難以辭逮，蓋所能言者，具於此云。

其重點顯然在對先士創作活動作深入之追溯，並詳陳一般作文之利害所由，期能作以後操觚者之津逮，用心良苦，於斯概見。今擧其理論之尤要者，分別論述之。

㈠文學內容形式並重說

先秦兩漢之世，文學爲儒學之附庸，儒家素以文學作載道工具，故特重內容而忽略形式，固無純文學可言。曹魏雖爲文學之自覺時代，而去古未遠，累世積習，實難驟改，故當時作品依然側重內容，所謂建安風骨者，當卽指此。直至陸機，始提出革命性之主張，對文學亦具有藝術之崇高理想，謂文學應內容與形式並重，不宜偏枯。其說云：

理扶質以立幹，文垂條而結繁。

言文章當以道理爲本幹，以文采爲枝葉。太康文學所以麗而不靡者，陸氏『以理爲幹』之說實有以維繫之。

又云：

辭程才以效伎，意司契而爲匠。

言欲求外表華美，則尙綺豔之辭，欲謀內容充實，則貴義理之當。此皆重內容之說也。又云：

其會意也尙巧，其遣言也貴姸，暨音聲之迭代，若五色之相宣。

言文章除內容充實外，尙須顧及辭藻之華麗，音調之諧美。此則重形式之說也。青木正兒氏有云：

據文賦之要旨，陸機所重者，似『意』『理』重於『文』『辭』也。然觀其本人之作風，寧有偏於修辭，故作如此說者，其個人公正之立論也。機作此賦，頗注意義理與文辭之關係，兼顧內容與形式之美。此乃達意主義與修辭主義之折中說，故可視爲漢魏達意主義轉變爲齊梁修辭主義轉形期思想之代表。（拙譯中國文學思想史第三章）

所謂『達意主義』卽重內容，所謂『修辭主義』卽重形式，推闡陸氏之意，極具見地。

㈡文學唯美論

唯美文學構成之條件有四：一曰對偶精工，二曰韻律和諧，三曰典故繁多，四曰辭藻華麗。陸氏於對偶、典故部分，未嘗論及，而於韻律辭藻二端，則不厭其煩，反覆强調。

游文章之林府，嘉麗藻之彬彬。

其所心儀者，在於麗藻彬彬之作。

普辭條與文律，良余膺之所服。

『辭條』與『文律』乃行文之法則，故陸氏拳拳服膺若此。

播芳蕤之馥馥，發青條之森森。

『芳蕤』謂香，『馥馥』謂味，『青條森森』謂色。言一篇美文之構成，須色香味三者兼備，此陸氏獨得之祕，而能發前人所未發者。

藻思綺合，清麗千眠。

言文情與詞采互爲表裏，訢合無間，藻思內流，英華外發。

炳若縟繡，悽若繁絃。

言文章炳烺，有若五彩之錦繡，文章音節，又若繁絃之淒切。重視詩文韻律之美，實始於陸氏。

其爲物也多姿，其爲體也屢遷。其會意也尚巧，其遣言也貴姸。曁音聲之迭代，若五色之相宣。

此陸氏文學唯美論之最精要部分。言文學須如花草之搖曳多姿，嫣然可愛。文章之體貌風格亦須追逐時代，不斷翻新。意尚靈巧，詞貴姸麗，尤爲詩文不可或缺之要素。再配以抑揚頓挫之聲調，鮮明相映之色澤，此種作品，始可言文，始可言美。其後元嘉文學之尚新變，永明文學之重聲律，以至江左唯美主義文學之全盛，皆由陸機啓之也。

陸氏鼓吹形式主義文學，並非徒託空言，所作詩文，率能與理論作桴鼓之應，而切合於『縟旨星稠，繁文綺合』（沈約宋書謝靈運傳論中語）之唯美標準。晉書本傳云：

機天才秀逸，辭藻宏麗，張華嘗謂之曰：『人之爲文，常恨才少，而子更患其多。』弟雲嘗與書曰：『

君苗見兄文，輒欲燒其筆硯。』後葛洪著書，稱『機文猶玄圃之積玉，無非夜光焉，五河之吐流，泉源如一焉。其弘麗妍贍，英銳漂逸，亦一代之絕乎。』其爲人所推服如此。

鍾嶸品其詩，亦云：

晉平原相陸機，其原出於陳思，才高詞贍，擧體華美。氣少於公幹，文劣於仲宣，尚規矩，不貴綺錯，有傷直致之奇。然其咀嚼英華，厭飫膏澤，文章之淵泉也。張公嘆其大才，信矣。詩品

推挹之詞，亦云至矣。

㈢聲律論

古人作文，不斤斤於平仄音韻，但憑口吻調利與否以爲斷，而不知不覺之間，自然與之暗合，此則天然之音節，非人力所製成。文賦云：

方天機之駿利，夫何紛而不理。

所謂『天機駿利』，本指突如其來之靈感，沈約乃引其言，作爲構成自然音律之先決條件。約答陸厥書云：

天機啓則律呂自調，六情滯則音律頓舛。

永明諸子遂據此創爲聲律之說，溯其遠源，則又得之於陸機之啓示也。

文學家之硏究聲律，或謂始於曹植見慧皎高僧傳十三經師論，然事無確證，疑爲釋家所假託。其信而有徵者，莫先於陸機之文賦。說詳顧炎武音學五書

曁音聲之迭代，若五色之相宣。雖逝止之無常，固崎錡而難便，苟達變而識次，猶開流以納泉。如失

機而後會，恆操末以續顛，謬玄黃之秩敘，故淟涊而不鮮。

起首二句言詩文之聲調貴乎錯綜，三至六句言詩文之聲調貴乎變化，七八兩句言詩文之聲調貴乎恰當，結尾二句言詩文之聲調貴乎秩序，四者全備，始可言音調之美。吾師高仲華先生闡發其奧義云：

晉代的陸機作一篇文賦，其中有一段專講聲律。……我們從這一段話裏，可以看出陸機已發現了文辭聲律的四大原則，就是『錯綜』、『變化』、『恰合』和『秩敘』。

錯綜的原則，是說同一聲音連接使用得太多，必定單調而惹厭，如果把不同的聲音連接起來使用，便有抑揚高下，使人聽來悅耳。所以他說：『曁音聲之迭代，若五色之相宣。』

變化的原則，是說不同的聲音連接在一起的方式，如果一成不變，也就不美，必須用各種不同的方式，連接各種不同的聲音，纔能表現聲律的奧妙。所以他說：『苟達變而識次，猶開流以納泉。』

恰合的原則，是說錯綜變化的聲音，必須與錯綜變化的情意，若合符節，同時聲音的本身，當錯綜時就要錯綜，當變化時就要變化，必須確當的把握住時機。所以他說：『如失機而後會，恆操末以續顛。』

秩敘的原則，是說聲音雖要錯綜變化，但並非漫無限制，必須要有條理，有節奏。有條理，纔不零亂，有節奏，纔不散漫。所以他又說：『謬玄黃之秩敘，故淟涊而不鮮。』

他雖然還沒有能把聲音作過細的分析，沒有明確的知道調協聲律的方法，但能夠發現這四大原則，在文辭的創作上已是一大進步。到了南朝，一般文人受到了陸機的啓示，更熱中於聲律的研究，於是聲

律的奧妙更被人陸續的抉發出來。中國修辭學研究第二章第七節

此外，文賦中涉及音律者，尚有：

塊孤立而特峙，非常音之所緯。

或寄辭於瘁音，徒靡言而弗華。

故踸踔於短垣，放庸音以足曲。

大抵最初之音節，均指自然之音節，在詩樂未分之時，聲律卽存於音樂之中，逮詩樂畫分之後，聲律僅存於辭句之中。文章聲調以和諧爲貴，遠在周漢，已有言之者。

情發於聲，聲成文，謂之音。卜商詩大序

合纂組以成文，列錦繡以爲質，一經一緯，一宮一商，此賦之跡也。西京雜記引司馬相如論賦之語

故近儒黃季剛先生云：

爲文須論聲律，其說始於魏晉之際，而遺文粲然可見者，惟士衡文賦數言。中略細審其旨，蓋謂文章音節，須令諧調，本之詩序情發於聲成文爲音之說，稽之左氏琴瑟專壹誰能聽之之言，故非士衡所剏獲也。文心雕龍札記聲律篇

惟以音節評論詩文，探討詩文中同聲相應、異音相從之問題，始於陸機，則無疑焉。

(四)文學價值論

自曹丕提出『文章經國之大業，不朽之盛事』以後，文學遂與立德立功鼎峙而三。至陸機更肯定文學之

價値，幾於邁德功而上之。

伊玆文之爲用，固衆理之所因。

言文本於道，而道由文顯，此蓋承襲王充『世儒當時雖尊，不遭文儒之書，其跡不傳』（論衡書解篇）之思想而推進一步者，文學獨立之觀念，至此乃眞正建立。

恢萬里而無閡，通億載而爲津。

言文學既可以超越空間，又可以超越時間。昔賢謂『文無古今，惟求其當』，今人謂『文學無國界』，皆深受陸氏文學思想之啓發者也。

俯貽則於來葉，仰觀象乎古人。

言文學乃人文之樞紐，負有承上啓下之任務。

濟文武於將墜，宣風聲於不泯。塗無遠而不彌，理無微而弗綸。

言文學爲歷史文化之骨幹，既可作歷史文化精神之護衞者，又可作歷史文化使命之宣揚者。

配霑潤於雲雨，象變化乎鬼神。被金石而德廣，流管絃而日新。

言作品之善者，可以沾漑羣生，感動鬼神，被之金石，施之樂章，千年萬世，永不磨滅。

陸氏賦文學以崇高價値之思想，影響後世之大，誠難估量。其顯而易見者，則蕭綱本之而發爲文學高於一切之說（詳見答張纘謝示集書），劉勰本之而有『道沿聖以垂文，聖因文而明道』（文心原道篇）之理論也。

(五)文體論

文章各體，至東漢而大備，曹魏之際，文家承其體式，故辨別之作出焉。惟曹丕但分文體爲奏議、書論、銘誄、詩賦四科，桓範所論，亦僅及讚象、銘誄、序作三體，皆無以槪文體之全。下逮晉世，踵事增華，辨析愈密，陸機之文賦，摯虞之文章流別論，李充之翰林論，其著焉者也。

陸氏將文學分爲詩、賦、碑、誄、銘、箴、頌、論、奏、說十類，視曹桓二子爲詳，玆臚列如左，並以李善文選注及王闓運論詩文體法附焉。

詩緣情而綺靡

李注：詩以言志，故曰緣情。綺靡，精妙之言。

王云：詩，承也，持也。承人心性而持之，以風上化下，使感於無形，動於自然，故貴以詞掩意，託物寄興，使吾志曲隱而自達，聞者激昂而思赴，其所不及設施，而可見施行，幽窈曠朗，抗心遠俗之致，亦於是達焉。非可快意騁詞，自仗其偏頗，以供世人之喜怒也。

賦體物而瀏亮

李注：賦以陳事，故曰體物。瀏亮，清明之稱。

王云：賦者詩之一體，卽今謎也。亦隱語而使人自悟，故以諭諫。夫聖人非不能切戒臣民，君子非不敢直忤君相，刑傷相繼，政俗無裨，故不爲也。莊論不如隱言，故荀卿宋玉賦因作矣。漢代大盛，則有相如平子之流以諷其君。太沖安仁發攄學識，用兼詩書，其文爛焉。要本隱以之顯，故託體於物而貴清明也。

碑披文以相質

李注：碑以敍德，故文質相半。

王云：碑始於廟，碑文則始墓道。以文述事，而不可以事爲主。相質者，飾質也。

誄纒綿而悽愴

李注：誄以陳哀，故纒綿悽慘。

銘博約而溫潤

李注：博約，謂事博文約也。銘以題勒示後，故博約溫潤。

王云：銘記一類也，言欲博，典欲約。

箴頓挫而淸壯

李注：箴以譏刺得失，故頓挫淸壯。

王云：箴當從耳聽，故尙頓挫。

頌優游以彬蔚

李注：頌以褒述功美，以辭爲主，故優遊彬蔚。

王云：後世之頌，皆應制贊人之文，故貴優遊，不可謂譽。——以上皆有韵之文。詩之末流，專主華飾。

論精微而朗暢

李注：論以評議臧否，以當爲宗，故精微朗暢。

王云：是非不決，論以明之，故必探其精微，使朗然而曉。

奏平徹而閑雅

李注：奏以陳情敍事，故平徹閑雅。

王云：奏施君上，故必氣平理徹。

說煒曄而譎誑

李注：說以感動爲先，故煒曄譎誑。

王云：說當回人之意，改已成之事，譎誑之使反於正，非尚詐也。——以上皆無韵之文，單行直敍。

陸氏文體十分法，可資注意者凡四事：

第一：由於辨章文體之日趨精密，乃引起後人編纂總集之意念，稍後如摯虞文章流別集，李充翰林論，乃至蕭統文選等，皆自文體區分之基礎上而竟其功者。參今人郭紹虞氏之說〇見中國文學批評史第十四章

第二：由陸氏析分文體之詳於曹丕，遂引起文士之普徧重視，其後愈析愈密，至文選編撰時，已析爲三十八類，洋洋大觀矣。又陸氏十體之說，未必盡備，論者每滋紛紜。如劉勰嘗著文以非之云：

昔陸氏文賦，號爲曲盡。然汎論纖悉，而實體未該。故知九變之貫匪窮，知言之選難備矣。文心總術篇

黃季剛先生則不謂然，乃爲之辨正云：

此一節言陸氏文賦所舉文體未盡，而自言圓鑒區域，大判條例之超絕于陸氏。案文賦以辭賦之故，舉體未能詳備。彥和拓之，所載文體，幾于網羅無遺。然經傳子史，筆劄雜文，難于羅縷。視其經略，誠恢廓于平原。至其詆陸氏非知言之選，則亦尚待商兌也。（文心雕龍札記總術篇）

言陸氏論文體以辭賦出之，故未能圓該，極具卓見，足以杜悠悠之口。

第三：陸賦歷舉各體而不及傳狀之屬，是卽文筆之分。（說詳阮福文筆考）蓋陸氏以傳狀乃應用之文，而非美術之文。易言之，傳狀祇能謂之『筆』，不能謂之『文』，故不在評論之列。此種思想於後世文筆說有積極啓導作用。

第四：自陸氏『詩緣情而綺靡』之說出，引起文壇極大震撼，其後詩界遂釐然分疆，溫柔敦厚者爲一派，作者多爲社會詩人，緣情綺靡者爲一派，作者多爲唯美及香奩詩人。陸氏神來一筆，竟成唯美香奩二詩派之初祖，得非不虞之譽耶。

(六)模擬論

模擬有廣狹二義：廣義的模擬，乃是作者在閱讀前人或他人著作時，體會其精神，領悟其義蘊，吸收其知識，了解其背景，再加以分析、歸納、過濾，擷其精而遺其粗，啜其醴而棄其糟，變成一種新的意識型態，然後從事創作。文賦云：

傾羣言之瀝液，漱六藝之芳潤。
收百世之闕文，採千載之遺韻。

可見陸機之文學思想係傾向於廣義的模擬。至狹義的模擬，則或剽竊前作，或漁獵文史，以爲己有，此類作品，終必淪棄。若以昆蟲爲喻，模擬手法之高者，有若『蠶吐絲』，其中焉者，有若『蜂釀蜜』，其下焉者，則直類『螞蟻大搬家』。前二者爲廣義的模擬，行乎古今，通乎中外，人人得而用之。後者乃爲狹義的模擬，君子所不取也。文賦云：

謝朝華於已披，啓夕秀於未振。

意謂文學創作，不可蹈襲陳言，而須言前人所未言，發前人所未發者，乃爲得之。又云：

雖杼軸於予懷，怵他人之我先。苟傷廉而愆義，亦雖愛而必捐。

尤在強調文必己出，偶有雷同，亦須割愛。若一味因襲模擬，終身役於古人，則傷廉愆義，不足算也。

陸機既反對狹義的模擬，其作品亦能劍履相及，如樂府、擬古諸詩，率以排偶句法爲之，以是駢絲麗片，充牣篇章，與兩京之鉛華弗御者，固有間矣。

模擬爲文章作法之一，不可廢，亦不宜廢，尤不容廢，其先須與古人合，其後須與古人離，運用之妙，但存乎一心耳。惟自陸機以後，聚訟紛紜，莫衷一是，至明之叔季，更達於高潮。今不暇博引，特遴載一二，以見歷代學者對此事之關注。

蕭綱與湘東王書：

比見京師文體，懦鈍殊常，競學浮疏，爭事闡緩，玄冬修夜，思所不得，既殊比興，正背風騷。若夫六典三禮，所施則有地，吉凶嘉賓，用之則有所。未聞吟詠情性，反擬內則之篇，操筆寫志，更摹酒誥之作，遲遲春日，翻學歸藏，湛湛江水，遂同大傳。

王季薌古文辭通義：

要而言之，古來文家有喜新惡舊兩種之習。惡舊之說，如陸士衡則云：怵他人之我先。韓退之則云：惟陳言之務去。喜新之說，李文饒則云：譬諸日月，雖終古常見，而光景常新。皇甫持正則曰：意新則異於常。兩者之外，猶有化舊爲新之說，昌黎有師其意不師其詞之語。山谷取陳言入翰墨，有靈丹一粒，點鐵成金之喻。皆推陳出新者所宜知也。佔畢叢談有云：陳同甫論作文之法曰：經句不全兩，史句不全三，此猶有用書之迹也。又曰：似使事而不使事，似不使事而使事，則用書而化矣。艾東鄉曰：胸中有書，筆底無書，則幷不知其爲書矣。此斯道淺深之辨也。

蕭氏鑒於梁代文士但知模擬經史，不知脫化創新，已嚴重阻礙文學之進化，故大肆抨擊，以矯時弊。王氏則備列各家之說，示後學以南針，庶幾模擬一道，不致爲妄庸者所濫用。

(七)文病說

陸氏指出世人之著述，其病甚多，玆臚列如左：

(一)前後失應

或託言於短韻，對窮迹而孤興，俯寂寞而無友，仰寥廓而莫承，譬偏絃之獨張，含清唱而靡應。

言文辭前後失應，乃文短事寡之故。

(二)姸蚩混同

或寄辭於瘁音，徒靡言而弗華，混妍蚩而成體，累良質而爲瑕，象下管之偏疾，故雖應而不和。

言文章有如音樂，應而不和乃妍蚩混同之故。

㊂理虛情寡

或遺理以存異，徒尋虛以逐微，言寡情而鮮愛，辭浮漂而不歸，猶絃么而徽急，故雖和而不悲。

此亦以音樂喻文章，言和而不悲乃理虛情寡之故。

㊃偶俗媚世

或奔放以諧合，務嘈囋而妖冶，徒悅目而偶俗，固聲高而曲下，寤防露與桑間，又雖悲而不雅。

此亦以音樂爲喻，言悲而不雅乃偶俗媚世之故。

㊄質多文少

或清虛以婉約，每除煩而去濫，闕大羹之遺味，同朱絃之清氾，雖一唱而三歎，固既雅而不豔。

言創作詞藝，當文質並重，若尙質太過，則文必不美，如大羹之缺乏眞味，雅樂之不能動人。

㈧文學創作論

曹丕典論論文云：『文非一體，鮮能備善。……故能之者偏也。』又云：『文以氣爲主，氣之清濁有體。』意謂人之才性各異，故成就亦異。陸機深受曹氏影響，故論文學創作，亦較偏重才氣方面。玆分述之：

⑴天才　文心雕龍神思篇云：『人之稟才，遲速異分，文之制體，大小殊功。』故文學創作，關乎才性

者甚大，作品風格，成文遲速，相去懸絕者多矣。昔人所謂『元輕白俗』，『郊寒島瘦』，乃作品風格之關乎才性者。唐人云：『潘緯十年吟苦鏡，何涓一夕賦瀟湘。』（楊慎丹鉛總錄引）宋人云：『閉門覓句陳無已，對客揮毫秦少游。』（宋長白柳亭詩話引）此成文遲速之關乎才性者。畫家亦云：『思訓經年之力，道元一日之功。』（丹鉛總錄引）則美術之才亦有遲速，不獨文學也。文賦云：

> 方天機之駿利，夫何紛而不理，思風發於胸臆，言泉流於脣齒。紛葳蕤以馺遝，唯毫素之所擬，文徽徽以溢目，音泠泠而盈耳。及其六情底滯，志往神留，兀若枯木，豁若涸流。攬營魂以探賾，頓精爽於自求，理翳翳而愈伏，思乙乙其若抽。是以或竭情而多悔，或率意而寡尤，雖茲物之在我，非余力之所勠。

陸氏以一己之創作經驗，而論定遲速之故。天分高者，自能『率意而寡尤』，天分低者，則難免陷入『竭情多悔』之苦境。故陸氏乃一『創作天才論』者。

惟陸氏所謂天才，有時又包括學力而言。

> 彼瓊敷與玉藻，若中原之有菽。同橐籥之罔窮，與天地乎並育。雖紛藹於此世，嗟不盈於予掬。患挈瓶之屢空，病昌言之難屬。故踸踔於短垣，放庸音以足曲。恆遺恨以終篇，豈懷盈而自足。懼蒙塵於叩缶，顧取笑乎鳴玉。

此言古之佳文難得，蓋才力有以限之。而自己腹儉才嗇，亦時發庸音，見嗤高明，固其宜也。

(2)情感　文學與情感密不可分，人皆知之。尚書舜典云：『詩言志。』詩經關雎序云：『詩者，志之所之也。……情動於中而形於言。』是皆重視情志之明證。惟古人重視情志，目的在加强美刺之功用，無關個人情志之抒發。眞正以個人爲本位而暢談文藝，以情感爲創作活動之心理依據，不帶任何政教色彩者，則自陸機始。文賦云：

佇中區以玄覽，頤情志於典墳。遵四時以歎逝，瞻萬物而思紛。悲落葉於勁秋，喜柔條於芳春。心懍懍以懷霜，志眇眇而臨雲。詠世德之駿烈，誦先人之清芬。游文章之林府，嘉麗藻之彬彬。慨投篇而援筆，聊宣之乎斯文。

又云：

每自屬文，尤見其情。

又云：

詩緣情而綺靡。

皆所以探文之本者也。夫文學創作之目的，無非在發抒一己之情感，故文學不能脫離情感而獨立。必有其情者始克有其文，無其情而强以爲文，不流於矯揉做作，必流於無病呻吟，求其感人，寧可得耶。西哲紐曼（Newman）曰：『文學爲思想之表現，而感情乃思想之主。』誠深造有得之言也。

曹魏爲文學自覺之萌芽時代，鄴下諸子多能擺脫禮教桎梏，而從事抒發情感之創作，然無理論以導之，遂使純文學不能有大發展。直至陸機文賦問世，緣情主義之創作理論乃告建立，終成六朝文學思想之主流，其後『以情緯文，以文被質』（宋書謝靈運傳論中語）之作品乃大量出現，而形成一個『有情世界』（別於先秦兩漢之『無情世界』）。故稱太康爲文學自覺之茁壯時代，似甚切當。

(3)想像力　想像力昔人謂之構思，劉勰謂之神思，與情感同爲文學重要之生命，亦爲創作時心靈活動之主體，作品能否達到藝術上之最高成就，胥視想像力之豐富與否以爲斷。文賦云：

其始也，皆收視反聽，耽思傍訊，精騖八極，心遊萬仞。其致也，情曈曨而彌鮮，物昭晰而互進。傾羣言之瀝液，漱六藝之芳潤。浮天淵以安流，濯下泉而潛浸。於是沈辭怫悅，若游魚銜鉤而出重淵之深，浮藻聯翩，若翰鳥纓繳而墜曾雲之峻。收百世之闕文，採千載之遺韻。謝朝華於已披，啓夕秀於未振。觀古今之須臾，撫四海於一瞬。

又云：

罄澄心以凝思，眇衆慮而爲言。籠天地於形內，挫萬物於筆端。

此言上極九天，下極重淵，以至渾噩蒙昧之遠古，杳冥難知之未來，均可藉想像力加以濃縮至作家之思維空間，而絡繹奔赴於筆底。自來偉大作家，無不依恃此種想像力以創造振鑠千古之作品。此則陸氏文學思想之精華所在，所宜大筆特書者也。

(4)靈感　今之文人，喜言靈感（inspiration），以爲此說來自西方，實則一千六百餘年前陸機即已道及，而與想像力同爲陸氏之創見。文賦云：

若夫應感之會，通塞之紀，來不可遏，去不可止，藏若景滅，行猶響起。

所謂『應感』即今人所謂靈感云者，即靈敏的感受性，所謂『通塞』云者，即靈感之通塞也。如何使內容與形式、思想與修辭兩臻其美，靈感實有以先之，故凡載筆之倫，無不重視靈感。下筆千言、倚馬可待者，以有靈感也，繞屋三匝、莫著一字者，以無靈感也。當靈感來時，無論文人撰文，詩人賦詩，以至美術家作畫，音樂家譜曲，均須把握住此刹那間之機會，勿使輕易失之，始能筆頭生花，若有神助。但靈感方濃時，不可遏止其發露，而靈感未至時，亦不可蓄意醞釀。故陸氏又云：

方天機之駿利，夫何紛而不理。思風發於胸臆，言泉流於脣齒。紛葳蕤以馺遝，唯毫素之所擬。文徽徽以溢目，音泠泠而盈耳。

若靈感已失時，更不可勉强握管，蓋時機未熟，勉强爲之，必致徒勞無功。故又云：

及其六情底滯，志往神留，兀若枯木，豁若涸流。攬營魂以探賾，頓精爽於自求，理翳翳而愈伏，思乙乙其若抽。

陸氏雖極力描繢靈感之動靜，而苦於不明其通塞之故。故又云：

雖茲物之在我，非余力之所勠，故時撫空懷而自惋，吾未識夫開塞之所由。

蓋靈感乃一抽象之物，視而不見，聽而不聞，嗅而無味，觸而無形，欲求通塞，談何容易，希世文豪尚且如此，況常人乎。

※　※　※

綜觀陸氏文賦，述先士之盛藻，陳作文之利害，涵義弘深，牢籠萬有，文事妙諦，幾盡其中。即後來文心雕龍洋洋數十篇之理論，亦係本諸文賦而加之詳密者。誠可謂中國修辭說之濫觴，文學批評之傑構也。惟陸氏以賦體衡文，自難屈曲洞達，洪纖靡遺。故劉勰評其『巧而碎亂』（文心序志篇），鍾嶸譏其『通而無貶』（詩品序），皆未能曲體其爲文體所囿，致無法周洽該備也。黃季剛先生乃爲之辯護曰：

> 碎亂者，蓋謂其不能具條貫。然陸本賦體，勢不能如散文之敍錄有綱。此與總術篇所云：昔陸氏文賦，號爲曲盡，然汎論纖悉，而實體未該。皆疑少過。（文心雕龍札記序志篇）

許文玉氏亦曰：

> 陸機文賦，妙解情理，心識文體，自可謂之通矣。但仲偉謂其無貶，則殊不見然。賦中明有雖應不和，雖和不悲，雖悲不雅，既雅不豔云云，卽區分褒貶之證也。（文論講疏鍾嶸詩品）

皆能深得陸氏之旨者也。駱鴻凱氏在所著文選學中，較論文賦與文心，有極公允之斷語，於陸賦尤推挹備至。其言曰：

> 唐以前論文之篇，自劉彥和文心而外，簡要精切，未有過於士衡文賦者。顧彥和之作，意在益後生，士衡之作，意在述先藻。又彥和以論爲體，故提綱疏目，條秩分明。士衡以賦爲體，故略細明鉅，辭約旨隱。要之，言文之用心，莫深於文賦，陳文之法式，莫備於文心，二者固莫能偏廢也。

二者誠如隋珠趙璧，皆吾國文苑中之瓌寶也。

二　陸雲與兄平原書

陸雲字士龍，與兄機有二陸之稱，皆太康文學之弁冕。其文學理論率見於與兄平原書三十五首中，雖買棻求益，或失之宂濫，而汰沙揀金，亦往往見寶。劉師培中古文學史云：

陸雲答兄平原書多論文之作，於文章得失，詮及細微。其于前哲，則伯喈仲宣之作，多所詮評。其于時賢，則張華成公綏崔君苗之文，並多評騭。二陸工文，于斯可驗。（魏晉文學之變遷）

所言甚是。爰爲分析歸納，著之於篇。

⑴貴自然　陸雲評論文章，每以『清』字爲言，所謂『清』，即今語所謂『自然之美』。言文之美者，無須雕琢，宜純任自然。

省述思賦，流深情至言，實爲清妙，恐故復未得爲兄賦之最，兄文自爲雄，非累日精拔，卒不可得言。文賦甚有辭，綺語頗多，文適多體，便欲不清，不審兄呼爾不。

雲今意視文，乃好清省，欲無以尙，意之至此，乃出自然。

妙若文賦，尙嫌『綺語未盡』，其重質素，顯然可見，與乃兄之尙藻采者異趣。

⑵貴新　六朝文士，喜以『新』字與人，其風蓋始於士龍。士龍以乃兄之作，往往推陳出新，故深喜之，一再以新字相許。

漏賦可謂清工，兄頓作爾多文，而新奇乃爾，眞令人怖，不當復道作文。

蔡氏所長，唯銘頌耳，銘之善者，亦復數篇，其餘平平耳。兄詩賦自與絕域，不當稍與比校。張公昔亦云，兄新聲多之，不同也。

蓋文學自覺至此已逾六十年，加以太康時代，河清海晏，文運大昌，求新求變之風，彌漫天下，作品之精神面貌，遂大異於往昔，況愛奇尚新乃人類之通性乎。

⑶貴簡練　陸機為文，務極繁富。世說新語文學篇劉注引文士傳云：

陸機善屬文，司空張華見其文章，篇篇稱善，猶譏其作文大冶，謂曰：『人之作文，患於不才，至子為文，乃患太多也。』

可見陸機之文，固以多取勝。士龍每郵書規之曰：

往日論文，先辭而後情，尚絜而不取悅澤。嘗憶兄道張公父子論文，實自欲得，今日便欲宗其言。兄文章之高遠絕異，不可復稱言，然猶皆欲微多，但清新相接，不以此為病耳。若復令小省，恐其妙欲不見，可復稱極，不審兄猶以為爾不。

兄文方當日多，但文實無貴於為多，多而如兄文者，人不厭其多也。

有作文唯尚多，而家多豬羊之徒，作蟬賦二千餘言，隱士賦三千餘言，既無藻偉體，都自不似事，文章實自不當多。古今之能為新聲絕曲者，無又過兄，兄往日文雖多瑰鑠，至於文體，實不如今日。

張公文無他異，正自清省，無煩長作文，正爾自復佳。

兄文章已顯一世，亦不足復多自困苦，適欲白兄，可因今清靜，盡定昔日文，但當鉤除，差易為功力。

蓋於機作，略有微詞，『清新相接，不以為病』，乃『崇友于』（劉勰語）也。試讀豪士賦序（見文選），中多剩語，刪之不失原意，存之反為贅疣，孰謂『人不厭其多』耶。文心雕龍鎔裁篇云：

士衡才優，而綴辭尤繁，士龍思劣，而雅好清省。及雲之論機，亟恨其多。

又才略篇云：

陸機才欲窺深，辭務索廣，故思能入巧而不制繁。

又哀弔篇云：

陸機之弔魏武，序巧而文繁。

繁縟誠士衡詩文之標幟，評騭之者，固不獨士龍也。

(4)主情　士龍論文，其初『先辭而後情』（見前引），其後則以情爲作文之要素。自云歲暮賦『情言深至』，讀士衡述思賦則歎其至情，又讀謝平原內史表有云：

兄前表甚有深情遠旨，可耽味高文也。

論答少明詩亦云：

答少明詩亦未爲妙，省之如不悲苦，無惻然傷心言。

以『深情遠旨』爲工，以『無惻然傷心言』爲拙，則其論文主情，顯然可見。

(5)重音韻　太康文人，甚重音韻。晉書陸雲傳：

雲與荀隱素未相識，嘗會華坐，華曰：『今日相遇，可勿爲常談。』雲因抗手曰：『雲間陸士龍。』隱曰：『日下荀鳴鶴。』鳴鶴，隱字也。

觀其對仗工整，平仄調諧，與唐人律句曾無少異，則文壇上普徧以聲律相尙，概可見矣。陸氏兄弟摛文尤重聲律，時以書札反覆討論。士龍與兄書云：

李氏云，『雪』與『列』韻，曹便復不用。人亦復云，曹不可用者，音自難得正。

又云：

海頌兄意乃以為佳，甚以自慰，今易上韻，不知差前否，不佳者，願兄小為損益。

當時標準韻書尚未制定，故須詳加辯正，以免脣吻不能相合。

第四節　太康時代(二)

一　左思三都賦序 附皇甫謐・劉逵・衞瓘

太康之世，文學見解超軼羣倫者，二陸以外，尚有左思、皇甫謐、劉逵、衞瓘等。思字太沖，臨淄人，貌寢口訥，而辭藻壯麗，所作齊都賦、三都賦、詠史詩，盛重於時。晉書文苑傳云：

左思欲賦三都，會妹芬入宮，移家京師，乃詣著作郎張載訪岷邛之事。遂構思十年，門庭藩溷皆著筆紙，遇得一句，即便疏之。自以所見不博，求為祕書郎。及賦成，時人未之重。思自以其作不謝班張，恐以人廢言，安定皇甫謐有高譽，思造而示之。謐稱善，為其賦序。張載為注魏都，劉逵注吳蜀而序之。陳留衞權又爲思賦作略解。司空張華見而歎曰：『班張之流也。使讀之者盡而有餘，久而更新。』於是豪貴之家競相傳寫，洛陽爲之紙貴。初，陸機入洛，欲爲此賦，聞思作之，撫掌而笑，與弟雲書曰：『此間有傖父，欲作三都賦，須其成，當以覆酒甕耳。』及思賦出，機絕歎伏，以爲不能加也，遂輟筆焉。

世說新語文學篇亦云：

左太沖作三都賦初成，時人互有譏訾，思意不愜。後示張公，張曰：『此二京可三。然君文未重於世，宜以經高名之士。』思乃詢求於皇甫謐。謐見之嗟歎，遂爲作敍。於是先相非貳者，莫不斂衽讚述焉。

其創作態度嚴謹，取材廣博詳實，故能紙貴京都，羣士斂衽。

左氏之文學見解，具存於三都賦序中，其詞曰：

蓋詩有六義焉，其二曰賦。揚雄曰：『詩人之賦麗以則。』班固曰：『賦者古詩之流也。』先王采焉，以觀土風，見『綠竹猗猗』，則知衞地淇澳之產，見『在其板屋』，則知秦野西戎之宅，故能居然而辨八方。然相如賦上林，而引『盧橘夏熟』，揚雄賦甘泉，而陳『玉樹青葱』，班固賦西都，而歎以出比目，張衡賦西京，而述以游海若，假稱珍怪，以爲潤色，若斯之類，匪啻於茲。考之果木，則生非其壤，校之神物，則出非其所，於辭則易爲藻飾，於義則虛而無徵。且夫玉巵無當，雖寶非用。侈言無驗，雖麗非經。而論者莫不詆訐其研精，作者大抵舉爲憲章，積習生常，有自來矣。

余既思摹二京，而賦三都，其山川城邑，則稽之地圖，其鳥獸草木，則驗之方志，風謠歌舞，各附其俗，魁梧長者，莫非其舊。何則，發言爲詩者，詠其所志也，升高能賦者，頌其所見也。美物者貴依其本，讚事者宜本其實，匪本匪實，覽者奚信。且夫任土作貢，虞書所著，辯物居方，周易所愼，聊舉其一隅，攝其體統，歸諸詁訓焉。（文選）

細繹其旨，所受於王充之影響者實深，王充乃漢末實證主義（Positivism）之大思想家，與法儒孔德（Auguste Comte）之思想遙相輝映者。其論衡藝增篇云：

世俗所患，患言事增其實，著文垂辭，辭出溢其眞。稱美過其善，進惡沒其罪。何則，俗人好奇，不奇，言不用也。故譽人不增其美，則聞者不快其意，毀人不益其惡，則聽者不愜於心。聞一增以爲十，見百益以爲千。使夫純樸之事，十剖百判，審然之語，千反萬畔。墨子哭於練絲，楊子哭於歧道，蓋傷失本，悲離其實也。

其排斥虛誇、崇尚現實之主張，略見於此。左氏因之，故其所服膺者爲『見「綠竹猗猗」，則知衞地淇澳之產，見「在其板屋」，則知秦野西戎之宅。』其所不滿者爲『假稱珍怪，以爲潤色。』『考之果木，則生非其壤，校之神物，則出非其所，於辭則易爲藻飾，於義則虛而無徵。』且抨擊司馬相如、揚雄、班固、張衡均不免於『雖寶非用』、『雖麗非經』之病。而己之所作則『其山川城邑則稽之地圖，其鳥獸草木則驗之方志，風謠歌舞，各附其俗，魁梧長者，莫非其舊。』既重考驗，又貴徵實，此種輕視想像之實證精神，頗能振鑠當時之文學批評界。

雖然，左氏固不知想像在修辭學上之妙用者。夫想像乃文學作品之靈魂，之生命（請參閱本章第三節），無想像則不但作品將淪於僵化，亦且無眞價値可言。蓋史尙徵驗，文貴奇詭，兩者虛實異途，勢難合轍。詞人作賦，往往設爲荒誕之談，助其謠諑之說，是固不能以史籍實錄之例，病文士虛構之辭矣。

抑有進者，左氏懸鵠雖高，而未能言行相符。如蜀都賦之『娉江斐』（按即江妃江水女神名），『動陽侯』（水神名）。吳都賦之『雖有雄虺之九首，將抗足而跐之』，『訪靈夔於鮫人』，『精衞銜石而遇繳』。甚至如魏都賦之『列眞（謂列仙）非一，往往出焉』等神仙渺不可期之事，亦雜入其中，此與其所標榜之實證主義非背道而馳耶，宜其貽譏於王觀國也。（詳見學林三都賦序條）要之，左氏立意本在矯正東京以來辭賦浮誇不實之弊，但如過分强調徵實，以科學態度臨文，不諳夸飾之旨，則是『史』而非『賦』矣。劉熙載藝概云：

> 賦與譜錄不同，譜錄惟取誌物，而無情可言，無采可發，則如數他家之寶，無關己事。以賦體視之，孰爲親切且尊異耶。

言賦所重者惟『情』與『采』，信足箴左氏之失已。

皇甫謐負一代高名，徇左氏之請而爲作序，故其立論多遷就左氏，惟稍爲圓通耳。其首段云：

> 古人稱『不歌而頌謂之賦』，然則賦也者，所以因物造端，敷弘體理，欲人不能加也。引而申之，故文必極美，觸類而長之，故辭必盡麗。然則美麗之文，賦之作也。（文選）

『因物造端，極美盡麗』，謂賦重修飾。『觸類而長，人不能加』，謂賦貴夸大。而一歸之於『美麗之文』。其崇尙夸飾，稱美藻采之意，灼然可見，說勝左氏多矣。既又云：

昔之爲文者，非苟尚辭而已，將以紐之王敎，本乎勸戒也。自夏殷以前，其文隱沒，靡得而詳焉。周監二代，文質之體，百世可知。故孔子采萬國之風，正雅頌之名，集而謂之詩。詩人之作，雜有賦體。子夏序詩曰：一曰風，二曰賦，故知賦者古詩之流也。至於戰國，王道陵遲，風雅寖頓，於是賢人失志，辭賦作焉。是以孫卿屈原之屬，遺文炳然，辭義可觀，存其所感，咸有古詩之意，皆因文以寄其心，託理以全其制，賦之首也。及宋玉之徒，淫文放發，言過於實，誇競之興，體失之漸，風雅之則，於是乎乖。逮漢賈誼，頗節之以禮，自時厥後，綴文之士，不率典言，並務恢張，其文博誕空類，大者罩天地之表，細者入毫纖之內，雖充車聯駟，不足以載，廣夏接榱，不容以居也。其中高者，至如相如上林，揚雄甘泉，班固兩都，張衡二京，馬融廣成，王生靈光，初極宏侈之辭，終以約簡之制，煥乎有文，蔚爾鱗集，皆近代辭賦之偉也。若夫土有常產，俗有舊風，方以類聚，物以羣分，而長卿之儔，過以非方之物，寄以中域，虛張異類，託有於無，祖構之士，雷同影附，流宕忘返，非一時也。

曩者漢室內潰，四海圮裂，孫劉二氏，割有交益，魏武撥亂，擁據函夏，故作者先爲吳蜀二客，盛稱其本土險阻瓌琦，可以偏王，而卻爲魏主，述其都畿，弘敞豐麗，奄有諸華之意，言吳蜀以擒滅比亡國，而魏以交禪比唐虞，既已著逆順，且以爲鑒戒。蓋蜀包梁岷之資，吳割荆南之富，魏誇中區之衍，考分次之多少，計殖物之衆寡，比風俗之清濁，課士人之優劣，亦不可同年而語矣。二國之士，各沐浴所聞，家自以爲我土樂，人自以爲我民良，皆非通方之論也。作者又因客主之辭，正之以魏

都，折之以王道，其物土所出，可得披圖而校，體國經制，可得案記而驗，豈誣也哉。（同上）

暢言辭賦須『紐之王教，本乎勸戒』，大體上承班固漢書藝文志詩賦略敍之遺意，而與左序相發明。皆以爲辭賦末流漸離於善，漸違於眞，而深致慨歎。歸納其立言主旨，亦是排斥想像而重實證，昧於美術文學不求徵實之義，其缺失正與左氏同。

劉逵既爲左賦注吳蜀，又爲之序曰：

觀中古以來爲賦者多矣，相如子虛擅名於前，班固兩都理勝其辭，張衡二京文過其意。至若此賦，擬議數家，傅辭會義，抑多精致，非夫研覈者不能練其旨，非夫博物者不能統其異。世咸貴遠而賤近，莫肯用心於明物。斯文吾有異焉，故聊以餘思爲其引詁，亦猶胡廣之於官箴，蔡邕之於典引也。（晉書文苑傳）

言兩京諸子各有其短，獨左賦擬議數家，兼備衆長，可謂推挹備至。至謂『傅辭會義，抑多精致』云云，則以文質並重許之矣。

衞瓘（按瓘當作權嚴可均全晉文注謂轉刻之誤甚是今仍作瓘者從衆耳）亦爲左賦作略解，且爲之序，大旨與左思皇甫謐二序意同，了無新義。由其稱美左賦『言不苟華，必經典要』數語推之，似有抑文重質之意。錄之以備參較。

余觀三都之賦，言不苟華，必經典要，品物殊類，稟之圖籍，辭義瓌瑋，良可貴也。有晉徵士故太子中庶子安定皇甫謐，西州之逸士，耽籍樂道，高尚其事，覽斯文而慷慨，爲之都序。中書著作郎安平張載、中書郎濟南劉逵，並以經學洽博，才章美茂，咸皆悅玩，爲之訓詁。其山川土域，草木鳥獸，奇怪珍異，僉皆研精所由，紛散其義矣。余嘉其文，不能默已，聊藉二子之遺忘，又爲之略解，祗增

煩重，覽者闕焉。上同

或曰，皇甫劉衞諸子之序，皆出左思自爲，蓋以人微職卑，欲世重其文，故假時人名姓云云。左思父雍，起於筆札，多所掌練，爲殿中御史。思蚤喪母，雍憐之，不甚教其書學。及長，博覽名文，遍閱百家。司空張華辟爲祭酒，賈謐舉爲祕書郎。謐誅，歸鄉里，專思著述。齊王冏請爲記室參軍，不起，時爲三都賦未成也。後數年疾終。其三都賦改定，至終乃上。初，作蜀都賦云：『金馬電發於高岡，碧雞振翼而雲披，鬼彈飛丸以礌礉，火井騰光以赫曦。』今無鬼彈，故其賦往往不同。思爲人無吏幹，而有文才，又頗以椒房自矜，故齊人不重也。思造張載，問岷蜀事，交接亦疎。皇甫謐西州高士，摯仲洽宿儒知名，非思倫匹。劉淵林衞伯輿並蚤終，皆不爲思賦序注也。凡諸注解，皆思自爲，欲重其名，故假時人名姓也。俱見世說文學篇注引左思別傳

此乃皮相之言，不足採信，嚴氏全晉文已辨之審矣。

二　摯虞文章流別論

自陸機以後，論及文體正變及各體源流，鉤勒成書者，則有摯虞。虞字仲洽，長安人，少事皇甫謐，才學通博，著述不倦。晉書本傳稱其撰文章志四卷，又撰古文章，類聚區分爲三十卷，名曰流別集，各爲之論，辭理愜當，爲世所重。隋書經籍志列其文章流別集四十一卷，文章流別志論二卷，且爲之序云：

總集者，以建安之後，辭賦轉繁，衆家之集，日以滋廣，晉代摯虞，苦覽者之勞倦，於是採摘孔翠，

芟剪繁蕪，自詩賦下，各爲條貫，合而編之，謂爲流別。是後文集總鈔，作者繼軌，屬辭之士，以爲覃奧，而取則焉。

是流別集乃總集之始，而流別志論則評論文體之作也。惟其書早已散佚，靡得而詳，今所見者，惟藝文類聚雜文部二輯錄一條，太平御覽卷五百八十五、五百八十六、五百八十七、五百九十、五百九十六共輯錄八條，全晉文卷七十七輯錄十一條而已。

文章流別志論於詩賦箴銘哀誄頌七雜文之屬，溯其源起，考其正變，以明古今各體之異同，於諸家撰作之得失，品隲亦多，集前代論文之大成，誠文體論之偉構也。近儒劉師培氏云：

文學史者，所以考歷代文學之變遷也。古代之書，莫備於晉之摯虞，虞之所作，一曰文章志，一曰文章流別。志者，以人爲綱者也，流別者，以文體爲綱者也。劉申叔先生遺書蒐集文章志材料方法

則其書又近似文學專史，不獨評論文體已也。今分別評述之。

㈠文章論

儒家之於文學，一向主張載道與實用，至東漢叔季之世，又合禮樂、禮法而折衷之，於是涵蓋益廣，範圍更大。如崔瑗南陽文學頌云：

故觀禮則體敬，聽樂則心和，然後知反其性而正其身焉。取律於天以和聲，采言於聖以成謀，以和邦國，以諧萬民。全後漢文

王粲荆州文學記官志亦云：

于先王之爲世也，則象天地，軌儀憲極，設教導化，敍經志業。……夫文學也者，人倫之守，大教之本也。（同上）

摯虞深受啓示，又擴而充之。其說云：

文章者，所以宣上下之象，明人倫之敍，窮理盡性，以究萬物之宜者也。王澤流而詩作，成功臻而頌興，德勳立而銘著，嘉美終而誄集，祝史陳辭，官箴王闕。（文章流別論○下同不另注）

所謂『上下之象』者，天文地理也。所謂『人倫之敍』者，人與人相處之常道規律也。『窮理盡性』，玄學理學哲學心理學屬之。『萬物之宜』，則凡百科學無不屬之。其意蓋謂文化之發源，文明之進步，無不基於文學，文學之功用亦云大矣。至詩頌銘誄之屬，則均由應用而起。魏晉乃文學自覺時代，摯氏猶篤守傳統之尙用觀念，與陸機之唯美主義大異其趣，謂非卓犖不羣之士可乎。其後有唐諸子論文學，多不脫其窠臼。

文之爲用，上所以敷德教於下，下所以達情志於上，大則經天緯地，作訓垂範，次則風謠歌頌，匡主和民。（隋書文學傳序）

文章本於教化，形於治亂，繫於國風。故在君子之心爲志，形君子之言爲文，論君子之道爲教。（柳冕與徐給事書）

年齒漸長，閱事漸多，每與人言，多詢時務，每讀書史，多求理道，始知文章合爲時而著，歌詩合爲事而作。（白居易與元九書）

下逮宋之葉適王九溪，以至清之魏禧顧炎武梅曾亮等，無不以文章之用，貴能匡時，而與摯氏同調。

㈡賦論

摯氏論賦，完全贊同揚雄『詩人之賦麗以則，辭人之賦麗以淫』（法言吾子篇）之說，謂屈原荀卿之作，尚存古意，自宋玉以降，則惟以事類之宏富、詞句之華靡為主，文過其質，反而與情相悖，與義相失。

賦者敷陳之稱，古詩之流也。古之作詩者，發乎情，止乎禮義。情之發，因辭以形之，禮義之旨，須事以明之，故有賦焉。所以假象盡詞，敷陳其志。前世為賦者有孫卿、屈原，尙頗有古詩之義，至宋玉則多淫浮之病矣。楚辭之賦，賦之善者也，故揚子稱賦，莫深於離騷。賈誼之作，則屈原儔也。

古詩之賦以情義為主，以事類為佐。今之賦以事形為本，以義正為助。情義為主，則言省而文有例矣。事形為本，則言當而辭無常矣。文之煩省，辭之險易，蓋由於此。

夫假象過大，則與類相遠。逸詞過壯，則與事相違。辨言過理，則與義相失。麗靡過美，則與情相悖。此四過者，所以背大體而害政教，是以司馬遷割相如之浮說，揚雄疾辭人之賦麗以淫。

摯氏之論，可謂深得騷賦與辭賦之原理者，指斥賦家之弊，不稍寬假，尤震撼文壇，傳誦一時。玆綜括其意，再分二端而申論之。

一、所謂『古詩之賦以情義為主，以事類為佐』云者，明言賦體必先具典雅之義，感物之情，有本有質，然後以事類為佐。質言之，情義其本也，事類其末也。而漢人竟反其道而行，『以事形為本，以義正為助』，以致辭豐義儉，事少文繁。不若情義為主，言簡意深之感人易也。劉勰遂據此而闡發之曰：

昔詩人什篇，為情而造文，辭人賦頌，為文而造情，何以明其然，蓋風雅之興，志思蓄憤，而吟詠情性，以諷其上，此爲情而造文也。諸子之徒，心非鬱陶，苟馳夸飾，鬻聲釣世，此爲文而造情也。故爲情者要約而寫眞，爲文者淫麗而煩濫。而後之作者，採濫忽眞，遠棄風雅，近師辭賦，故體情之製日疎，逐文之篇愈盛。故有志深軒冕，而汎詠皐壤，心纒幾務，而虛述人外，眞宰弗存，翩其反矣。（文心雕龍情采篇）

此言賦家末流爲文造情之失。如潘岳之秋興賦，石崇之思歸引，謝靈運之山居賦，皆熱中祿利而虛慕林泉，是卽劉氏所謂『眞宰弗存，翩其反矣』者歟。

二、摯氏列擧賦家所犯『假象過大』、『逸詞過壯』、『辨言過理』、『麗靡過美』四過，所以背大體而害政教，頗能發前人未發之義。蓋辭賦家率輕內容而重形式，惟以鋪張爲事，麗辭爲本。如兩都、兩京、甘泉、蜀都諸作，金聲玉潤，繡錯綺交，以妃青媲白之詞，助博辯縱橫之用，賦體之正宗也。惟下乘之辭賦家，往往不能役文，轉爲文所役，聯類其辭，一望皆是，如七寶樓臺，徒矜外觀，其不堪卒讀也必矣。劉氏又申其義曰：

夫桃李不言而成蹊，有實存也，男子樹蘭而不芳，無其情也。夫以草木之微，依情待實，況乎文章，述志爲本，言與志反，文豈足徵。是以聯辭結采，將欲明經，采濫辭詭，則心理愈翳。固知翠綸桂餌，反所以失魚，『言隱榮華』，殆謂此也。是以衣錦褧衣，惡文太章，賁象窮白，貴乎反本。夫能設謨以位理，擬地以置心，心定而後結音，理正而後摛藻。使文不滅質，博不溺心，正采耀乎朱藍，間色屏於紅紫，乃可謂雕琢其章，彬彬君子矣。（文心情采篇）

冀人勿爲華辭所誘，徒溺於形式之美，而應『文不滅質，博不溺心』，兼重內容，乃稱佳作。雖然，不爲所溺者鮮矣。

㈢詩　論

摯氏論詩，雖有獨見，而舛誤甚多，瑕不掩瑜，與論賦之目光如炬，切中時弊者較，相去誠不可以道里計。

古之作詩者，發乎情。

書云：『詩言志，歌永言。』言其志謂之詩。古有採詩之官，王者以知得失。古之詩有三言四言五言六言七言九言。古詩率以四言以爲體，而時有一句二句雜在四言之間。後世演之，遂以爲篇。古詩之三言者，『振振鷺，鷺于飛』之屬是也，漢郊廟歌多用之。五言者，『誰謂雀無角，何以穿我墉』之屬是也，於俳諧倡樂多用之。六言者，『我姑酌彼金罍』之屬是也，樂府亦用之。七言者，『交交黃鳥止于桑』之屬是也，於俳諧倡樂世用之。古詩之九言者，『泂酌彼行潦挹彼注茲』之屬是也，不入歌謠之章，故世希爲之。夫詩雖以情志爲本，而以成聲爲節，然則雅音之韻，四言爲正，其餘雖備曲折之體，而非音之正也。

『古之作詩者發乎情』與『詩以情志爲本』二語，明白揭出情感爲詩之靈魂，甚有見地。其後鍾嶸承之，詩品序云：

氣之動物，物之感人，故搖蕩性情，形諸舞詠。

英哲瓦芝騰頓（Theadore Watts-Dunton）詩歌論（Poetry）亦云：

所謂詩，乃是將吾人之心以情緒與韻律之語言，而爲具體而藝術之表現者。

（Poetry is the Concrete and artistic expression of the human mind in emotional and rhythmical language）

一致認爲詩乃人類抒發情性的主要藝術形式之一，可見中西學者觀點恆相雷同也。

至目四言詩爲詩之正體，以五言七言詩屬之俳優倡樂所用，則顯然昧於文藝變遷之眞諦，囿於盲目崇古之短見。蓋一代有一代文學之所勝，四言詩在三百篇中已極盡其變化運用之能事，後人甚難推陳出新，超越前賢，故遁而作他體，此五言詩之所以雄霸六朝也。摯氏不明各體詩歌之時代價値，一筆抹殺詩之文藝性與歌曲音樂性之變化，自屬拘墟之見。

(四)頌　論

摯氏謂頌之一體，原係用以頌揚帝王功德而歌於宗廟鬼神者，後人稱美其他人物事物之文章，雖與政治有關，只能謂之雅，不得謂之頌。

> 周禮太師掌敎六詩：曰風，曰賦，曰比，曰興，曰雅，曰頌。言一國之事，繫一人之本，謂之風。言天下之事，形四方之風，謂之雅。頌者美盛德之形容。賦者敷陳之稱也。比者喩類之言也。興者有感之詞也。後世之爲詩者多矣，其功德謂之頌，其餘則總謂之詩。頌，詩之美者也。古者聖帝明王功成治定而頌聲興。於是史錄其篇，工歌其章，以奏於宗廟，告於鬼神。故頌之所美者，聖王之德也。則以爲呂律，或以頌形，或以頌聲，其細已甚，非古頌之意。昔班固爲安豐戴侯頌、史岑爲出師頌、和熹

鄧后頌，與魯頌體意相類，而文辭之異，古今之變也。揚雄趙充國頌，頌而似雅。傅毅顯宗頌，文與周頌相似，而雜以風雅之意。若馬融廣成、上林之屬，純爲今賦之體，而謂之頌，失之遠矣。

此亦摯氏一曲之見，乃頌之狹義者也。廣義之頌，當指一切頌美揄揚文字而言，蓋時代旣變，文體亦隨之俱變，固不可拘泥舊說，一味崇古。故劉勰評之曰：『摯虞品藻，頗爲精覈，至云雜以風雅，而不變旨趣，徒張虛論，有似黃白之僞說矣。』(文心頌讚篇)諒非過甚之辭。

※　※　※

綜觀以上所論述，摯氏品評文體，或擧古以衡今，或取今以質古，律以時代精神，往往扞格而鮮當，遂不免於開歷史倒車之譏。然其書分集、志、論三部分，集爲精選作品，志爲作者略歷，論則品衡詞藝之得失，包括文選、文史、文評三大綱，歷代選家殆未有如此詳備者，故隋志極稱道之。劉勰雖評其『精而少功』(文心序志篇〇功一作巧)，何嘗不資爲挹注也。繼摯氏而作者，有謝混文章流別十二卷，孔寧續文章流別三卷，劉義慶集林一百八十一卷，沈約集鈔十卷，孔逭文苑一百卷，蕭統文選三十卷。其他散見於隋唐志書者，不可悉數，惜多已亡佚。自宋以降，目錄學家遂以文選爲總集之冠，綴文之士亦俱奉爲不祧之宗焉。而沿波討源，實當自摯書始。文史通義文集篇云：

集之興也，其當文章升降之交乎。古者朝有典謨，官存法令，風詩采之閭里，敷奏登之廟堂，未有人自爲書，家存一說者也。自治學分途，百家風起，周秦諸子之學，不勝紛紛，識者已病道術之裂矣。然專門傳家之業，未嘗欲以文名，苟足顯其業而可以傳授於其徒，則其說亦遂止於是，而未嘗有參差龐雜之文也。兩漢文章漸富，爲著作之始衰。然賈生奏議，編入新書，相如詞賦，但記篇目，皆成一家之言，與諸子未甚相遠，初未嘗有彙次諸體，裒焉而爲文集者也。自東京以降，訖乎建安黃初之間，文章繁矣，然范陳二史，所次文士諸傳，識其文筆，皆云所著詩賦碑箴誄若干篇，而不云文集若干卷，則文集之實已具，而文集之名猶未立也。自摯虞創爲文章流別，學者便之，於是別聚古人之作，標爲別集，則文集之名，實仿於晉代。……至阮孝緒撰七錄，惟技術佛道分三類，而經典紀傳子兵文集之四錄，已全爲唐人經史子集之權輿。是集部著錄實仿於蕭梁，而古學源流至此爲一變，亦其時勢爲之也。

則此書影響之巨，從可知矣。參今人饒宗頤氏之說○見文心雕龍研究專號劉勰以前及其同時之文論佚書考

第五節　東晉時代

晉自永嘉亂後，徙都江表，國勢陵夷，一蹶不振，北伐之願既灰，偏安之局遂定。曾不旋踵，中朝名士，競尚清談，洛下風流，勃爾復盛。一般作者，感欷國難，欲救無從，遂躋身於文苑藝圃，潛心創作，彬彬然有中興之氣象焉。作品既豐，評論之作自隨之以起，其卓爾名家者，吾得二人焉，曰葛洪，曰李充。

一　葛洪之文學進化論

葛洪字稚川，自號抱朴子，句容人，篤信道教，好神仙導養之法，受煉丹術於鄭隱，盡得其奧，晚年遁入羅浮山修道，竟以尸解，著有抱朴子神仙傳等書。

抱朴子分內外篇，內篇多言延命養生之術，兼及煉製丹藥之方，純然道家之言。外篇則論政治得失，風俗厚薄，文章利病，又屬雜家之言。請參閱隋書經籍志

葛洪之文學思想淵源，來自三處：一曰中朝玄風，二曰王充之反抗傳統觀念，三曰陸機之唯美文學理論。

一、源於中朝玄風者　葛氏生丁玄風彌漫之世，濡染既深，遂爲默化。乃以老莊之自然論與進化論應用於文學批評，予傳統文學觀念以無情之打擊與破壞，而進一步建立更清新、更自由之文學觀。

二、源於王充之反抗傳統觀念者　王充爲漢末大思想家，亦爲大膽反抗傳統最力之人物，對儒家重道輕藝、重質輕文作風深致不滿，遂抨擊之不遺餘力。其人不特爲葛氏所崇拜，其主張亦爲葛氏所接受。抱朴子喻蔽篇云：

抱朴子曰：余雅謂王仲任作論衡八十餘篇，爲冠倫大才。有同門魯生難余曰：『夫瓊瑤以寡爲奇，磧礫以多爲賤，故庖犧卦不盈十，而彌綸二儀，老氏言不滿萬，而道德備舉。王充著書，兼箱累帙，而乍出乍入，或儒或墨，屬詞比義，又不盡美，所謂陂原之蒿莠，未若步武之黍稷也。』抱朴子答曰：『且夫作者之謂聖，述者之謂賢，徒見述作之品，未聞多少之限也。』

以王充著述宏富，遂尊之爲冠倫大才，其瓣香所在可知也。

三、源於陸機之唯美文學理論者　陸機摛藻宏麗，文主唯美，葛氏受其影響者至深。試觀下列二事：

嵇君道曰：『每讀二陸之文，未嘗不廢書而歎，恐其卷盡也。陸子十篇，誠爲快書。其辭之富者，雖覃思不可損也，其理之約者，雖鴻筆不可益也。觀此二人，豈徒儒雅之士，文章之人也。』

抱朴子曰：『秦時不覺無鼻之醜，陽翟憎無瘦之人，陸君深疾文士放蕩流遁，遂往往不爲虛誕之言，非不能也。陸君之文，猶玄圃之積玉，無非夜光。吾生之不別陸文，猶侏儒測海，非所長也。卻後數百年，若有幹跡如二陸，猶比肩也，不謂疏矣。』（俱見抱朴子佚文〇全晉文卷一一七）

其敬尚陸機者尚多，俱見全晉文（卷一一七）、意林、北堂書鈔（卷一〇〇）、太平御覽（卷六〇二），不備錄。茲論述其文學理論於左：

㈠文學進化論

儒家自來有一根深蒂固觀念，卽今不如古，古必勝今，故人必稱堯舜，言必尊先王，似後人之智慧、努力，一無可取者。不知人文發展，恆循螺旋而轉動，遞革而遞進，此社會之所以繁複而日新也。王充對儒家此種人文退化觀頗不謂然，乃倡變古爲高之說，期有以恢復人類之自尊，而不盲目崇古。

文士之務，各有所從，或調辭以巧文，或辯僞以實事。必謀慮有合，文辭相襲，是則五帝不異事，三王不殊業也。美色不同面，皆佳於目，悲音不共聲，皆快於耳。酒醴異氣，飲之皆醉，百穀殊味，食之皆飽。謂文當與前合，是謂舜眉當復八采，禹目當復重瞳。（論衡自紀篇）

又謂文字運用，與日俱新，文學變遷，亦愈演愈縟，乃必然之理也。

周有郁郁之文者，在百世之末也。漢在百世之後，文論辭說，安得不茂。喻大以小，推民家事，以睹王庭之義。廬宅始成，桑麻纔有，居之歷歲，子孫相續，桃李梅杏，掩丘蔽野，根荄衆多，則華葉繁茂。漢氏治定久矣，土廣民衆，義興事起，華葉之言，安得不繁。（同上）

葛氏承其遺意，更力倡今必勝古之說。首釋古書多隱難曉之因，在於時移世異，語文變遷，簡牘殘缺，非古人智慧勝於今人也。

或曰：『古之著書者，才大思深，故其文隱而難曉。今人意淺力近，故露而易見。以此易見，比彼難曉，猶溝澮之方江河，蟻垤之並嵩岱矣。故水不發崐山，則不能揚洪流以東漸，書不出英俊，則不能備致遠之弘韻焉。』

抱朴子答曰：『夫論管穴者，不可問以九陔之無外，習拘閡者，不可督以拔萃之獨見。蓋往古之士，匪鬼匪神，其形器雖冶鑠於疇曩，然其精神布在乎方策，情見乎辭，指歸可得。且古書之多隱，未必昔人故欲難曉，或世異語變，或方言不同，經荒歷亂，埋藏積久，簡編朽絕，亡失者多，或雜續殘缺，或脫去章句，是以難知，似若至深耳。』（抱朴子鈞世篇〇以下所引俱見抱朴子但注篇名書名從略）

古書既無若何艱奧難懂之處，故不足深畏。而後人所作，每多突過前哲。

且夫尚書者，政事之集也，然未若近代之優文詔策、軍書奏議之淸富贍麗也。毛詩者，華彩之辭也，然不及上林羽獵二京三都之汪濊博富也。然則古之子書，能勝今之作者，何也。然守株之徒，嘍嘍所翫，有耳無目，何肯謂爾。其於古人所作爲神，今世所著爲淺，貴遠賤近，有自來矣。故新劍以詐刻加價，弊方以僞題見寶也。是以古書雖質樸，而俗儒謂之墮於天也，今文雖金玉，而常人同之於瓦礫也。

若夫俱論宮室，而奚斯路寢之頌，何如王生之賦靈光乎。同說遊獵，而叔畋盧鈴之詩，何如相如之言上林乎。並美祭祀，而清廟雲漢之辭，何如郭氏南郊之豔乎。等稱征伐，而出車六月之作，何如陳琳武軍之壯乎。則舉條可以覺焉。近者夏侯湛潘安仁並作補亡詩，白華由庚南陔華黍之屬，諸碩儒高才之賞文者，咸以古詩三百，未有足以偶二賢之所作也。

且夫古者事事醇素，今則莫不彫飾，時移世改，理自然也。至於罽錦麗而且堅，未可謂之減於蓑衣，輜軿妍而又牢，未可謂之不及椎車也。若言以易曉爲辨，則書何故以難知爲好哉。若舟車之代步涉，文墨之改結繩，諸後作而善於前事，其功業相次千萬者，不可復縷舉也。世人皆知之，快於曩矣，何以獨文章不及古邪。（同上）

梁昭明太子蕭統申之曰：

若夫椎輪爲大輅之始，大輅寧有椎輪之質，增冰爲積水所成，積水曾微增冰之凜。何哉，蓋踵其事而增華，變其本而加厲。物既有之，文亦宜然。（文選序）

二氏均以物質文明印證後世之雕飾不遜於古昔之淳素，甚具卓見。質文既有代變，人事日益繁雜，則文章之富美日新，內容之翻空詭譎，乃進步之徵象。若曰凡百事物均日趨進化，獨文章一道反日趨退化，是乃不通之論也。於是高舉文學進化論之大纛，徹底擊破尚古主義者之迷夢，使文學脫離迂儒之牢籠而趨於純淨，獲得獨立。其思想可謂新矣，其立論可謂勇矣。近人張大東氏云：

以吾人今日之眼光觀之，尚書之詰屈聱牙，春秋之斷爛朝報，治文學者，固可不讀。卽周易戴禮，苟非妄爲尊古賤今，置諸屏棄之列，固無所損失於文學史上之共業也。惟三百之詩經，里巷歌謠，朝堂頌讚，一本性情之眞，發綿麗之旨，誠爲吾國古代文學之總匯，亦卽爲後世文學之源泉矣。（中國文學上之體與派〇國聞周報四卷十九期）

語雖偏激，有待商榷，然葛氏有知，亦當驚爲千古之知己矣。

(二)文德並重論

儒家論士，向重士品，故孔門十哲，德行爲首，四教之中，德居其三，見諸論語，不遑悉擧。

子曰：『弟子入則孝，出則弟，謹而信，汎愛衆，而親仁。行有餘力，則以學文。』（學而篇）

子夏曰：『賢賢易色，事父母能竭其力，事君能致其身，與朋友交，言而有信。雖曰未學，吾必謂之學矣。』（同上）

子曰：『有德者必有言，有言者不必有德。』（憲問篇）

此種視文事爲德行附庸之德本文末說，數千年來，深中人心，牢不可破。惟葛洪則力持異議，疾呼文德乃兄弟關係，而非主從關係，亦晝時代之奇論也。

或曰：『著述雖繁，適可以騁辭耀藻，無補救於得失，未若德行不言之訓，故顏閔爲上，而游夏乃次。四科之格，學本而行末。然則綴文固爲餘事，而吾子不褒崇其源，而獨貴其流，可乎。』抱朴子答曰：『德行爲有事，優劣易見，文章微妙，其體難識。夫易見者粗也，難識者精也。夫惟粗也，故銓衡有定焉，夫惟精也，故品藻難一焉。吾故捨易見之粗，而論難識之精，不亦可乎。』

尚博篇

此言德行見於行爲，人爲之事難免有所矜飾，文章發乎天性，流露眞情，則無所用其虛矯。故德行粗淺，而文章精深，此就二者性質言之也。

或曰：『德行者本也，文章者末也，故四科之序，文不居上。然則著紙者，糟粕之餘事，可傳者，祭畢之芻狗，卑高之格，是可識矣。文之體略，可得聞乎。』抱朴子答曰：『筌可以棄，而魚未獲，則不得無筌。文可以廢，而道未行，則不得無文。若夫翰迹韻略之宏促，屬辭比事之疏密，源流至到之修短，蘊藉汲引之深淺，其懸絕也，雖天外毫內，不足以喻其遼邈。其相傾也，雖三光熠耀，不足以方其巨細。龍淵鉛鋌，未足譬其銳鈍，鴻羽積金，未足比其輕重。清濁參差，所稟有主，朗昧不同科，强弱各殊氣。而俗士惟見能染毫畫紙者，便槪之一例，斯伯牙所以永思鍾子，郢人所以格斤不運也。蓋刻削者比肩，而班狄擅絕手之稱，援琴者至衆，而夔襄專知音之難，廐馬千駟，而騏驥有邈羣之價，美人萬計，而威施有超世之容，蓋有遠過衆者也。且文章之與德行，猶十尺之與一丈，謂之餘事，未之前聞。夫上天之所以垂象，唐虞之所以爲稱，大人虎炳，君子豹蔚，昌旦定聖謚於一字，仲尼從周之郁，莫非文也。八卦生鷹隼之所被，六甲出靈龜之所負，文之所在，雖賤猶貴，犬羊之鞟，未得比焉。且夫本不必皆珍，末不必悉薄，譬若錦繡之因素地，珠玉之居蚌石，雲雨生於膚寸，江河始於咫尺爾。則文章雖爲德行之弟，未可呼爲餘事也。』同上

此言文章與德行，猶如十尺與一丈，並無輕重之分。天地萬物各有其文采與實用，重文采而輕實用，或重實用而輕文采，皆非所宜。何者爲本，何者爲末，豈可妄加區別。顧卽强作區別，亦未必遂是輕重之標準。

德行文學者，君子之本也，莫或無本而能立焉。是以欲致其高，必豐其基，欲茂其末，必深其根。循本篇

此言德行文學皆君子立身之本，不偏不倚，嚴守中道，信足以祛除德本文末之陳見，而驟然提高文學之地位。其後劉勰光大其說，發表極中肯之理論曰：

夫文以行立，行以文傳，四教所先，符采相濟。勵德樹聲，莫不師聖，而建言修辭，鮮克宗經。是以楚豔漢侈，流弊不還，正末歸本，不其懿歟。文心雕龍宗經篇

文須宗經，德宜師聖，文德並重，斯爲美已。

㈢文學創作論

⑴重視天才　葛氏認爲文章體裁雖多，而創作原理則同，故作品之巧拙妍蚩，乃決定於作者之才氣。

或曰：『乾坤方圓，非規矩之功，三辰摛景，非瑩磨之力。春華粲煥，非漸染之采，茝蕙芬馥，非容氣所假。知夫至眞，貴乎天然也。義以罕覿爲異，辭以不常爲美。而歷觀古今屬文之家，尠能挺逸麗於毫端，多斟酌於前言，何也。』

抱朴子曰：『清音貴於雅韻克諧，著作珍乎判微析理，故八音形器異而鍾律同，黼黻文物殊而五色

均。徒閑遻有主賓，姸蚩有步驟，是則總章無常曲，大庖無定味。夫梓豫山積，非班匠不能成機巧，衆書無限，非英才不能收膏腴。何必尋木千里，乃構大廈，鬼神之言，乃著篇章乎。』辯義篇

創作文藝，須賴巧思，故必英才，始能收膏腴，成傑構。若純任天然，不講方法，烏能使雅韻克諧，微理悉判。但運用方法，非任何人所得而優爲，惟有才氣者能之。而才有清濁，文無定法，於是作品水準遂有高低，故觀其文可知其才。

夫才有清濁，思有修短，雖竝屬文，參差萬品，或浩瀁而不淵潭，或得事情而辭鈍，違物理而文工，蓋偏長之一致，非兼通之才也。闇於自料，强欲兼之，違才易務，故不免嗤也。同上

示人以才性不同，各有偏至，若强欲兼擅，必貽笑方家。此種理論，蓋深受曹丕文氣論請參閱本章第一節與陸機創作論請參閱本章第三節之啓發者也。其後劉勰於文心雕龍體性、定勢、神思、才略各篇中，亦多有此意。蘇軾送人序云：

夫學以明理，文以述志，思以通其學，氣以達其文。古之人，道其聰明，廣其聞見，所以學也，正志完氣，所以言也。王氏之學，正如脫槧，案其形模而出之，不待修飾而成器耳，求爲桓璧彝器，其可乎。

言才性殊異，爲文有如脫槧者，必難有成。嚴羽滄浪詩話謂詩有別材，意亦同此。

夫詩有別材，非關書也，詩有別趣，非關理也。然非多讀書、多窮理，則不能極其至。所謂不涉理路，不落言筌者，上也。詩者，吟詠情性也。盛唐諸人惟在興趣，羚羊掛角，無跡可求，故其妙處，

透徹玲瓏，不可湊泊，如空中之音，相中之色，水中之月，鏡中之象，言有盡而意無窮。近代諸公，作奇特解會，以文字爲詩，以議論爲詩，以才學（按才學謂學識）爲詩，以是爲詩，夫豈不工，終非古人之詩也。

凡此皆本於葛氏諸人之天才說而引伸發揮者也。

(2)文各有病　載筆之倫，既『才有清濁，思有修短』，作品良莠難齊，瑕瑜互見，自不能免。高明之作，可以略而不論。中下之作，多有疵纇。故辭義篇又云：

屬筆之家，亦各有病。其深者，則患乎譬煩言冗，申誡廣喻，欲棄而惜，不覺成煩也。其淺者，則患乎妍而無據，證援不給，皮膚鮮澤，而骨骾迴弱也。繁華暐曄，則竝七曜以高麗，沈微淪妙，則儕玄淵之無測，人事靡細而不浹，王道無微而不備，故能身賤而言貴，千載彌彰焉。

葛氏指出文章之病有二：其一曰下筆難休，一味貪多，既不知剪裁，又不忍割愛，以致冗濫拖沓，雜亂無章。其二曰徒重形式而略內容，以致外表美觀，而中無所有，直是七寶樓塔耳。此二者，實千古文章之通病。葛氏認爲惟有創作『繁華暐曄』、『沈微淪妙』之文，始能『身賤言貴』，『千載彌彰』。其懸鵠甚高，或亦所以藥時文之病歟。

(3)文貴雕飾艱深　王充極推重平實樸直之作，而抨擊雕鏤豐縟之文。葛洪雖低首王充，此點則與王充看法相反。

古者事事醇素，今則莫不彫飾，時移世改，理自然也。至於罽錦麗而且堅，未可謂之減於蓑衣，輜軿

姸而又牢，未可謂之不及椎車也。鈞世篇

王充主張『文猶語也』之通俗文學，葛洪則注重艱深的山林文學。

書猶言也，若入談語，故爲知音，胡越之接，終不相解，以此教戒，人豈知之哉。若言以易曉爲辨，則書何故以難知爲好哉。同上

由葛氏之提倡雕飾，遂使六朝文學日趨於藝術化。由葛氏之崇尙艱深，又使六朝文學日趨於貴族化。文學作品與文學思想之密不可分，此其最佳左驗已。

㈣文學鑑賞論

(1)鑑賞能力　鑑賞詞藝，須有卓識，卓識云者，卓越之鑑賞能力也。葛洪認爲了解作品爲鑑賞作品之前驅，而鑑賞能力又多繫於與生俱來之才情。

或曰：『今世所爲，多不及古，文章著述，又亦如之，豈氣運衰殺，自然之理乎。』抱朴子答曰：『百家之言，雖有步起，皆出碩儒之思，成才士之手，方之古人，不必悉減也。或有汪濊玄曠，合契作者，內闢不測之深源，外播不匱之遠流，其所祖宗也高，其所紬繹也妙，變化不繫滯於規矩之方圓，旁通不凝閡於一塗之逼促。是以偏嗜酸醎者，莫能知其味，用思有限者，不能得其神也。夫應龍徐擧，顧眄凌雲，汗血緩步，呼吸千里，而螻螘怪其無階而高致，駑蹇患其過己之不漸也。若夫馳驟於詩論之中，周旋於傳記之閒，而以常情覽巨異，以褊量測無涯，以至粗求至精，以甚淺揣甚深，雖始自髫齓，訖于振素，猶不得也。夫賞其快者，必譽之以好，而不得曉者，必毀之以惡，自然之理也。

於是以其所不解者爲虛誕，慺誠以爲爾，未必違情以傷物也。』（尚博篇）

此言淺見寡聞之士，才嗇情少之徒，必不能了解水準高而有分量之作品，固不足與言鑑賞，卽强爲鑑賞，亦必朱紫不分，薰蕕莫辨，其淆亂是非，違情傷物，良非輕也。

⑵貴遠賤近　貴遠賤近、榮古虐今之習，在昔已然，愈後愈烈，前已論之詳矣。（請參閱本章第一節）葛氏欲救此弊，故嘗數數言之。

世俗率神貴古昔，而黷賤同時。雖有追風之駿，猶謂之不及造父之所御也，雖有連城之珍，猶謂之不及楚人之所泣也，雖有疑斷之劍，猶謂之不及歐冶之所鑄也，雖有起死之藥，猶謂之不及和鵲之所合也，雖有超羣之人，猶謂之不及竹帛之所載也，雖有益世之書，猶謂之不及前代之遺文也。是以仲尼不見重於當時，太玄見蚩薄於比肩也。俗士多云：今山不及古山之高，今海不及古海之廣，今日不及古日之熱，今月不及古月之朗。何肯許今之才士，不減古之枯骨，重所聞，輕所見，非一世之所患矣。昔之破琴剿弦者，諒有以而然乎。（尚博篇〇又見文行篇惟稍簡略耳）

此貴遠之弊，因於時間者也。以貴遠之錯誤觀念作鑑賞作品之心理基礎，其不能『照辭如鏡』（劉勰語）也必矣。

貴遠而賤近者，常人之用情也，信耳而疑目者，古今之所患也。是以秦王歎息於韓非之書，而想其爲人，漢武慷慨於相如之文，而恨不同世。及既得之，終不能拔，或納讒而誅之，或放之乎冗散，此蓋葉公之好僞形，見眞龍而失色也。（廣喻篇）

此賤近之弊，因於空間者也。以賤近之錯誤觀念作鑑賞作品之心理基礎，其不能『辨彰清濁』（鍾嶸語）也亦必矣。江淹於此曾深致慨歎云：

貴遠賤近，人之常情，重耳輕目，俗之恆蔽。是以邯鄲託曲於李奇，士季假論於嗣宗。此其效也。（雜體詩序）

章學誠更屢斥其弊云：

大約學者於古，未能深究其所以然，必當墨守師說。及其學之既成，會通於群經與諸儒治經之言，而有以灼見前人之說之不可以據，於是始得古人大體，而進窺天地之純。（文史通義外篇二鄭學齋記書後）

意謂初學儉腹，當師古以自廣，迨學力既充，則不可墨守師說，而宜有以自闢蹊徑，以進窺天地之純。

當代典章，官司掌故，未有不可通於詩書六藝之所垂，而學者昧於知時，動矜博古，譬如考西陵之蠶桑，講神農之樹藝，以謂可禦飢寒而不須衣食也。（文史通義內篇五史釋篇）

動矜博古，乃學者之通病，不獨詞藝爲然也。

所謂好古者，非謂古之必勝乎今也。正以今不殊古，而於因革異同求其折衷也。（文史通義內篇四說林篇）

貴遠賤近，足以阻礙進步，固非所宜，而厚今博古，又如溝澮之水，亦非其道。誠能求其折衷，參古而不薄今（皆章氏語），則大善矣。

(3)愛同憎異　葛氏認爲文學之體派至多，風格各有不同，一人之力，不能盡通，故鑑賞者不可以個人主觀之愛憎爲標準，應以客觀之態度，超然之立場，謹愼將事。

抱朴子曰：五味舛而竝甘，衆色乖而皆麗。近人之情，愛同憎異，貴乎合己，賤於殊途。夫文章之體，尤難詳賞，苟以入耳爲佳，適心爲快，匙知忘味之九成，雅頌之風流也。所謂考鹽梅之鹹酸，不知大羹之不致，明飄颻之細巧，蔽於沈深之弘邃也。其英異宏逸者，則網羅乎玄黃之表，其拘束齷齪者，則羈紲於籠罩之內，振翅有利鈍，則翔集有高卑，騁迹有遲迅，則進趨有遠近，駑銳不可（疑此下有脫文）膠柱調也。文貴豐贍，何必稱善如一口乎。不能拯風俗之流遯，世塗之陵夷，通疑者之路，賑貧者之乏，何異春華不爲肴糧之用，莛蕙不救冰寒之急。古詩刺過失，故有益而貴，今詩純虛譽，故有損而賤也。（辭義篇）

此鑑賞藝文之正軌也。江淹推衍其意云：

夫楚謠漢風，既非一國，魏製晉造，固亦二體。譬猶藍朱成采，雜錯之變無窮，宮角爲音，靡曼之態不極。故蛾眉詎同貌，而俱動於魄，芳草寧共氣，而皆悅於魂，不其然歟。至於世之諸賢，各滯所迷，莫不論甘則忌辛，好丹則非素。豈所謂通方廣恕，好遠兼愛者哉。乃致公幹仲宣之論，家有曲直，安仁士衡之評，人立矯抗。況復殊於此者乎。（雜體詩序）

論甘忌辛，好丹非素，皆一偏之見，非通方之論，鑑賞文藝者允宜懸爲厲禁。

(五)文以致用論

葛洪雖崇信道家，又爲方外之士，但仍不能忘情於儒家。觀其正郭、彈禰、詰鮑以及疾謬、譏惑、漢過、刺驕諸篇，或譏彈漢末名士之恃才傲物，風俗之侈靡偸薄，或諷刺清談諸子之放浪形骸，名教之陵遲衰替，甚至反覆駁斥鮑宣之無政府主義，固純然儒者之言也。此非思想之矛盾，乃是對儒家學說作有選擇的取捨，而非盲目的全盤接受。又如文以致用乃儒家一貫之主張，葛氏則大力闡揚曰：

不能拯風俗之流遯，世塗之陵夷，通疑者之路，賑貧者之乏，何異春華不爲肴糧之用，茝蕙不救冰寒之急。古詩刺過失，故有益而貴，今詩純虛譽，故有損而賤也。（辭義篇）

文之貴賤，端視刺過失與否而定，非儒家傳統之思想耶。

或人曰：『吾子所著，彈斷風俗，言苦辭直，吾恐適足取憎在位，招擯於時，非所以揚聲發譽，見貴之道也。』

抱朴子曰：『夫制器者，珍於周急，而不以采飾外形爲善。立言者，貴於助教，而不以偶俗集譽爲高。若徒阿順諂諛，虛美隱惡，豈所匡失弼違，醒迷補過者乎。慮寡和而廢白雪之音，嫌難售而賤連城之價，余無取焉。非不能屬華豔以取悅，非不知抗直言之多吝，然不忍違情曲筆，錯濫眞僞，欲令心口相契，顧不愧景，冀知音之在後也。否泰有命，通塞聽天，何必書行言用，榮及當年乎。夫君子之開口動筆，必戒悟蔽，式整雷同之傾邪，磋礱流遁之闇穢。而著書者，徒飾弄華藻，張磔迂闊，屬難驗無益之辭，治靡麗虛言之美，有似堅白厲修之書，公孫刑名之論。雖曠籠天地之外，微入無閒之內，立解連環，離同合異，鳥影不動，雞卵有足，犬可爲羊，大龜長蛇之言，適足示巧表奇以誑俗，何異乎畫敖倉以救飢，仰天漢以解渴。說崑山之多玉，不能賑原憲之貧，覯藥藏之簿領，不能治危急之疾。墨子刻木雞以厲天，不如三寸之車鎋，管青鑄騏驥於金象，不如駑馬之周用。言高秋天而不可施者，丘不與易也。』（應嘲篇）

立言助教，匡弼違失，亦是儒家尚用之旨。就致用之觀點言，葛氏似有崇古抑今之傾向，此亦非思想之矛盾，而是論點不同。厚今薄古，乃就文學進化言之，崇古抑今，則就文學作用言之。其思想之細密，言論之通達，眞無愧曠代一哲學家也。歐陽修代人上王樞密求先集序書云：

甚矣言之難行也。事信矣，須文，文至矣，又繫其所恃之大小，以見其行遠不遠也。書載堯舜，詩載商周，易載九聖，春秋載文武之法，荀孟二家載詩書易春秋者，楚之辭載風雅，漢之徒各載其時主聲名文物之盛以爲辭。後之學者，蕩然無所載，則其言之不純信，其傳之不久遠，勢使然也。

文之存湮，視乎有所載與否而知。亦以致用觀點品鑑詞藝之價值者也。

㈥尊子書

魏晉之世，儒學衰微，老莊復活，由老莊之復活，而連帶提高其他子書之身價。徐幹著中論，曹丕許以不朽，陸機臨終時，猶悵恨所作子書未成，皆足見當時對子書之重視也。

陸平原作子書未成，吾門生有在陸君軍中，常在左右，說陸君臨亡曰：『窮通，時也，遭遇，命也。古人貴立言以爲不朽，吾所作子書未成，以此爲恨耳。』余謂仲長統作昌言未竟而亡，後繆襲撰次之，桓譚新論未備而終，班固爲其成瑟道。今才士何不贊成陸公子書。（抱朴子佚文〇全晉文卷一百十七）

葛洪承王充崇奉『文儒』（著作者）之說，更大事鼓扇子書，蓄意使之陵駕於羣經之上。

正經爲道義之淵海，子書爲增深之川流。仰而比之，則景星之佐三辰也，俯而方之，則林薄之裨嵩嶽也。雖津塗殊闢，而進德同歸，雖離於舉趾，而合於興化。故通人總原本以括流末，操綱領而得一致焉。

漢魏以來，羣言彌繁，雖義深於玄淵，辭贍於波濤，施之可以臻徵祥於天上，發嘉瑞於后土，召環雉於大荒之外，安圜堵於函夏之內，近弭禍亂之階，遠垂長世之祉。然時無聖人，目其品藻，故不得騁驊騄之迹於千里之塗，編近世之道於三墳之末也。拘繫之徒，桎梏淺隘之中，挈瓶訓詁之閒，輕奇賤異，謂爲不急。或云小道不足觀，或云廣博亂人思，而不識合錙銖可以齊重於山陵，聚百十可以致數於億兆，羣色會而袞藻麗，衆音雜而韶濩和也。或貴愛詩乘淺近之細文，忽薄深美富博之子書，以磋切之至言爲駮拙，以虛華之小辯爲妍巧，眞僞顚倒，玉石混淆，同廣樂於桑閒，鈞龍章於卉服，悠悠皆然，可歎可慨者也。（尚博篇）

觀此，葛氏顯然特重說理之散文，略輕抒情之詩賦，而主廣義的文學。

百家之言，雖不皆清翰銳藻，弘麗汪濊，然悉才士所寄，心一夫澄思也。正經爲道義之淵海，子書爲增深之川流，仰而比之，則景星之佐三辰，俯而方之，則林薄之裨嵩岳。而學者專守一業，游井忽海，遂蹊躓於泥濘之中，而沈滯乎不移之困。

子書披引玄曠，眇邈泓窈，總不測之源，揚無遺之流，變化不繫於規矩之方圓，旁通不淪於違正之邪徑，風格高嚴，重仞難盡，是偏嗜酸甜者，莫能賞其味也，用思有限者，不得辯其神也。先民歎息於才難，故百世爲隨踵，不以璞不生板桐之嶺，而捐曜夜之寶，不以書不出周孔之門，而廢助教之言。猶彼操水者，器雖異而救火同焉，譬若鍼灸者，術雖殊而攻疾均焉。

狹見之徒，區區執一，去博辭精，思而不識，合錙銖可以齊重於山陵，聚百千可以致數於億兆，惑詩賦瑣碎之文，而忽子論深美之言，眞僞顚倒，玉石混殽，同廣樂於桑閒，均龍章於素質，可悲可慨，豈一條哉。（百家篇）

蓋自晉以降，駢儷盛行，羣趨偶韻，乃有文筆之分。大抵偶語有韻者爲文，單詞無韻者爲筆。準是以談，經子諸史概不得謂之爲文，則莊荀史漢之屬，皆淪爲『筆』，而非『文』矣。葛氏深不以爲然，故撰此篇以箴之，庶幾先哲高文不致堙淪不彰云爾。

洪年十六，始讀孝經論語詩易，貧乏無以遠尋師友。……嘗所披涉，自正經諸史百家之言，下至短雜文章，近萬卷。……著述時猶得有所引用，竟不成純儒。年十五六時，所作詩賦雜文，當時自謂可行於代。至於弱冠，更詳省之，殊多不稱意，天才未必爲增也。年二十餘，乃計作細碎小文，妨棄功日，未若立一家之言，乃草創子書。（自敍篇）

葛氏自謂不能躋身純儒之列，所作詩賦又多不稱意，乃草創子書，成一家言。其刻意鼓吹子書之主因，灼然可見。

※　※　※

葛洪之文學理論影響於後世者深矣，要而言之，蓋有二端：

一、近人謂陸機之文學理論屬於純文學之建設，而葛洪之文學理論乃是對於舊觀念之破壞。（詳見劉大杰魏晉思想論斯言諒矣。惟須補充說明者，在於葛氏對舊觀念之破壞乃是理智的，而非感情的，乃是善意的，而非惡意的。所謂理智的者，葛氏深悉質文代變之眞諦，以强烈的進化觀念，堅信學術只有進步，斷無退化之理。如其所謂『尚書者，政事之集，然未若近代之優文詔策、軍書奏議之清富博麗』云云，試取以相較，明達之士，必當首肯。北周蘇綽嘗仿尚書體作詔書，而詒譏當代，其昧於學術進化之理甚明。要之，葛氏之文學進化論，不但矯正一般盲目崇古之錯誤觀念，予有『古無不是，今莫不非』之自卑心理者注入一支强心針，以肯定其創作文藝之價値，不復萌生『今人永遠不能爭勝古人』之自我作賤的想法。而且直接刺激文學之發展，並賦予活潑的生機，使純文學完全解除儒家的桎梏，而直向個人主義、自由主義、唯美主義、浪漫主義方面邁進。

二、太康之世，海宇寧謐，文運大昌，錦繡詞人，揚芳振藻，蔚爲奇觀。惟末流所及，或空洞無物，或理不勝辭，江河日下，往而不返。葛氏有鑒於此，乃以反時代潮流之改革精神，提出文以致用之說與尊重子書之論，以與其文學進化論收相輔相成之效，亦所以補偏捄弊，使文學創作依循正常路線發展，不致過分脫離現實。由其鼓吹文以致用，使綴文之士，正視人生，步入社會，以文學作淑世利民之具，而非象牙塔中之物。惟此種『文道合一』論與唐宋諸子所揭櫫之『文以載道』說稍有不同，前者主張汪濊博富、雕飾艱深之唯美文學仍然可以載道，可以淑世，文學能否載道淑世，初與形式無關。後者則堅決排斥唯美文學，必欲摧陷廓清之而後已。此其根本相異處。由其尊重子書，一面使文藝作家了然於重文輕質之非，不致過分追求形式之美，形式與內容並重，作品纔有分量，纔有價値。一面又喚醒世人對子書之注意，六朝人研究子學之成

績，不遜於經學與史學者，葛氏實與有力焉。（請參閱本編二章三節三目）

二　李充翰林論

李充字弘度（或作弘範），江夏人，元帝時，辟丞相王導掾，轉記室參軍，好刑名之學，深抑虛浮之士。其時典籍混亂，乃刪除煩重，以類相從，分作四部，甚有條貫，秘閣以爲永制，累遷中書侍郎卒。

隋書經籍志著錄李充翰林論三卷，較之梁時五十四卷，亡佚十九，今則全亡。惟清儒嚴可均自他書輯得八條（載全晉文卷五十三），近人駱鴻凱氏又增補一二，共得十二條而已。

翰林論全書已亡佚，其詳細內容，頗難懸揣。但據各家論述及現存資料考之，蓋依文體種類，分別選錄佳篇爲式，再依文章之表現，分別評論其得失。是其書內容可分爲兩大類，『翰林』者所選之文，而『論』則評論作者之利病，亦摯虞文章流別志論之類也。（近人羅根澤氏謂二書爲姊妹作○見魏晉六朝文學批評史三章七節）其書內容與性質既難詳悉，故論者亦不一其辭。劉勰文心雕龍序志篇云：

翰林淺而寡要。

鍾嶸詩品序亦云：

李充翰林，疏而不切。

均略有微辭。蓋翰林論所著意者，僅在文體之辨析，於文理文術不甚詳談，或並付闕如，所以見嗤於二君歟。惟晉書文苑傳序云：

逮乎當塗基命，文宗鬱起，三祖叶其高韻，七子分其麗則，翰林總其菁華，典論詳其藻絢，彬蔚之美，競爽當年。

遍照金剛文鏡秘府論云：

李充之製翰林，褒貶古今，斟酌利病，乃作者之師表。

中興書目亦云：

論爲文體要。

則推挹甚至。駱鴻凱氏據黃季剛先生之說，更許爲文選之先河。其文選學云：

充書所選之文，蓋以沈思翰藻爲主，故極推潘陸，而立名曰翰林。且既錄文辭，復標選旨，體例亦善，可爲文選之先河矣。（論中所舉之文，如木玄虛之賦，應休璉之詩，孔文舉之書，潘安仁之賦，諸葛公羊叔子之表，嵇康之論，揚子雲之符命，司馬長卿之檄，文選俱有之。）

大抵晉人研覈文體，甚見精細，自陸機而外，如傅玄七謨序連珠序，推論二體之起源，旁及漢魏作者之得失。皇甫謐左思三都賦序，推論賦體之起源，與漢儒鋪陳之訓，若合符節。其勒爲一書者，則有摯虞文章流別志論及李充翰林論，流別論作歷史方面之探討，翰林論則偏於美醜方面之批評。要皆各有千秋，成一家言。茲就翰林論佚文，權分二端論述之。

㈠文體分類

就現存資料觀之，李充將文體區爲十三類，即奏、議、書、論、詩、賦、讚、表、駁、盟、檄、誡、誥等。至若『揚子論秦之劇，稱新之美，此乃計其勝負，比其優劣之義。』（文選揚雄劇秦美新李善注引翰林論）劉勰以爲封禪之流（見文心雕龍封禪篇），不知李氏歸於何類，若依劉勰之分類標準，則增爲十四類。較曹丕之八體，陸機之十體，摯虞之七體，略有增益。玆造表比較之，以便觀覽。

㈢曹丕陸機摯虞李充文體區分比較表

文體分類＼書作者篇名	曹丕典論論文	陸機文賦	摯虞文章流別志論	李充翰林論
①奏	奏	奏		奏
②議	議			議
③書	書			書
④論	論	論		論
⑤銘	銘	銘	銘	
⑥誄	誄	誄	誄	
⑦詩	詩	詩	詩	詩
⑧賦	賦	賦	賦	賦
⑨碑		碑	碑	

⑩箴		箴	箴	
⑪頌		頌	頌	
⑫說		說		
⑬祝			祝	
⑭讚				讚
⑮表				表
⑯駁				駁
⑰盟				盟
⑱檄				檄
⑲封禪				封禪
⑳誥				誥
㉑誄				誄

綜觀上表，魏晉人共得文體二十有一種，惜摯李二書俱非完璧，否則當不止此數。其後愈分愈細，至蕭統撰文選時，已達三十八類矣。

㈠文體評論

李充評論文體，甚具隻眼，大抵於每體中擇其作品之尤佳者，作簡明扼要之評論，直以少許勝人多許者。茲臚列於下：

㈠書・議

或問曰：『何如斯可謂之文。』答曰：『孔文舉之書，陸士衡之議，斯可謂成文矣。』全晉文

按黃季剛先生文心雕龍札記序志篇云：『觀其所取，蓋以沈思翰藻爲貴者。故極推孔陸，而立名曰翰林。』據此，則李充乃六朝唯美文學之先唱者也。

又按翰林論云：『潘安仁之爲文也，猶翔禽之羽毛，衣被之綃縠。』同上是亦崇尚辭華者。

㈡讚

容象圖而讚立，宜使詞簡而義正。孔融之讚楊公，亦其義也。同上

讚以眞實爲貴，褒貶過情，皆非所宜，故當詞簡而義正。世之爲讚者，往往揄揚逾分，則直同戲作，無當高明。

㈢表

表宜以遠大爲本，不以華藻爲先。若曹子建之表，可謂成文矣。諸葛亮之表劉主，裴公之辭侍中，羊公之讓開府，可謂德音矣。同上

按李善文選注云：『表者，明也，標也。如物之標表，言標著事序，使之明白，以曉主上，得盡其忠曰

表。三王以前，謂之敷奏，故尚書云「敷奏以言」是也。至秦幷天下，改爲表，總有四品：一曰章，二曰表，三曰奏，四曰駮，六國及秦漢兼謂之上書，行此五事。至漢魏以來都曰表，進之天子稱表，進諸侯稱上疏，魏以前天子亦得上疏。』文心雕龍章表篇云：『繁約得正，華實相勝。』正與李氏不貴華藻之旨相發。

㈣駮

駮不以華藻爲先。世以傅長虞每奏駮事，爲邦之司直矣。上同

駮同駮爲表之一體，亦不貴華藻。

㈤論

研求名理，而論難生焉。論貴於允理，不求支離。若嵇康之論成文矣。上同

論以攻難爲先，故重條理。嵇康有養生論、答難養生論、聲無哀樂論等多篇，皆析理精微之作，李氏許其成文，洵非過譽。

㈥奏

在朝辨政，而奏議出，宜以遠大爲本。陸機議晉斷，亦名其美矣。上同

奏爲表之一體，故亦不務華藻。

㈦封禪

揚子論秦之劇，稱新之美，此乃計其勝負，比其優劣之義。文選劇秦美新注引

揚雄劇秦美新乃封禪之流，已見前。

㈧盟・檄

盟檄發於師旅。相如諭蜀父老，可謂德音矣。全晉文

按文心祝盟篇云：『盟者，明也。盟之大體，必序危機，奬忠孝，共存亡，戮心力，祈幽靈以取鑒，指九天以爲正，感激以立誠，切至以敷辭，此其所同也。』又檄移篇云：『檄者，皦也。宣露于外，皦然明白也。檄之大體，或述此休明，或敍彼苛虐，指天時，審人事，算强弱，角權勢，標蓍龜于前驗，懸鞶鑑于已然，雖本國信，實參兵詐，譎詭以馳旨，煒燁以騰說，凡此衆條，莫或違之者也。』皆足與李說相發。

㈨詩

應休璉五言詩百數十篇，以風規治道，蓋有詩人之旨。困學紀聞評詩門翁元圻注引

漢曆云季，鶩文之風日盛，寖至華而不實，流宕忘返。李氏盛推應璩之詩，亦所以針砭時弊歟。

㈩賦

木氏海賦壯則壯矣，然首尾負揭，狀若文章，亦將由未成而然也。文選木華海賦李善注引

賦與文章不同，賦須押韻，文章則無須押韻，而作法亦迥然有別，此其大較也。

⑾誡・誥

誡誥施於弼違。太平御覽五九三引

按蕭統文選序云：『戒出於弼匡。』文心詔策篇云：『誥以敷政。』皆弼違之義也。『誠語施翰林論之另一價值，在於指出文體產生之原因，如云『盟檄發於師旅』，『容象圖而讚立』，於弼違』。純就社會之發展、生活之需要立說，以視劉勰顏之推之一切文體皆出於經典者詳見文心宗經篇及顏氏家訓文章篇，切實多矣。

第七章　魏晉南北朝之文學思想（二）

第一節　元嘉時代

劉宋一代，雖國祚淺短西元四二〇年至四七九年，而詞藝大昌，文帝元嘉之世，尤為文運轉變之樞機，唯美文學風靡江表，實自此始。蓋文帝於元嘉十六年置立四學，於儒學、玄學、史學三館外，別立文學館，此文學別於他科而獨立之始。明帝復於泰始六年特立總明觀，分儒、道、文、史、陰陽五部，更提高純文學之地位，使之與當時顯學等視齊觀。凡此措施，皆前代所未有，允宜大筆特書者也。朝廷提倡於上，文士駿奔於下，雕蟲之藝遂蔚然稱盛，觀裴子野雕蟲論序可知也。

宋明帝博好文章，才思朗捷，嘗讀書奏，號稱七行俱下。每有禎祥及幸讌集，輒陳詩展義，且以命朝臣。其戎士武夫，則託請不暇，困於課限，或買以應詔焉。於是天下向風，人自藻飾，雕蟲之藝，盛於時矣。

文藝既勃爾復興，庸音雜體，日久又充斥詞壇，奪朱亂雅，為害實甚。於是裁量詞藝之作，鑑別文章之書，遂大量湧出。其殺青所就者，有傅亮續文章志，宋明帝晉江左文章志，劉義慶集林，褚詮之百賦音，謝靈運詩集、詩音、設論集，王微鴻寶，顏延之庭誥，顏竣詩例錄、詩集、婦人詩集。俱見隋書經籍志及新唐書藝文志惜均已散亡，無得而詳焉。茲所論列者，謝靈運、顏延之、范曄三人而已。

一　謝靈運擬魏太子鄴中集詩

謝靈運小名客兒，陳郡陽夏人，晉大將軍謝玄之孫，襲封康樂公，世稱謝康樂。文章之美，江左莫逮。性好山水，肆意遨遊，所至輒爲吟詠，刻畫大自然之美，與陶潛並號自然派大詩人。其擬魏太子鄴中集詩自序云：

建安末，余時在鄴宮，朝遊夕讌，究歡愉之極，天下良辰美景，賞心樂事，四者難并，今昆弟友朋，二三諸彥，共盡之矣。古來此娛，書籍未見，何者，楚襄王時有宋玉唐景，梁孝王時有鄒枚嚴馬，遊者美矣，而其主不文。漢武帝徐樂諸才，備應對之能，而雄猜多忌，豈獲晤言之適，不誣方將，庶必賢於今日爾。歲月如流，零落將盡，撰文懷人，感往增愴。

其所評詠，計曹丕、王粲、陳琳、徐幹、劉楨、應瑒、阮瑀、曹植，凡八人，除曹丕外，皆先評後詠，於詩家爲創格，於文學批評亦生面別開者也。茲備錄之。

㈠魏太子

百川赴巨海，衆星環北辰，照灼爛霄漢，遙裔起長津。天地中橫潰，家王拯生民，區宇既蕩滌，羣英必來臻。忝此欽賢性，由來常懷仁，況値衆君子，傾心隆日新。論物靡浮說，析理實敷陳，羅縷豈闕辭，窈窕究天人。澄觴滿金罍，連榻設華茵，急絃動飛聽，清歌拂梁塵。莫言相遇易，此歡信可珍。

㈡王　粲

家本秦川貴公子孫，遭亂流寓，自傷情多。

幽厲昔崩亂，桓靈今板蕩，伊洛既燎煙，函崤沒無像。整裝辭秦川，秣馬赴楚壤，沮漳自可美，客心非外獎。常歎詩人言，式微何由往，上宰奉皇靈，侯伯咸宗長。雲騎亂漢南，宛郢皆掃盪，排霧屬盛明，披雲對清朗。慶泰欲重疊，公子特先賞，不謂息肩願，一旦値明兩。並載遊鄴京，方舟汎河廣，綢繆清讌娛，寂寥梁棟響。既作長夜飲，豈顧乘日養。

㊂陳　琳

袁本初書記之士，故述喪亂事多。

皇漢逢迍邅，天下遭氛慝，董氏淪關西，袁家擁河北。單民易周章，窘身就羈勒，豈意事乖己，永懷戀故國。相公實勤王，信能定蝥賊，復覩東都輝，重見漢朝則。餘生幸已多，矧迺値明德，愛客不告疲，飲讌遺景刻。夜聽極星爛，朝遊窮曛黑，哀哇動梁埃，急觸盪幽默。且盡一日娛，莫知古來惑。

㊃徐　幹

少無宦情，有箕潁之心事，故仕世多素辭。

伊昔家臨淄，提攜弄齊瑟，置酒飲膠東，淹留憩高密。此歡謂可終，外物始難畢，搖蕩箕濮情，窮年迫憂慄。末塗幸休明，棲集建薄質，已免負薪苦，仍游椒蘭室。清論事究萬，美話信非一，行觴奏悲歌，永夜繫白日。華屋非蓬居，時髦豈余匹，中飲顧昔心，悵焉若有失。

㊄劉　楨

卓犖偏人，而文最有氣，所得頗經奇。

貧居晏里閈，少小長東平，河兗當衝要，淪飄薄許京。廣川無逆流，招納厠羣英，北渡黎陽津，南登宛郢城。既覽古今事，頗識治亂情，歡友相解達，敷奏究平生。矧荷明哲顧，知深覺命輕，朝遊牛羊下，暮坐括揭鳴。終歲非一日，傳巵弄清聲，辰事既難諧，歡願如今并。唯羨肅肅翰，繽紛戾高冥。

⑥應　瑒

汝潁之士，流離世故，頗有飄薄之歎。

嗷嗷雲中鴈，舉翮自委羽，求涼弱水湄，違寒長沙渚。顧我梁川時，緩步集潁許。一旦逢世難，淪薄恆覊旅，天下昔未定，託身早得所。官渡厠一卒，烏林預艱阻。晚節値衆賢，會同庇天宇。列坐廕華榱，金樽盈清醑，始奏延露曲，繼以闌夕語。調笑輒酬答，嘲謔無慚沮，傾軀無遺慮，在心良已敘。

⑦阮　瑀

管書記之任，故有優渥之言。

河洲多沙塵，風悲黃雲起，金羈相馳逐，聯翩何窮已。慶雲惠優渥，微薄攀多士，念昔渤海時，南皮戲清沚。今復河曲遊，鳴葭汎蘭汜，躧步陵丹梯，並坐侍君子。妍談既愉心，哀音信睦耳，傾酤係芳醑，酌言豈終始。自從食苹來，唯見今日美。

⑧平原侯植

公子不及世事，但美遨遊，然頗有憂生之嗟。

朝遊登鳳閣，日暮集華沼，傾柯引弱枝，攀條摘蕙草。徙倚窮騁望，目極盡所討，西顧太行山，北眺邯鄲道。平衢脩且直，白楊信裊裊，副君命飲宴，歡娛寫懷抱。良遊匪晝夜，豈云晚與早，衆賓悉精妙，清辭灑蘭藻。哀音下迴鵠，餘哇徹清昊，中山不知醉，飲德方覺飽。願以黃髮期，養生念將老。

論文學於個性外，兼及環境與際遇，較之曹丕但以才性爲說者，又進一步，其法眼獨具在此，其價值亦在此。後來鍾嶸品詩，多仿其法，如謂李陵不遭名辱身寃之痛，班姬不遭秋扇見捐之悲，其詩未必能躋於上科。

漢都尉李陵，其原出於楚辭，文多悽愴，怨者之流。陵名家子，有殊才，生命不諧，聲頹身喪。使陵不遭辛苦，其文亦何能至此。

漢婕妤班姬，其原出於李陵。團扇短章，出旨清捷，怨深文綺，得匹婦之致。侏儒一節，可以知其工矣。俱見詩品

而評騭建安諸子亦云：

魏文學劉楨，其原出於古詩，仗氣愛奇，動多振絕，眞骨凌霜，高風跨俗，但氣過其文，雕潤恨少。同上

魏侍中王粲，其原出於李陵，發愀愴之詞，文秀而質羸。同上

魏陳思王植，其原出於國風，骨氣奇高，詞采華茂，情兼雅怨，體被文質，粲溢今古，卓爾不羣。同上

並置三子於上品，具見文學與境遇關係之大。近人陳鍾凡氏頗能暢發康樂之說，其中國文學批評史有云：

蓋文士藻繪之作，異於常人之矢口直陳，故其成就，繫於才性者少，由於風會者多。是故子桓乘尊，

則其辭雍容。子建憂生，則出言淒厲。仲宣遭亂流寓，自傷情多，則體近陳思。元瑜職掌書記，有優渥之言，則勢同文帝。凡是氣體清濁之殊，皆時會使然，非僅才性有以限之，則謝氏不刋之說也。（第七章）蓋能深通康樂之旨者也。玆再申而論之：

文學乃環境之託形，際遇之縮影，故恆隨環境際遇而轉變。詩愈窮則愈工，此先儒歐陽修氏之言也。民族、環境、時代爲文學之背景，此西賢泰納（Taine）氏之言也。文藝乃苦悶之象徵，此日哲廚川白村氏之言也。雖立言不同，國情各別，所以强調文學繫於境遇則一。屈原懷瑾握瑜，含忠履潔，而竟遭讒受謗，擯斥當年，憤鬱莫伸，終於自殺。阮籍生丁亂世，軫念蒼生，而綆短汲深，心餘力絀，乃思高翔遠引，避禍全身。庾子山不遭宗社之變，不能有蕭瑟老成之境界，杜少陵不經天寶之亂，亦不能有百代宗師之美譽，李後主無亡國之痛，尤不能有『雲籠遠岫愁千片』諸佳句也。歐陽修云：

詩原乎心者也，富貴愁怨，見乎所處。江南李氏鉅富，有詩曰：『簾日已高三丈透，金爐次第添香獸，紅錦地衣隨步皺，佳人舞徹金釵溜。酒渥時拈花蕊臭，別殿微風簫鼓奏。』與『時挑野菜和根煑，旋斫生柴帶葉燒』異矣。（詩人玉屑十引撫遺）

吳處厚云：

有山林草野之文，有朝廷臺閣之文。山林草野之文，則其氣枯槁憔悴，乃道不得行，著書立言者之所尚也。朝廷臺閣之文，則其氣溫潤豐縟，乃得位於時，演綸視草者之所尚也。（青箱雜記）

章學誠云：

夫立言之要，在于有物，古人著爲文章，皆本於中之所見，初非好爲炳炳烺烺，如錦工繡女之矜誇采色已也。富貴公子，雖醉夢中不能作寒酸求乞語，疾痛患難之人，雖置之絲竹華宴之場，不能易其呻吟而作歡笑，此聲之所以肖其心，而文之所以不能彼此相易，各自成家者也。文史通義文理篇

溫采士特（Winchester）云：

使莎士比亞（Shakespeare）後百二十五年降生，是否仍不失爲英國偉大文豪，不能令人無疑。莎氏固有戲劇天才，倘當時劇場情狀，一如安娜后（Queen Anna）時代，莎氏恐未必成名，彼不從事於戲劇，又何從發揮其天才耶。文學評論之原理（Some Principles of Literary Criticism）

境遇足以影響文學，幾於衆口一談，固無間古今，亦無間中外也。

二　顏延之之文學唯美論

在元嘉文壇中，足與謝靈運抗衡，各擅勝場者，厥爲顏延之。延之字延年，臨沂人，文章之美，冠絕當時，累官至金紫光祿大夫，世稱顏光祿。

顏氏雖家世貧薄，居身清約，而論文則主雕琢章句，精遣詞華，此蓋南朝作家之共同趨向，惟顏氏旗幟特爲鮮明耳。茲分四端論之。

㈠文學唯美論

元嘉文士主唯美之說，見之於載籍者，有張眎、顏延之、王微三人。蕭子顯南齊書文學傳論云：

張瞭擿句褒貶，顏延圖寫情興，各任懷抱，共為權衡。

鍾嶸詩品序云：

王微鴻寶，密而無裁，顏延論文，精而難曉。

張瞭王微論文之作，亡佚已久，莫能窺其詳略。顏氏文論，多見於庭誥，亦殘缺不全，嚴可均全宋文所輯錄者，僅餘六則，而涉及唯美論者，不過數句而已。

詠歌之書，取其連類合章，比物集句。

過此更無片言隻字可供研討，憾孰甚焉。雖然，唯美之論固不得其詳，而唯美之作，則粲然具在。如赭白馬賦、武帝誄議、三月三日曲水詩序、碧芙蓉頌、陶徵士誄、宋文皇帝元皇后哀策文、祭屈原文等，或典重裔皇，或穠郁豔麗，可謂靚裝藻野，袨服縟川，皆儷體中有數瑋篇也。南史本傳云：

延之嘗問鮑照己與靈運優劣，照曰：「謝五言如初發芙蓉，自然可愛。君詩若鋪錦列繡，亦雕繢滿眼。」延之每薄湯惠休詩，謂人曰：「惠休制作，委巷中歌謠耳，方當誤後生。」是時議者以延之靈運自潘岳陸機之後，文士莫及，江右稱潘陸，江左稱顏謝焉。

湯君詩作，平易通俗，了無藻采之美，故為顏氏所不喜，其唯美思想又可於此見之。浦二田評其陶徵士誄云：

以雕文纂組之工，寫熨貼清眞之旨。

駱鴻凱評其三月三日曲水詩序云：

用字避陳翻新，開駢文雕繪之習。李申耆謂識詞之縟，始於延之，即以此篇爲例。則南國詞華之趨於妍鍊，唯美文風之橫掃江左，顏氏乃勇著先鞭者也。

(二)文體論

建安以後，詩文漸趨形式之美化，成爲唯美文學之兩大主流，而詩文兩工之士，亦與日俱增，非若周漢時代之壁壘分明，能之者多偏一體也。顏氏則主張返古，不可相混。其庭誥云：

觀書貴要，觀要貴博，博而知要，萬流可一。詠歌之書，取其連類合章，比物集句，采風謠以達民志，詩爲之祖。褒貶之書，取其正言晦義。轉制衰王，微辭豈旨（一本作氣責），貽意盛聖，春秋爲上。易首體備能事之淵，馬陸得其象數，而失其成理，荀王擧其正宗，而略其象數。四家之見，雖各爲所志，總而論之，馬陸取之於物，其無惡迄可知矣。夫象數窮則太極著，人心極而神功彰。若荀王之言易，可謂極人心之數者也。

又云：

荀爽云：『詩者古之歌章，然則雅頌之樂篇全矣。』以是後之言詩者，率以歌爲名。及秦勒望岱，漢祀郊宮，辭著前史者，文變之高制也。雖雅聲未至，弘麗難追矣。逮李陵衆作，總雜不類，元是假託。非盡陵制，至其善寫，有足悲者。摯虞文論，足稱優洽。柏梁以來，繼作非一，所纂至七言而已，九言不見者，將由聲度闡誕，不協金石。至於五言流靡，則劉楨張華，四言側密，則張衡王粲，若夫陳思王，可謂兼之矣。

言詠歌之書_{即詩}以抒情爲主，與褒貶之書_{即文}以說理爲主者殊科，蓋性質不同，功用亦異故也。可見顏氏論文體，頗有復古傾向，與摯虞同，以『優洽』許之，決非漫言。

㈢文筆論

六朝文運大昌，世多崇尚狹義文學，亦卽沈思翰藻之唯美文學，遂有『文』『筆』之分。溯其源起，以文筆二字連綴成詞，蓋始於王充論衡。

周長生死後，州郡遭憂，無擧奏之吏，以故事結不解，徵詣相屬，文軌不尊，筆疏不續也，豈無憂上之吏哉，乃其中文筆不足類也。長生之才，非徒銳於牒牘也。作洞歷十篇，上自黃帝，下至漢朝，鋒芒毛髮之事，莫不紀載，與太史公表紀相類。上通下達，故曰洞歷。（超奇篇）

其後曹操選擧令繼之。

國家舊法，選尙書郎取年未五十者，使文筆眞草有才能謹愼，典曹治事，起草立義。又以草呈示令僕訖，乃付令史書之耳。書訖共省讀，內之事本來臺郞統之，令史不行知也。書之不好，令史坐之。至於謬誤，讀省者之責。若郎不能爲文書，當御令史，是爲牽牛不可以服箱，而當取辯於繭角也。（太平御覽二一五引）

聞人牟準魏敬侯衞覬碑陰文又繼之。

所著述注解故訓及文筆等甚多，皆已失墜。（全三國文）

晉人更大量使用。

晉書侯史光傳：

光儒學博古，歷官著績，文筆奏議皆有條理。

又張翰傳：

其文筆數十篇行於世。

又曹毗傳：

凡所著文筆十五卷傳於世。

又楊方傳：

著五經鉤沈，更撰吳越春秋，並雜文筆，皆行於世。

又王鑒傳：

少以文筆著稱。

又蔡謨傳：

文筆論議，有集行於世。

又習鑿齒傳：

鑿齒少有志氣，博學洽聞，以文筆著稱。

又袁喬傳：

注論語及詩，並諸文筆，皆行於世。

又袁宏傳：

桓溫重其文筆，專綜書記。

又成公綏傳：

著詩賦雜筆十餘卷行於世。

王充曹操所謂文筆，乃泛指一般著述。晉人所謂文筆，範圍較狹，渾言之，僅指一般文章（含詩賦）而言，經史子訓詁等專門著作不與焉。析言之，文指詩賦駢文散文一類作品，筆指筆記書札小說一類作品。與今人所謂『文筆犀利』之『文筆』涵義略同。惟晉書出於唐人之手，各傳中所謂文筆，是否卽其原始資料，殊難懸揣。要之，晉人雖有文筆之稱，其眞正涵義若何，實欠顯豁，而其區分界限，亦未曾明言。文筆分舉，肇始於顏延之。南史本傳云：

文帝嘗問以諸子才能，延之曰：『竣得臣筆，測得臣文，㚟得臣義，躍得臣酒。』何尚之嘲曰：『誰得卿狂。』答曰：『其狂不可及。』

可見顏氏乃將文筆正式分開之第一人。又宋書本傳云：

元凶弒立，以爲光祿大夫。先是，子竣爲世祖南中郎諮議參軍。及義師入討，竣參定密謀，兼造書檄。劭召延之，示以檄文，問曰：『此筆誰所造。』延之曰：『竣之筆也。』又問：『何以知之。』延之曰：『竣筆體，臣不容不識。』劭又曰：『言辭何至乃爾。』延之曰：『竣尚不顧老父，何能爲陛下。』劭意乃釋，由是得免。

『此筆』『筆體』云者，卽『此文』『文體』之謂也。由二人稱『筆』而不稱『文』觀之，當時文筆別目蓋已非常普徧。文心雕龍總術篇云：

今之常言：『有文有筆』，以爲無韻者筆也，有韻者文也。夫文以足言，理兼詩書，別目兩名，自近代耳。顏延年以爲『筆之爲體，言之文也。經典則言而非筆，傳記則筆而非言。』請奪彼矛，還攻其楯矣。何者，易之文言，豈非言文，若筆不言文，不得云經典非筆矣。將以立論，未見其論立也。予以爲發口爲言，屬筆曰翰，常道曰經，述經曰傳。經傳之體，出言入筆，筆爲言使，可强可弱。分經以典奧爲不刊，非以言筆爲優劣也。

據此，則顏氏於『文』『筆』之外，又益以『言』，而成三分法矣。黃季剛先生文心雕龍札記釋之曰：

顏延年之說，今不知所出，宜在所著之庭誥中。顏氏之分言筆，蓋與文筆不同，故云『筆之爲體，言之文也。』此文謂有文采。經典質實，故云非筆，傳記廣博，故云非言。

范文瀾文心雕龍注申之曰：

顏延年謂『經典則言而非筆，傳記則筆而非言。』此言字與筆字對舉，意謂直言事理，不加彩飾者爲言，如禮經尚書之類是，言之有文飾者爲筆，如左傳禮記之類是，其有文飾而又有韻者爲文。顏氏分爲三類，未始不善，惟約舉經典傳記，則似嫌籠統，蓋文言，經典也，而實有文飾，是經典不必皆言矣。況詩三百篇，又爲韻文之祖耶。

按顏氏之文筆觀念，既與范曄之說（詳下目）不同，亦與劉勰蕭繹之說迥異，文心以自相矛盾誚之，疑有未當。顏氏之三分法，乃以詩賦爲『文』，傳記爲『筆』，經典爲『言』者。申而論之，顏氏蓋以藻采音節爲畫分標準。意謂羣經諸子以立意爲宗，非以能文爲本，無藻采音節者，統謂之『言』。詩賦頌讚銘誄之屬，詞華絢爛而有韻脚者，統謂之『文』。奏議移檄書論史傳之屬，無間駢散，雖有彩飾，而無韻脚者，統謂之『筆』。

今以顏竣所作檄文爲例：

夫運不常隆，代有莫大之釁。爰自上葉，或因多難以成福，或階昏虐以兆亂，咸由君臣義合，理悖恩離，故堅冰之遘，每鍾澆末，未有以道御世，教化明厚，而當梟鏡反噬，難發天屬者也。先帝聖德在位，功格區宇，明照萬國，道洽無垠，風之所被，荒隅變識，仁之所動，木石開心。而賊劭乘藉冢嫡，夙蒙寵樹，正位東朝，禮絕君后，凶慢之情，發於齠齔，猜忍之心，成於幾立。賊濬險躁無行，自幼而長，交相倚附，共逞姦回。先旨以王室不造，家難亟結，故含蔽容隱，不彰其釁，訓誘啓告，冀能革音。何悟狂慝不悛，同惡相濟，肇亂巫蠱，終行弒逆，聖躬離荼毒之痛，社稷有翦墜之哀，四海崩心，人神泣血，生民以來，未聞斯禍。奉諱驚號，肝腦塗地，煩寃腷臆，容身無所。

傳檄三吳，馳軍京邑，遠近俱發，揚旍萬里。樓艦騰川，則滄江霧咽，銳甲赴野，則林薄摧根。謀臣智士，雄夫毅卒，畜志須時，懷憤待用。先聖靈澤，結在民心，逆順大數，冥發天理，無父之國，天下無之。羽檄既馳，華夷響會，以此衆戰，誰能抗禦，以此義動，何往不捷。況逆醜無親，人鬼所背，計其同惡，不盈一旅，崇極羣小，是與比周，哲人君子，必加積忌。傾海注螢，頹山壓卵，商周之勢，曾何足云。（宋書二凶傳）

觀其麗句繽紛，音節高亮，爲唐駱賓王討武后檄所取法。若以唯美文學之標準衡之，乃一篇絕佳之駢文，然以無韻脚絡乎其間，故劉劭顏延之依然目之爲『筆』，而不謂之『文』。卽此一端，已足釋羣賢之惑矣。參近人逯欽立氏之說○見中央研究院歷史語言研究所集刊十六本說文筆

㈣評論文士

評論文士，謝靈運有吟鄴中八子之作，顏延之亦有詠竹林諸賢之篇。顏氏所評詠者，計阮籍、嵇康、劉伶、阮咸、向秀，凡五人，蓋所以自況也。今全錄之。

㈠阮步兵

阮公雖淪跡，識密鑒亦洞。沈醉似埋照，寓辭類託諷。長嘯若懷人，越禮自驚衆。物故不可論，途窮能無慟。

㈡嵇中散

中散不偶世，本自餐霞人。形解驗默仙，吐論知凝神。立俗迕流議，尋山洽隱淪。鸞翮有時鎩，龍性誰能馴。

㈢劉參軍

劉伶善閉關，懷情滅聞見。鼓鍾不足歡，榮色豈能眩。韜精日沈飲，誰知非荒宴。頌酒雖短章，深衷自此見。

㈣阮始平

仲容青雲器，實稟生民秀。達音何用深，識微在金奏。郭奕已心醉，山公非虛觀。屢薦不入官，一麾乃出守。

㊄向常侍

向秀甘淡薄，深心託毫素。探道好淵玄，觀書鄙章句。交呂既鴻軒，攀嵇亦鳳擧。流連河裏遊，惻愴山陽賦。

按宋書顏延之傳云：

元嘉三年，羨之等誅，徵爲中書侍郎，尋轉太子中庶子，頃之，領步兵校尉，賞遇甚厚。延之好酒疎誕，不能斟酌當世，見劉湛殷景仁專當要任，意有不平，常云：『天下之務，當與天下共之，豈一人之智所能獨了。』辭甚激揚，每犯權要。謂湛曰：『吾名器不升，當由作卿家吏。』湛深恨焉，言於彭城王義康，出爲永嘉太守。延之甚怨憤，乃作五君詠以述竹林七賢，山濤王戎以貴顯被黜，詠嵇康曰：『鸞翮有時鎩，龍性誰能馴。』詠阮籍曰：『物故可不論，塗窮能無慟。』詠阮咸曰：『屢薦不入官，一麾乃出守。』詠劉伶曰：『韜精日沉飲，誰知非荒宴。』此四句，蓋自序也。湛及義康以其辭旨不遜，大怒。乃以光祿勳車仲遠代之。

其以言語文字構怨，多此類也。

※　※　※

顏氏文學思想影響於後世者甚大，要而言之，其文學唯美論則開南朝文士雕繪之習，其文體論則爲劉勰返古思想之先唱（今人饒宗頤氏文心雕龍探原謂文心取材於顏氏庭誥者甚多文繁不備舉○見文心雕龍研究專號），其文筆論又爲蕭繹文學理論之前驅。所以垂裕來葉者，蓋非一端已。

三、范曄獄中與諸甥姪書

范曄字蔚宗，順陽人，初爲尚書吏部郎，元嘉初，左遷宣城太守，意殊不自愜，乃刪定衆家後漢書爲一家之作，並特立文苑傳，專記博學能文之士，爲正史中文人有傳之始，其重視文學，從是可見。范氏文學理論，多見於獄中與諸甥姪書（殿本後漢書題爲自序）中，對於文學創作，文章疵病，自然音律，文筆之說等，皆有扼要之評述，茲分列於左方。

㈠文學創作論

六朝詞藝大昌，綴文之士，多著重辭藻之華美，而忽略內容之充實，其尤甚者，往往爲文造情，作無病之呻。范氏欲挽頹波，乃唱文章以情意爲主之說，謂情意者文章之本，詞采者文章之佐。

常謂情志所託，故當以意爲主，以文傳意。以意爲主，則其旨必見，以文傳意，則其詞不流。然後抽其芬芳，振其金石耳。此中情性旨趣，千條百品，屈曲有成理。自謂頗識其數，嘗爲人言，多不能賞，意或異故也。（獄中與諸甥姪書○以下未注明者皆同此）

意者，情也，所謂以意爲主，卽以情爲主，言宜先文學之質而後其文。說明文學之產生緣於人類感情之自然流露，所見甚卓，與陸機緣情說前後一貫，皆以情爲文學作品之第一要件。宋書謝靈運傳論云：

民稟天地之靈，含五常之德，剛柔迭用，喜慍分情。夫志動於中，則歌詠外發。六義所因，四始攸繫，升降謳謠，紛披風什。雖虞夏以前，遺文不覩，稟氣懷靈，理無或異。然則歌詠所興，宜自生民始也。

南齊書文學傳論云：

文章者，蓋情性之風標，神明之律呂也。

金樓子立言篇云：

吟詠風謠，流連哀思者，謂之文。

顏氏家訓文章篇云：

文章之體，標舉興會，發引性靈。

意皆同此。文章既有情感灌注其中，乃可進而與言修辭。

情志旣動，篇辭爲貴。抽心呈貌，非彫非蔚。殊狀共體，同聲異氣。言觀麗則，永監淫費。（後漢書文苑傳贊）

『篇辭爲貴』云者，崇尚辭華之謂也，言文章若純任自然，不加修飾，亦非所宜。江左文學風潮率傾向於修辭主義，范氏實有扇揚之功焉。

又創作文學，恆以達意爲難，此古今文家之公言也。故范氏云：

文章轉進，但才少思難，所以每於操筆，其所成篇，殆無全稱者。

此蓋本於陸機文賦『恆患意不稱物，文不逮意』之說者。李周翰文賦注云：『體屬於物，患意不似物，文出於意，患詞不及意。蓋非知之爲難，能爲者實難。』足與范陸二說相發。文心雕龍神思篇亦云：

方其搦翰，氣倍辭前，暨乎篇成，半折心始。何則，意翻空而易奇，言徵實而難巧也。

夫初學操觚，腹笥枵儉，思轉未圓，運筆乏術，意有不達，固無可疑。然而才高當代，藻秀羣倫，妙解文情，久標美譽，如陸機范曄劉勰三子者，其自道甘苦，皆有不逮之歎，斯又何故耶。蓋文事益進，則運思愈精，運思愈精，則求達益難，故易繫辭有言不盡意之語，浮圖氏有眞諦難說之歎。是知三子所言，決非故示撝謙，乃深歷甘苦之談也。

㈠文病說

范氏論文章創作，既主意先辭後，故於一般文士之專尚藻繢、忽於情意者，痛加譴責。其言曰：

常恥作文士。文患其事盡於形，情急於藻，義牽其旨，韻移其意。雖時有能者，大較多不免此累，政可類工巧圖繢，竟無得也。

蓋自五馬南渡以後，偏安已久，文藝大昌，操翰之倫，率急於韻藻，餖飣成篇，一味追求形式之美化，既無主旨，又乏情意，忽略內質，亦云甚矣。范氏力糾其謬，謂宜先內容而後及於藻采聲律，乃在期使文學作品不致流於柔靡耳。

㈢自然音律論

范氏雖力斥當時作品之疵累，但仍未忘情於形式。蓋文學形式美之構成，音律和諧實爲第一要件，於時唯美文學方興未艾，雖大才槃槃者亦不能獨立自外，況宮商清濁乃其性所素習者乎。

性別宮商，識清濁，斯自然也。觀古今文人，多不全了此處，縱有會此者，不必從根本中來。言之皆有實證，非爲空談。年少中，謝莊最有其分，手筆差易，文不拘韻故也。吾思乃無定方，特能濟難適輕重，所稟之分，猶當未盡。

其躊躇滿志之情，洋溢字裏行間，細味其辭，可資注意者有三：

一、范文瀾文心雕龍聲律篇注云：『觀蔚宗此辭，似調音之術，已得於胸懷，特深自祕異，未肯告人。左礙而尋右，末滯而討前，卽所謂濟艱難，適輕重矣。謝莊深明聲律，故其所作赤鸚鵡賦，爲後世律賦之祖。』所言甚確。

二、范氏精曉聲律，頗與通習音樂有關。蓋樂曲之音節，往往適用於文章之聲律，唯美文學特別是駢文被謚爲『音樂的文學』者，卽以此焉。

吾於音樂，聽功不及自揮，但所精非雅聲，爲可恨。然至於一絕處，亦復何異邪。其中體趣，言之不盡，弦外之意，虛響之音，不知所從而來。雖少許處，而旨態無極。亦嘗以授人，士庶中未有一豪似者。此永不傳矣。

惟其通習音樂，故能別音之宮商，識聲之清濁，視陸機之但云『音聲之迭代』者，又進一大步矣。所惜天不永年，竟遭迫害，作政爭下之犧牲品。若假以時日，則四聲論提早四十年完成，亦未可知，蓋范氏確有意將自然聲調制爲人工音律也。

三、范氏頗自熹於獨得音學之祕，而有目無餘子之概。王融嘗稱之曰：『宮商與二儀俱生，自古詞人不知之，惟見范曄謝莊頗識之耳。』（詩品序）再觀其所作後漢書各序贊，麗句繽紛，宮商叶暢，後世駢文家無不奉爲圭臬。知其於斯道雅有獨擅，言雖大而非夸也。

㈣文筆論

范氏論文以意爲主，不應爲形式而犧牲內容，在形式上則應辨宮商清濁，並應辨文筆。

> 手筆差易，文不拘韻故也。

其輕視『筆』，灼然可見。蓋范氏之意，謂『手筆』不拘韻，則與『手筆』相對之『文』，當然拘韻。以此推之，顯然以有韻爲『文』，無韻爲『筆』。易言之，『文』包括一切韻文，『筆』包括一切散文，此與顏延之之說頗有出入，反與後來蕭繹所主張者相接近矣。近儒黃季剛先生云：

> 文筆以有韻無韻爲分，蓋始于聲律論既興之後，濫觴于范曄謝莊，而王融謝朓沈約揚其波。以公家之言，不須安排聲韻，而當時又通謂公家之言爲筆，因立無韻爲筆之說，其實筆之名非從無韻得也。然則屬辭爲筆，自漢以來之通言，無韻爲筆，自宋以後之新說，要之聲律之說不起，文筆之別不明，故梁元帝謂古之文筆，今之文筆，其源又異也。（文心雕龍札記總術篇）

剖析入微，說至精審。

㈤後漢書論贊之價值

范氏耗二十年精力於後漢書之撰述，自謂體大思精，亙古未有，於雜傳論則自詡爲『不減過秦』，於贊則自誇爲『文之傑思，殆無一字空設』。

既造後漢，轉得統緒，詳觀古今著述及評論，殆少可意者。班氏最有高名，既任情無例，不可甲乙辨。後贊於理近無所得，唯志可推耳。博贍不可及之，整理未必愧也。吾雜傳論，皆有精意深旨，既有裁味，故約其詞句。至於循吏以下及六夷諸序論，筆勢縱放，實天下之奇作。其中合者，往往不減過秦篇。嘗共比方班氏所作，非但不愧之而已。欲徧作諸志，前漢所有者悉令備。雖事不必多，且使見文得盡。又欲因事就卷內發論，以正一代得失，意復未果。贊自是吾文之傑思，殆無一字空設，奇變不窮，同合異體，乃自不知所以稱之。此書行，故應有賞音者。紀、傳例爲舉其大略耳，諸細意甚多。自古體大而思精，未有此也。恐世人不能盡之，多貴古賤今，所以稱情狂言耳。

自古以來，無有自評其書者，有之，則自范氏始，亦文家之創格也。文中雖甚多出於自譽，然衡諸事實，略無過論，矧臨終之言，又何忍苛責耶。今人饒宗頤氏有云：

予因蔚宗書而重有感焉。近世史學發達，資料之出現，方法之講求，固已邁越前古，然僅著意於史迹。辨僞則釐析其史料之眞假先後，考證則務爲餖飣苛碎，於袁氏范氏所謂義教與意旨者，概摒而不問。間或論之，而莫關名教，絕無情采，既乏『沈思』，又寡『翰藻』，是烏足以盡史之用乎。范氏論贊，議者多病其稠疊，不知論之爲務，關乎史識，贊之爲事，繫乎文才。不史不文，有何足觀。余論蔚宗論贊竟，不禁亦爲之悵怏躊躇也。（後漢書論贊之價值○中國學誌第二本）

語至精賅，蓋能深知范氏者也。

※　※　※

范氏殫精惇史，衡文非其本業，而凡所立論，無不精覈。其於文藝創作主先質後文之說，確爲唯美思潮中之逆流，在當時雖不曾起何作用，然已大爲後來文質並重說者張目矣。其自然音律論至永明時已制爲人工音律，故爲音律說之先河。其文筆界域較顏延之爲嚴，影響於蕭繹文學思想者甚大。此則范氏於史學外，直接貢獻於文學者也。

第二節　永明時代㈠

宋室云亡，蕭齊代作，繼體之君，頗知右文，皇家貴胄，競尚風雅，於是海內英髦，輻集都門，雕蟲之藝，方興未艾，尤以永明之世，最號熾盛。於時王融謝朓周顒沈約諸子，聲氣相求，桴鼓相應，乃倡爲音律之說，振鑠天下，不但揭開千古以來之奧秘，抑且使文學體貌煥然一新，此種畫時代之創舉，以及求新永變之精神，良有足多者焉。

一　聲律論(1)

◀聲律論之濫觴▶

建安以後，文學上之唯美主義與浪漫思潮，乘其絕對自由發展之機運，如怒濤排壑，莫可阻遏。降至南朝，由於聲律學說之昌明，波瀾益濶，蔚爲壯觀。蓋中國文字具有獨立與單音之特性，獨立則宜於講對偶，單音則宜於務聲律。前者在曹植王粲潘岳陸機等詩文中已試用日繁，後者古人雖亦注意及之（如司馬相如謂賦有宮商之跡），但祇重自然音調之和諧，尚未作人爲聲律之限制。逮至魏李登著聲類，晉呂靜撰韻集，始聲分清濁，韻判宮商。加以天竺佛學，自西徂東，轉讀內典，有賴拼音，於是反切之法以起，四聲亦因而成立。永明諸子不過集前修之大成，再作有系統的整理歸納，制爲定法，俾後人作詩行文有所持循而已。蓋一學術之發生，決非憑空而起，亦非一二人之力所能爲役也。

㈠聲律論之濫觴

永明聲律之說，溯源至遠，前哲論之詳矣，惟聚訟紛紜，莫衷一是，要而言之，不外二源：

(1)永明以前研究聲律之成績　永明以前，學者對聲律之研究，甚著成績，一般理論方面，有陸機顏延之范曄等，前已論述綦詳（請參閱六章三節及七章一節），茲不復贅。至專門著作方面，以魏初孫炎爾雅音義爲最早。顏氏家訓音辭篇云：

> 九州之人，言語不同，生民以來，固常然矣。自春秋摽齊言之傳，離騷目楚詞之經，此蓋其較明之初也。後有揚雄著方言，其言大備，然皆考名物之同異，不顯聲讀之是非。逮鄭玄注六經，高誘解呂覽淮南，許愼造說文，劉熹製釋名，始有『譬況』『假借』，以證音字爾。而古語與今殊別，其閒輕重清濁，猶未可曉。加以『內言』『外言』『急言』『徐言』『讀若』之類，益使人疑。孫叔然創爾雅音

義。是漢末人猶知『反語』。至於魏世，此事大行，高貴鄉公不解『反語』，以爲怪異。自玆厥後，音韻鋒出，各有土風，遞相非笑，指馬之諭，未知孰是。共以帝王都邑，參校方俗，考覈古今，爲之折衷。

此蓋述聲韻之學，出於『反語』，而『反語』之創，由於孫炎。據吾師林景伊先生說 其後言反切之原始者，多準顏氏。

古人音書，止爲譬況之說，孫炎始爲『反語』，魏朝以降漸繁。陸德明經典釋文敍錄

先儒音字，比方爲音，至魏祕書孫炎始作『反音』。張守節史記正義論例

吾師林景伊先生駁之曰：

反切始創于孫炎，證之故記，尙未能盡合。蓋『反切』之語，自漢以上，卽已有之。謂孫炎取『反切』以代直音則可，謂『反切』刱自孫炎，則不可也。沈存中筆談謂古語已有二聲合爲一字者，如不可爲叵，何不爲盍，如是爲爾，而已爲爾，之乎爲諸。小雅爾曰諸之乎也 顧亭林又考經傳，如蒺藜爲茨，瓠蘆爲壺，鞠窮爲芎，丁寧爲鐙，僻倪爲陴，奈何爲那，和同爲降，句瀆爲穀，邾婁爲鄒，明旌爲銘，終葵爲椎，不律爲筆，窗籠爲聰……之類，不可枚擧。以此推之，反語當不始於孫炎。中國聲韻學通論第四章

又引章太炎先生之說曰：

經典釋文序例謂漢人不作音，而王肅周易音，則序例無疑辭，所錄肅音，用反語者十餘條，尋魏志肅傳云：『肅不好鄭氏，樂安孫叔然授學鄭玄之門人，肅集聖證論以譏短玄，叔然駁而釋之。』假令反語始於叔然，子雍肅字豈肯承用其術乎。又尋漢地理志，廣漢郡梓潼下，應劭注：『潼水所出，南入

墊江。墊，音徒浹反。』遼東郡沓氏下，應劭注：『沓水也。音長答反。』是應劭時已有反語，則起於漢末也。音理論

皇皇議論，足以糾諸家之誤。所謂反切，卽以二字切成一音，於上一字取其發聲，於下一字取其收韻，故上一字與切成之字必爲雙聲，下一字與切成之字必爲疊韻。黃季剛先生音略云：

反切之理，上一字定其聲理，不論其爲何韻。下一字定其韻律，不論其爲何聲。質言之，卽上字祇取發聲，去其收韻，下一字祇取收韻，去其發聲。

故上一字定清濁，下一字定開合。

假令上一字爲清聲，而下一字爲濁聲，切成之字，仍清聲，不得爲濁聲也。

假令下一字爲合口，而上一字爲開口，切成之字，乃合口也。

反切之理，旣繫於雙聲叠韻，復與古韻、等韻之學相貫。近儒劉師培氏言之至爲明晰，其說云：

反切之學，中國傳之已久。反切者，上一字定位，故同位之字爲雙聲，下一字定音，故同音之字爲疊韻，此不易之理也。……中國之韻書有三類：一曰今韻，一曰古韻，一曰等韻。至金人韓道昭作五聲集韻，以等韻合今韻，南宋吳才老作韻補，又以古韻合今韻，而近人劉凝熊士伯之書，復以等韻合古韻。蓋切韻雖出於西域上字爲切下字爲韻見郡齋讀書志諸書，然觀其大綱，不外統本韻之字各歸於母，以五音總天下之音。鄭叔績五韻說云：『古韻之部類，卽等韻之攝，古人之內言外言，卽等韻之等，古之字紐，卽等韻之字母。』言古韻等韻相貫之法，最爲明切。……知等韻古韻之相貫，卽知雙聲疊韻可以通反切

矣。讀書隨筆音韻反切近於字母

無論孫炎是否卽反切之始祖，其沾溉來葉則靡有紀極。陳澧切韻考極推崇之云：

古人音書，但曰讀若某，讀與某同，然或無同音之字，則其法窮，雖有同音之字，而隱僻難識，則其法又窮。孫叔然始爲反語，以二字爲一字之音，而其用不窮，此古人所不及也。

繼孫炎而作者，有李登聲類，爲韻書之祖。晉呂靜仿聲類作韻集六卷，此外又有無名氏韻集十卷，張諒四聲韻林二十八卷，段弘韻集八卷俱見隋書經籍志，於是聲韻之學漸興。

音韻之學，不自齊梁始。封演聞見記謂：『魏時有李登者，撰聲類十卷，以五聲命字。』魏書江式傳亦謂：『晉呂靜仿李登之法作韵集五卷，宮商角徵羽各爲一篇。』是宮羽之辨，嚴於魏晉之間，特文拘聲韵，始於永明耳。考其原因，蓋江左人士喜言雙聲，衣冠之族，多解音律，故永明之際，周沈之倫，文章皆用宮商，又以此秘爲古人所未睹也。劉師培中古文學史

凡此皆永明諸子所饜飫者也。

⑵佛經之翻譯與轉讀　反切之語，雖自魏以上已有之，惜未能見重於世，知者用者，均甚寥寥，直至釋典大量傳入以後，乃大行於世。聲律學說似若與佛教無關，不知其學說之昌明，正由梵語翻譯華文之影響。華文以形爲主，形聲僅爲六書之一，初無所謂字母，梵語以三十四聲母，十六韻母，共五十字母，孳生一切文字，其字音又分別陰陽，故印度之雅語必合韻律。其文恆以四字成句，聲韻諧合，異常優美動聽，於是切韻之學，遂與佛經以俱來，孫炎乃因其法而創反切。此則聲律之學緣於翻譯佛經者也。自典午東渡以後，佛

敎盛行，佛經轉讀之風日熾，切音辨字亦日趨精密，蓋讀經不僅讀其字句，尙須傳其美妙之音節，因此詠經謂之轉讀，歌讚謂之梵音。然而漢字單音，梵音重複，爲適用於轉讀歌讚，即須參照梵語拼音，以求漢語之轉變，於是反切之法因而大行，四聲亦因而成立。此則聲律之學緣於轉讀佛經者也。隋書經籍志云：

自後漢佛法行於中國，又得西域胡書，以十四字貫一切音，文省而義廣，謂之婆羅門書，與八體六文之義殊別。

此爲梵文字母輸入中國之始，使以衍形爲主之中國文字發生巨大變化，不得不注意聲韻問題矣。慧皎高僧傳慧忍傳論：

自大敎東流，乃譯文者衆，而傳聲者蓋寡。良由梵音重複，漢語單奇。若用梵音以詠漢語，則聲繁而偈迫，若用漢曲以詠梵文，則韻短而辭長。

又：

天竺方俗，凡是歌詠法言，皆稱爲唄。至於此土，詠經則稱爲轉讀，歌讚則號爲梵音。

又慧叡傳：

陳郡謝靈運篤好佛理，殊俗之音，多所達解。迺諮叡以經中諸字，幷衆音異旨，於是著十四音訓敍，條例梵漢，昭然可了，使文字有據焉。

又經師論：

若能精達經旨，洞曉音律，三位七聲，次而無亂，五言四句，契而莫爽。其間起擲盪擧，平折放殺，游飛卻轉，反疊嬌哢，動韻則揄靡弗窮，張喉則變態無盡。故能炳發八音，光揚七善，壯而不猛，凝而不滯，弱而不野，剛而不銳，清而不擾，濁而不蔽，諒足以超暢微言，怡養神性。故聽聲可以娛耳，聆語可以開襟。若然，可謂梵音深妙，令人樂聞者也。

可見魏晉時雖有人致力聲韻之研究，而至齊梁始大盛者，實深受佛經翻譯與轉讀之影響。近儒陳寅恪氏嘗作四聲三問，於中華語音參合佛經轉讀而適定爲四聲一事，論述綦詳，節錄其詞如下：

初問曰：中國何以成立一四聲之說，卽何以適定爲四聲，而不定爲五聲，或七聲，抑或其他數之聲乎。

答曰：所以適定爲四聲，而不爲其他數之聲者，以除去本易分別，自爲一類之入聲，復分別其餘之聲爲平上去三聲。綜合通計之，適爲四聲也。但其所以分別其餘之聲爲三者，實依據及摹擬中國當日轉讀佛經之三聲。而中國當日轉讀佛經之三聲又出於印度古時聲明論之三聲也。據天竺圍陀之聲明論，其所謂聲（svara）者，適與中國四聲之所謂聲者相類似。卽指聲之高低言，英語所謂pitch accent者是也。圍陀聲明論依其聲之高低，分別爲三：一曰 udātta ，二曰 svarita ，三曰 anudātta 。佛教輸入中國，其教徒轉讀經典時，此三聲之分別當亦隨之輸入。至當日佛教徒轉讀其經典所分別之三聲，是否卽與中國之平上去三聲切合，今日固難詳知，然二者俱依聲之高下分爲三階，則相同無疑也。中國語之入聲皆附有k、p、t等輔音之綴尾，可視爲一特殊種類，而最易與其他之聲分別。平上去則其聲響高低相互距離之間雖有分別，但應分別之爲若干數之聲，殊不易定。故中國文士依據及摹擬當日轉讀佛經之聲，分別定爲平上去之三聲，合入聲共計之，適成四聲。於是創爲四聲之說，並撰作聲譜，借轉讀佛經之聲調，應用於中國之美化文。此四聲之說所由成立，及其所以適爲四聲，而不爲其他數聲之故也。（清華學報第九卷第二期）

於聲律說所以昌盛於永明時代，亦有極精要之說明。

再問曰：四聲說之成立由於中國文士依據及摹擬轉讀佛經之聲，既聞命矣。果如所言天竺經聲流行中土，歷時甚久，上起魏晉，下迄隋唐，六七百年間審音文士善聲沙門亦已衆矣。然則無論何代何人皆可以發明四聲之說，何以其說之成立不後不先適値南齊永明之世，而創其說者非甲非乙，又適爲周顒沈約之徒乎。

答曰：南齊武帝永明七年二月二十日竟陵王子良大集善聲沙門於京邸，造經唄新聲。實爲當時考文審音之一大事。在此略前之時，建康之審音文士及善聲沙門討論研求必已甚衆而且精。永明七年竟陵京邸之結集不過此新學說研求成績之發表耳。此四聲說之成立所以適値南齊永明之世，而周顒沈約之徒又適爲此新學說代表人之故也。（同上）

而於周顒長於佛理，沈約耽嗜內典，故能邃於音理，尤多所闡釋。

建康爲南朝政治文化之中心。故爲善聲沙門及審音文士共同居住之地。二者之間發生相互之影響，實情理之當然也。經聲之盛，始自宋之中世，極於齊之初年。竟陵王子良必於永明七年二月十九日以前即已嫻習轉讀，故始能於夢中詠誦。然則竟陵王當日之環境可以推知也。雞籠西邸爲審音文士抄撰之學府，亦爲善聲沙門結集之道場。永明新體之詞人既在『八友』之列，則其與經唄新聲制定以前之背景不能不相關涉，自無待言。

周顒卒年史不記載，據傳文推之，當在永明七年五月王儉薨逝以前，永明三年王儉領國子祭酒及太子少傅之後。卽使不及見永明七年二月竟陵王經唄新聲之制定，要亦時代相距至近。其與沈約，一爲文惠之東宮掾屬，一爲竟陵之西邸賓僚，皆在佛化文學環境陶冶之中，四聲說之創始於此二人者，誠非偶然也。又顒傳言：『太學諸生慕顒之風，爭事華辯。』其所謂『辯』者，當卽顒『音辭辯麗，出言不窮，宮商朱紫，發口成句。』及其子捨『善誦詩書，音韻清辯』之『辯』。皆四聲轉讀之問題也。沈約宋書自序云：『永明五年春又被勑撰宋書，六年二月畢功，表上之。』謝靈運傳論之作正在此時。是其四聲之說實已成立於此時以前。當與周顒不甚相先後，蓋同是一時代之產物，俱受佛經轉讀之影響而已。同上

按周顒著有四聲切韻，沈約著有四聲譜，是知四聲之起，與梵文音理不能無緣。至若字母之興，乃隨梵文而輸入，尤屬信而有徵者。要之，聲律之學，淵源於古，而其法則因梵文音理輸入而確立，事理至明，不難覆按也。

二　聲律論(2)

◀聲律論與文藝創作▶

㈡聲律論與文藝創作

自永明諸子力倡聲律之說，其貢獻於學術（尤其是聲韻學）者，固無論矣，其貢獻於文藝創作者，則音韻之運用日精，平仄之講求日密。流風所扇，通國上下，凡有製作，無不廉肉相準，音韻克諧，錯采鏤金，絺章繪句，而面目一新矣。玆分三端評述之。

(1)永明諸子提倡四聲　永明之世，提倡四聲者多矣。其著專書行世者，有沈約（著四聲譜）周顒（著四聲切韻○俱見南史本傳）王斌（著四聲論○見南史陸厥傳），惜自隋以後，已漸失傳，莫得其詳。至以四聲行文制韻者，則有沈約、謝朓、王融諸人。

永明時，盛為文章，吳興沈約、陳郡謝朓、琅邪王融以氣類相推轂，汝南周顒善識聲韻。約等文皆用宮商，將平上去入四聲，以此制韻，有平頭、上尾、蜂腰、鶴膝。五字之中，音韻悉異，兩句之內，角徵不同，不可增減。世呼為永明體。（南史陸厥傳）

玩繹所言，卽以人工之音律，運用於文學方面耳。蓋詩歌必講音律，而古代詩樂合一，詩之音律，卽存於樂之中，及詩樂既分，詩之音律不得不存於詞之中。然詞中之音調，宜求其和諧，前人特心知之，而不能言之，至永明諸子始制為規律，此種人工音律，實聲韻學上一大發明，亦文學史上一大革命，所宜大筆特書者也。

據前所述，當時提倡四聲者，至少有五人，惜周顒早沒，王斌生平不詳，而王融謝朓又皆死於非命，其碩果僅存者，惟沈約耳，沈氏聲名獨著，殆以此歟。

至彼等弘揚四聲之原因，雖典籍亡佚，不得而知，然猶可於宋書謝靈運傳論中略窺端倪。

周室既衰，風流彌著，屈平宋玉，導清源於前，賈誼相如，振芳塵於後，英辭潤金石，高義薄雲天。自茲以降，情志愈廣，王褒劉向揚班崔蔡之徒，異軌同奔，遞相師祖，雖淸辭麗曲，時發乎篇，而蕪音累氣，固亦多矣。

蓋鑑於一般作品蕪音累氣充斥，清辭麗曲莫聞，而思有以矯之救之，非欲藉此以標新立異，譁衆取寵也。

(2) 沈約之音律論　沈約論音律，可於其所撰宋書謝靈運傳中見之。

若夫敷衽論心，商榷前藻，工拙之數，如有可言。夫五色相宣，八音協暢，由乎玄黃律呂，各適物宜。欲使宮羽相變，低昂舛節，若前有浮聲，則後須切響。一簡之內，音韻盡殊，兩句之中，輕重悉異，妙達此旨，始可言文。

至於先士茂製，諷高歷賞，子建函京之作，仲宣霸岸之篇，子荆零雨之章，正長朔風之句，並直舉胸情，非傍詩史，正以音律調韻，取高前式。自騷人以來，多歷年代，雖文體稍精，而此祕未覩。至於高言妙句，音韻天成，皆暗與理合，匪由思至。張蔡曹王，曾無先覺，潘陸顏謝，去之彌遠，世之知音者，有以得之，知此言之非謬。如曰不然，請待來哲。

此卽永明諸子所揭櫫之標幟，抑亦晉宋文家所奉行之通則。究其用心，蓋企圖自聲音之輕重，浮切之配合，造出一種聽覺上之美感。若以今日眼光觀之，充其量不過是韻律之調和，平仄之相間，可以收到詩文之音響效果而已，固極平常之事。然在當日，沈氏諸人則視爲天地未發之精靈，前哲未覩之祕奧。雖或有以稍嫌誇大相嗤者，然究因此倡導，使創作技術益趨工巧，藝文形式益趨美化，因而造成梁代唯美文學臻於登峯造極之絕詣。今尋繹其要旨，可得而言者，蓋有四義：

一、宮羽相變低昂舛節　所謂『宮羽』，乃指陰平、陽平、上、去、入五聲（通謂四聲）而言。『宮羽相變，低昂舛節』云者，謂作品須平仄相間，音韻和諧，使讀者有聽覺之美感也。此爲沈氏音律論之總原則，以下六句不過其細目而已。

二、前有浮聲後須切響　此爲沈氏音律論之精要部分，惟語意稍欠顯豁，致後之論者頗有歧見。

㈠劉勰文心雕龍聲律篇：

凡聲有飛沈，響有雙疊。雙聲隔字而每舛，疊韻雜句而必暌，沈則響發而斷，飛則聲颺不還，並轆轤交往，逆鱗相比。迂其際會，則往蹇來連，其爲疾病，亦文家之吃也。

按劉勰與沈氏同時，此論或與之作桴鼓之應者。『飛』字蓋指『浮聲』，『沈』字則指『切響』，即後人所謂之平仄。沈氏云『前有浮聲，後須切響』，劉氏云『沈則響發而斷，飛則聲颺不還』，皆言平仄必須相間，所以求音調之美也。

又按黃季剛先生文心雕龍札記聲律篇云：『飛謂平清，沈謂仄濁。一句純用仄濁，或一句純用平清，則讀時亦不便，所謂「沈則響發而斷，飛則聲颺不還」也。』所言甚是。

㈡蔡寬夫詩話：

聲韻之興，自謝莊沈約以來，其變日多。四聲中又別其清濁以爲雙聲，一韻者以爲疊韻。蓋以輕重爲清濁爾，所謂前有浮聲則後有切響是也。（宋詩話輯佚）

按蔡氏以為『浮聲』『切響』即是『輕重』『清濁』，析言之，『浮聲』謂聲之『輕』『清』者，『切響』謂聲之『重』『濁』者，亦即後人所謂之平仄，言文中須平仄錯綜運用，以求音調之和諧。

㊂何焯義門讀書記：

浮聲切響即是輕重，今曲家猶講陰陽清濁。

按此乃沿襲蔡氏之說。

㊃劉師培中古文學史宋齊梁陳文學概略：

彥和謂『聲有飛沈，沈則響發而斷，飛則聲颺不還』，即沈氏所謂『前有浮聲，後須切響，兩句之中，輕重悉異』。謂一句之內，不得純用濁聲之字或清聲之字也。聲律說之發明

㊄陳鍾凡中國文學批評史：

其言『前有浮聲，後須切響』者，所以判低昂，審平仄，蓋一句之中不得純用平聲字或仄聲字也。第七章第三節

言『聲有飛沈，沈則響發而斷，飛則聲颺不還』，即沈氏所謂『前有浮聲，後須切響，兩句之中，輕重悉異。』謂一句不得純用平聲或仄聲字也。第七章第四節

㊅郭紹虞中國文學批評史：

須知蔡氏之所謂清濁，即沈約之所謂輕重，劉勰之所謂飛沈，而後世之所謂平側。平側之分，本亦

由於同紐的關係。所以蔡氏謂『蓋又出於雙聲之變』。仇兆鰲杜詩詳注亦宗蔡說。……文心雕龍聲律篇云：『凡聲有飛沈，響有雙疊。』雙疊卽韻與紐的問題，飛沈則清與濁的關係。以濁夾清，則是蜂腰。其病在『沈』，所謂『沈則響發而斷』也。以清夾濁，則爲鶴膝。其病又在『飛』，所謂『飛則聲颺不還』也。（第四篇第二章第四節第二目）

按郭氏宗尚蔡說，惟更加詳耳。

綜觀前說，可以得一簡單結論曰，『浮聲』（卽劉勰之所謂『飛』）當是平聲，『切響』（卽劉勰之所謂『沈』）當是仄聲，言文中須平仄錯綜爲用，一句之中若平聲字過多，則其聲飛颺而不能回環，若仄聲字過多，則其聲蹇礙而不能暢順，讀時均有不便，必也『轆轤交往』，『逆鱗相比』，斯爲得之，亦南史陸厥傳所謂『兩句之內，角徵不同』之意也。

三、一簡之內者音韻盡殊　『音』指字之發聲，亦卽聲母，『韻』指字之收聲，亦卽韻母。言五言詩一句之中，除正用雙聲、疊韻、重言外，不得複用同聲母或同韻母之字。（據鄒漢勛五韻論說）亦卽文心聲律篇所謂『雙聲隔字而每舛，疊韻雜句而必暌』者也。

四、兩句之中輕重悉異　沈氏所謂『輕重』，卽蔡寬夫所謂『清濁』（見前引蔡寬夫詩話），乃指字之聲紐而言。意謂兩句之中，輕重須錯綜爲用，詩之音調始可言美。言南史陸厥傳所云『五字之中，輕重悉異』者，意謂一句之中，輕重亦須錯綜，則又嚴於此矣。

(3)沈約之八病說　沈氏所倡文學上之音律，四聲之分乃其基本理論，而八病之忌則是創作文藝之具體條件。易言之，積極建設方面，爲明辨四聲與錯綜音韻，而消極避忌方面，則爲詩學八病之探討。王應麟困學紀聞引李淑詩苑類格載沈約之言曰：

詩病有八，平頭、上尾、蜂腰、鶴膝、大韻、小韻、旁紐、正紐。惟上尾、鶴膝最忌，餘病亦通。

王氏治學素極謹嚴，所引當可確信，蓋齊梁時代，詞藝大昌，衡鑑姸蚩，掎摭利病，乃文壇之風尙也。

沈侯劉善之後，王皎崔元之前，盛談四聲，爭吐病犯，黃卷盈篋，緗帙滿車。（遍照金剛文鏡秘府論序）

惟八病說是否出於沈約，對之深致懷疑者甚夥，阮逸（中說天地篇注）紀昀（沈氏四聲考○畿輔叢書本）是其最著者也，姑不具論。

沈氏所謂八病，或可區爲四組：平頭、上尾爲一組，乃言同四聲之病。蜂腰、鶴膝爲一組，乃言同清濁之病。大韻、小韻爲一組，乃言同韻之病。旁紐、正紐爲一組，乃言同紐之病。（參今人郭紹虞氏之說○見中國文學批評史四篇二章四節二目）四組之中，又可區爲兩類：平頭、上尾、蜂腰、鶴膝係就兩句之音節而言，大韻、小韻、旁紐、正紐係就一句之音節而言，以其爲一句中之音節，故在兩句中限制較寬，不爲病犯。玆隱括文鏡祕府論、文筆眼心鈔、續金針詩格、蔡寬夫詩話、詩人玉屑、唐音癸籤、杜詩詳注等書所載，綜論於後：

㈠平　頭

文鏡秘府論：『平頭詩者，五言詩第一字不得與第六字同聲，第二字不得與第七字同聲。同聲者，不得同平上去入四聲，犯者名爲犯平頭。』各書均同此說。例如：

芳時淑氣清
提壺臺上馳

按『芳』與『提』同爲平聲，『時』與『壺』亦同爲平聲，卽犯平頭病。

又按文鏡秘府論釋云：『或曰：此平頭如是，近代成例，然未精也。欲知之者，上句第一字與下句第一字，同平聲不爲病，同上去入聲一字卽病。若上句第二字與下句第二字同聲，無問平上去入，皆是巨病。此而或犯，未曰知音。今代文人李安平、上官儀，皆所不能免也。』

又云：『或曰：沈氏云：「第一、第二字不宜與第六、第七同聲。若能參差用之，則可矣。」謂第一與第七、第二與第六同聲，如「秋月」、「白雲」之類，卽高宴詩曰：「秋月照綠波，白雲隱星漢。」此卽於理無嫌也。』

㈡上　尾

文鏡秘府論：『上尾詩者，五言詩中，第五字不得與第十字同聲，名爲上尾。』各書均同。例如：

西北有高樓。
上與浮雲齊。

按『樓』與『齊』皆平聲，卽犯上尾病。

又按文鏡秘府論釋云：『或云：如陸機詩曰：「衰草蔓長河，寒木入雲烟。」此上尾，齊梁已前，時有犯者。齊梁已來，無有犯者。此爲巨病。若犯者，文人以爲未涉文途者也。唯連韻者，非病也。如「青青河畔草，綿綿思遠道」是也。』意謂此病僅限於不押韻之句，若二句連屬押韻，則不在此限。

又云：『或曰：其賦頌，以第一句末不得與第二句末同聲。如張然明芙蓉賦云：「潛靈根於玄泉，擢英耀於清波」是也。蔡伯喈琴頌云：「青雀西飛，別鶴東翔。飲馬長城，楚曲明光」是也。其銘誄等病，亦不異此耳。斯乃辭人痼疾，特須避之。若不解此病，未可與言文也。』

又云：『沈氏亦云：「上尾者，文章之尤疾。自開闢迄今，多愼不免，悲夫。」』

又云：『若第五與第十故爲同韻者，不拘此限。卽古詩云：「四座且莫喧，願聽歌一言。」此其常也，不爲病累。其手筆，第一句末犯第二句末，最須避之。如孔文舉與族弟書云：「同源派流，人易世疏，越在異域，情愛分隔。」是也。』

又云：『凡詩賦之體，悉以第二句末與第四句末以爲韻端。若諸雜筆不束以韻者，其第二句末卽不得與第四句同聲，俗呼爲隔句上尾，必不得犯之。如魏文帝與吳質書曰：「同乘共載，北遊後園。輿輪徐動，賓從無聲。清風夜起，悲笳微吟。」是也。』

又云：『劉滔云：「下句之末，文章之韻，手筆之樞要。在文不可奪韻，在筆不可奪聲。且筆之兩句，比文之一句，文事三句之內，筆事六句之中，第二、第四、第六，此六句之末，不宜相犯。」此卽是也。』

又按史通雜說篇云：『自梁室云季，雕蟲道長，平頭上尾，尤忌於時。』唐人律詩皆能嚴格遵守此條，而作古詩則不甚顧忌，足證永明體之音律與古詩截然不同，而是由古詩到律詩中間之音律。

㊂蜂　腰

蜂腰病有三說：

①文鏡秘府論：『蜂腰詩者，五言詩一句之中，第二字不得與第五字同聲。言兩頭粗，中央細，似蜂腰也。』詩人玉屑同此。例如：

聞君愛我甘。
竊獨自雕飾

按文鏡秘府論釋云：『或曰：「君」與「甘」非爲病，「獨」與「飾」是病。所以然者，如第二字與第五字同去上入，皆是病，平聲非病也。此病輕於上尾、鶴膝，均於平頭，重於四病。』又引沈氏云：『五言之中，分爲兩句，上二下三。凡至句末，並須要殺。』意謂五言詩每句均分兩截，上截二字，下截三字，第二字與第五字均是句末，並須要殺，不得同聲。

②唐音癸籤：『第二字與第四字同聲，犯在一句內，如蜂身之中細。』文筆眼心鈔同此。

③蔡寬夫詩話：『若五字首尾皆濁音而中一字清，卽爲蜂腰。』杜詩詳注同此。

按仇兆鰲杜詩詳注亦宗蔡說，並舉例云：『今案張衡詩「邂逅承際會」，是以濁夾清，爲蜂腰也。』此說極當，蓋最能中蔡說者。

㊃鶴　膝

鶴膝詩有二解：

①文鏡秘府論：『鶴膝詩者，五言詩第五字不得與第十五字同聲。言兩頭細，中央粗，似鶴膝也，以其詩中央有病。』此說除蔡寬夫另立新解外，各書均同。例如：

撥棹金陵渚　遵流背城闕
浪蹙飛船影　山掛垂輪月

按『渚』『影』同爲仄聲，是犯鶴膝病也。

又按文鏡秘府論釋云：『取其兩字間以鶴膝，若上句第五「渚」字是上聲，則第三句末「影」字不得復用上聲，此卽犯鶴膝。故沈東陽著辭曰：「若得其會者，則脣吻流易，失其要者，則喉舌蹇難。事同暗撫失調之琴，夜行坎壈之地。」蜂腰、鶴膝，體有兩宗，各立不同。王斌五字制鶴膝，十五字制蜂腰，並隨執用。』

②蔡寬夫詩話：『若五字首尾皆清音而中一字濁，卽爲鶴膝。』杜詩詳注同此。

按仇兆鰲杜詩詳注云：『如傅玄詩「徽音冠青雲」是以清夾濁，爲鶴膝也。』

㊄大韻或名觸絕病

大韻詩有三解：

①文鏡秘府論：『大韻詩者，五言詩若以『新』爲韻，上九字中，更不得安「人」、「津」、「鄰」、「身」、「陳」等字，既同其類，名犯大韻。』此說較爲通行，各家多同。例如：

「紫翮拂花樹　黃鸝閑綠枝

思君一歎息　啼淚應言垂△
遊魚牽細藻⊙，鳴禽哢好音△
誰知遲暮節，悲吟傷寸心△

按『枝』『鸝』同為『支』韻，『音』『禽』同為『侵』韻，皆犯大韻病也。

又按文鏡秘府論釋云：『今就十字內論大韻，若前韻第十字是「枝」字，則上第七字不得用「鸝」字，此為用類，大須避之。通二十字中，並不得安「篩」、「羈」、「雌」、「池」、「知」等類。除非故作疊韻，此卽不論。』

又引元氏云：『此病不足累文，如能避者彌佳。若立字要切，於文調暢，不可移者，不須避之。』

②杜詩詳注：『如「微」「暉」同韻，上句第一字不得與下句第五字相犯。阮籍詩「微⊙風照羅袂，明月耀清暉△」是也。』

按『微』『暉』同屬『微』韻。

③文筆眼心鈔：『五字中二五用同韻字，名「觸絕病」，是謂大韻。』

按『觸絕病』又名『觸地病』。

㈥小韻（或名傷音病）

小韻詩有四解：

①文鏡秘府論：『小韻詩，除韻以外，而有迭相犯者，名爲犯小韻病也。』例如：

搴簾出戶望　霜花朝瀁日
晨鶯傍杼飛　早燕挑軒出

按『望』『瀁』均屬『漾』韻。

又按文鏡秘府論釋云：『就前九字中而論小韻，若第九字是「瀁」字，則上第五字不得復用「望」字等音，爲同是韻之病。』

又云：『元氏曰：「此病輕於大韻，近代咸不以爲累文。」或云：凡小韻，居五字內急，九字內小緩，然此病雖非巨害，避爲美。』

又引劉氏云：『小韻者，五言詩十字中，除本韻以外自相犯者，若已有「梅」，更不得復用「開」、「來」、「才」、「臺」等字。』

②唐音癸籤：『除韻外，九字中有犯同聲者。』

按唐鉞謂『聲』字疑當作『韻』，則與第一解同。

③杜詩詳注：『如「清」「明」同韻，上句第一字不得與下句第一字相犯，詩云「薄帷鑑明月，清風吹我襟」是也。』

按『清』『明』均屬『庚』韻。

④文筆眼心鈔：『五字中一三用同韻字，名「傷音病」，是謂小韻。』

㈦傍紐（亦名大紐或名爽切病）

傍紐詩有三說：

①文鏡秘府論：『傍紐詩者，五言詩一句之中有「月」字，更不得安「魚」、「元」、「阮」、「願」等之字，此卽雙聲。雙聲卽犯傍紐。亦曰，五字中犯最急，十字中犯稍寬。如此之類，是其病。』例如：

魚遊見風月
獸走畏傷蹄

元生愛皓月　阮氏願清風
取樂情無已　賞玩未能同

按『遊』『月』、『獸』『傷』、『元』『月』、『阮』『願』皆雙聲。

又按文鏡秘府論引元氏云：『傍紐者，一韻之內，有隔字雙聲也。』

又引元兢云：『此病更輕於小韻，文人無以爲意者。又若不隔字而是雙聲，非病也。如「清切」、「從就」之類是也。』

又云：『王彪之登冶城樓詩云：「俯觀陋室，宇宙六合，譬如四壁。」卽「譬」與「壁」是也。沈氏亦云以此條謂之大紐。』

②文鏡秘府論引劉滔之言：『傍紐者，若五字中已有「任」字，其四字不得復用「錦」、「禁」、「急」、「飲」、「蔭」、「邑」等字，以其一紐之中，有「金」音等字，與「任」同韻故也。』

③文筆眼心鈔：『五字中用雙聲而隔字，名爽切病，是謂傍紐，亦曰大紐。』

㈧正紐（亦名小紐○或亦名爽切病）

正紐詩亦有三說：

①文鏡秘府論：『正紐者，五言詩「壬」、「衽」、「任」、「入」四字爲一紐，一句之中，以有「壬」字，更不得安「衽」、「任」、「入」等字。如此之類，名爲犯正紐之病也。』例如：

心中肝如割
腸裏氣便燋

我本漢家子
來嫁單于庭

按『肝』與『割』、『家』與『嫁』皆同紐。

又按文鏡秘府論謂有一例外云：『除非故作雙聲，下句復雙聲對，方得免小紐之病也。』

又云：『或曰：正紐者，謂正雙聲相犯。其雙聲雖一，傍正有殊，從一字紐之得四聲，是正也。若「元」、「阮」、「願」、「月」是。若從他字來會成雙聲，是傍也。若「元」、「阮」、「願」、「月」是正，而有「牛」、「魚」、「妍」、「硯」等字來會「元」、「月」等字成雙聲是也。』

又引元氏云：『正紐者，一韻之內，有一字四聲分爲兩處是也。如梁簡文帝詩云：「輕霞落暮錦，流火散秋金。』「金」、「錦」、「禁」、「急」，是一字之四聲，今分爲兩處，是犯正紐也。』

又引元兢云：『此病輕重，與傍紐相類，近代咸不以爲累，但知之而已。』

②詩人玉屑：『十字內兩字疊韻爲正紐。』

③文筆眼心鈔：『五字十字中用同紐而疊字，亦名「爽切病」，是謂「正紐」，亦曰「小紐」。』

第三節 永明時代㈡

一 聲律論(3)

▲聲律論之反響▼

㈢聲律論之反響

沈約之音律說，在當時學術界引起極大反響。有致書駁難者，如陸厥甄琛等。有堅決反對者，如鍾嶸梁武帝等。有原則贊同者，如常景劉勰等。今分論之。

(1)駁難派 沈約在宋書謝靈運傳論中以爲音律之妙，前賢未覩，切響浮聲，詡爲創獲，洋洋自熹之情，溢於楮墨。陸厥深不以爲然，乃與之書云：

范詹事自序『性別宮商，識清濁，特能適輕重，濟艱難。古今文人，多不全了斯處，縱有會此者，不必從根本中來。』沈尚書亦云『自靈均以來，此祕未覩』。或『闇與理合，匪由思至。張蔡曹王，曾無先覺，潘陸顏謝，去之彌遠。』大旨鈞使『宮羽相變，低昂舛節。若前有浮聲，則後須切響，一簡之內，音韻盡殊，兩句之中，輕重悉異』。辭既美矣，理又善焉。但觀歷代衆賢，似不都闇此處，而云『此祕未覩』，近於誣乎。

案范云『不從根本中來』，尚書云『匪由思至』，斯可謂揣情謬於玄黃，擿句差其音律也。范又云『時有會此者』，尚書云『或闇與理合』，則美詠清謳，有辭章調韵者，雖有差謬，亦有會合，推此以往，可得而言。夫思有合離，前哲同所不免，文有開塞，卽事不得無之。子建所以好人譏彈，士衡所以遺恨終篇。旣曰遺恨，非盡美之作，理可詆訶。君子執其詆訶，便謂合理爲闇。豈如指其合理而寄詆訶爲遺恨邪。

自魏文屬論，深以清濁爲言，劉楨奏書，大明體勢之致，岨峿妥怗之談，操末續顚之說，興玄黃於律呂，比五色之相宣，苟此祕未覩，玆論爲何所指邪。故愚謂前英已早識宮徵，但未屈曲指的，若今論所申。至於掩瑕藏疾，合少謬多，則臨淄所云『人之著述，不能無病』者也。非知之而不改，謂不改則不知，斯曹陸又稱『竭情多悔，不可力彊』者也。今許以有病有悔爲言，則必自知無悔無病之地，引其不了不合爲闇，何獨誣其一合一了之明乎。意者亦質文時異，古今好殊，將急在情物，而緩於章句。情物，文之所急，美惡猶且相半。章句，意之所緩，故合少而謬多。義兼於斯，必非不知明矣。長門上林，殆非一家之賦，洛神池鴈，便成二體之作。孟堅精正，詠史無虧於東主，平子恢富，羽獵不累於憑虛。王粲初征，他文未能稱是，楊脩敏捷，暑賦彌日不獻。率意寡尤，則事促乎一日，翳翳愈伏，而理賒於七步。一人之思，遲速天懸，一家之文，工拙壤隔。何獨宮商律呂必責其如一邪。論者乃可言未窮其致，不得言曾無先覺也。（南齊書文學傳○南史陸厥傳）

細籀此書，其要點約有數端：

一、前賢已早識音律，但未屈曲指的若今論耳，故可言未窮其致，不得言曾無先覺也。

二、前英研討音律者甚夥，曹丕有『清濁』之說，劉楨有『體勢』之論，陸機有『音聲迭代』之文，范曄有『性別宮商』之語，是其彰彰尤著者。而沈約目無往古，語極矜誇，實乃過於自信，未爲得也。

三、人之文思，遲速懸絕，創作詞藝，尤精粗難一，則於音律自難免有或合或不合之處。今執其疵誤，遂謂古人闇於宮商，實非篤論。

按陸氏所言，於沈約理論，初未全了，故未能擊中其要害，而使之杜口。沈氏乃復書辯之云：

宮商之聲有五，文字之別累萬，以累萬之繁，配五聲之約，高下低昂，非思力所學。又非止若斯而已也。十字之文，顚倒相配，字不過十，巧歷已不能盡，何況復過於此者乎。靈均以來，未經用之於懷抱，固無從得其髣髴矣。若斯之妙，而聖人不尙，何邪。此蓋曲折聲韻之巧，無當於訓義，非聖哲立言之所急也。是以子雲譬之『雕蟲篆刻』，云『壯夫不爲』。

自古辭人，豈不知宮羽之殊，商徵之別。雖知五音之異，而其中參差變動，所昧實多，故鄙意所謂『此祕未覩』者也。以此而推，則知前世文士便未悟此處。

若以文章之音韻，同弦管之聲曲，則美惡妍蚩，不得頓相乖反。譬由子野操曲，安得忽有闡緩失調之聲，以洛神比陳思他賦，有似異手之作。故知天機啓，則律呂自調，六情滯，則音律頓舛也。

士衡雖云『炳若縟錦』，寧有濯色江波，其中復有一片是衞文之服。此則陸生之言，卽復不盡者矣。韻與不韻，復有精粗，輪扁不能言之，老夫亦不盡辨此。同上

沈氏此書，仍堅持前人未覩之見，而以獨得胸襟，窮其妙旨自矜。蓋陸厥所言者，乃指內在的自然韻律，沈約所創者，則爲外在的人工聲律，二者性質，截然不同。質言之，一學術之發生，匪從天降，必殫竭千百人之思慮，經歷千百年之醞釀，然後方成定論，凡百人文科學皆然，聲律一道又豈能獨外。故沈氏自詡獨得聲律之祕，雖非强詞奪理，要亦未必遂是事實眞相。而陸氏則昧於永明諸子慣用音樂上專門術語以說明其聲病理論，反由此滋生錯覺，以爲凡前人用『宮商』『律呂』『清濁』『五音』諸詞，有涉及音韻者，皆爲已明四聲之證。故沈氏認爲『此祕未覩』者，陸氏則謂『前英早識』，譬若將適燕晉而南其轅，其庸有當乎。矧二君之於聲律，一主自然，一主人工，觀點旣殊，持論遂左，此必然之事也。參今人馮承基氏之說○見大陸雜誌三十一卷九期論永明聲律

非難沈氏聲律說者，南方有陸厥，北方則有甄琛。甄氏以爲四聲係自轉讀佛經而來，並非古已有之，遂責沈氏不依古典，倡非其道，蓋隱然有野狐禪之譏焉。其說具見於文鏡秘府論中，四聲論云：

魏定州刺史甄思伯，一代偉人，以爲沈氏四聲譜不依古典，妄自穿鑿，乃取沈君少時文詠犯聲處以詰

難之。又云：『若計四聲爲紐，則天下衆聲無不入紐，萬聲萬紐，不可止爲四也。』

甄琛詆沈約『不依古典，妄自穿鑿』，顯然有崇古抑今之意，以爲古代所無者，今日不得而有，先哲所未言者，今人不得而說。且於四聲一道，懵然無知，又不明沈氏本旨，强以聲紐與聲調混而爲一，故嘗見誚於劉善經。

經以爲三王異禮，五帝殊樂，質文代變，損益隨時，豈得膠柱調瑟，守株伺兎者也。古人有言：『知今不知古，謂之盲瞽，知古不知今，謂之陸沉。』孔子曰：『溫故而知新，可以爲師矣。』易曰：『一開一闔謂之變，往來無窮謂之道。』甄公此論，恐未成變通矣。且夫平上去入者，四聲之總名也，征整政隻者，四聲之實稱也。然則名不離實，實不遠名，名實相憑，理自然矣。故聲者逐物以立名，紐者因聲以轉注。萬聲萬紐，縱如來言，但四聲者，譬之軌轍，誰能行不由軌乎。縱出涉九州，巡游四海，誰能入不由戶也。四聲總括，義在於此。（文鏡秘府論四聲論）

沈約亦寄書致辯曰：

昔神農重八卦，無不純，立四象，象無不象。但能作詩，無四聲之患，則同諸四象。四象既立，萬象生焉，四聲既周，羣聲類焉。經典史籍，唯有五聲，而無四聲。然則四聲之用，何傷五聲也。五聲者，宮商角徵羽，上下相應，則樂聲和矣。君臣民事物，五者相得，則國家治矣。作五言詩者，善用四聲，則諷詠而流靡，能達八體，則陸離而華潔。明各有所施，不相妨廢。昔周孔所以不論四聲者，正以春爲陽中，德澤不偏，卽平聲之象。夏草木茂盛，炎熾如火，卽上聲之象。秋霜凝木落，去根離本，卽去聲之象。冬天地閉藏，萬物盡收，卽入聲之象。以其四時之中，合有其義，故不標出之耳。是以中庸云：『聖人有所以不知，匹夫匹婦，猶有所知焉。』斯之謂也。（同上）以今之四聲與古之五聲四時相傅會，語極牽强，實自陷於矛盾。揆其用心，大抵不欲開罪於甄氏也。惟云『作五言詩者，善用四聲，則諷詠而流靡，能達八體（按卽八病），則陸離而華潔』，以爲由其型範，詩可姸美，舍此不由，終歸蚩惡，則稍能貫徹其一貫主張耳。

(2)反對派　沈約聲律論旣出，首先反對者爲梁武帝。南史沈約傳云：

約撰四聲譜，以爲『在昔詞人累千載而不悟，而獨得胸衿，窮其妙旨』。自謂入神之作。武帝雅不好焉，嘗問周捨曰：『何謂四聲。』捨曰：『「天子聖哲」是也。』然帝竟不甚遵用。

梁武不好四聲，乃由於不明四聲，蓋四聲初創，『曲折聲韻之巧』（沈約答陸厥書中語），故雖並世英主，亦不甚了了。文鏡秘府論四聲論亦云：

善經數聞江表人士說，梁王蕭衍不知四聲，嘗縱容謂中領軍朱异曰：『何者名爲四聲。』异答云：『「天子萬福」，卽是四聲。』衍謂异：『「天子壽考」，豈不是四聲也。』以蕭主之博洽通識，而竟不能辨之。時人咸美朱异之能言，歎蕭主之不悟。故知心有通塞，不可以一概論也。今尋公文詠，辭理可觀，但每觸籠網，不知迴避，方驗所說非憑虛矣。

抑有進者，苟聲律之說通行於世，勢必改變原來文學面貌。梁武思想稍見保守，自不喜當時逐漸流行之新興文體，由不喜新文體，遂並不喜四聲，況音樂又爲素所厭惡者乎。陳寅恪四聲三問云：

梁武帝雖居『竟陵八友』之列，而不遵用四聲者，據隋書音樂志載『帝既素善鍾律，詳悉舊事，遂自制定禮樂。』而梁書武帝紀又載其『不聽音聲，非宗廟祭祀大會饗宴，及諸法事，未嘗作樂。』蓋由於好尚之特異，後來簡文帝之詆娸永明新體之支派者（見梁書南史庾肩吾傳簡文與湘東王書），殆亦因其家世興趣之關係歟。蓋唯美文學夙有『音樂的文學』之稱，既不能脫離音樂，亦並不能脫離聲律。梁武薄四聲而不用者，殆可於此中窺其消息焉。

繼梁武之後，著文主張自然音律，正面抨擊人工聲律者為鍾嶸，蓋蓄意與沈氏為敵者。鍾氏首言前達早已重視音律云：

昔曹劉殆文章之聖，陸謝為體貳之才，銳精研思，千百年中而不聞宮商之辨，四聲之論，或謂前達偶然不見，豈其然乎。嘗試言之：古曰詩頌，皆被之金竹，故非調五音，無以諧會。若『置酒高堂上』，『明月照高樓』，為韻之首。故三祖之詞，文或不工，而韻入歌唱，此重音韻之義也，與世之言宮商者異矣。今既不被管絃，亦何取於聲律耶。（詩品序）

此說與陸厥所言（詳前）大致相同，並無創見。次則對沈氏聲病說深致不滿云：

齊有王元長者，嘗謂余云：『宮商與二儀俱生，自古詞人不知之，惟顏憲子乃云律呂音調，而其實大謬，唯見范曄謝莊頗識之耳。』嘗欲造知音論，未就。王元長創其首，謝朓沈約揚其波。三賢或貴公子孫，幼有文辯。於是士流景慕，務為精密，襞積細微，專相陵架，故使文多拘忌，傷其眞美。余謂文製本須諷讀，不可蹇礙，但令清濁通流，口吻調利，斯為足矣。至於平上去入，則余病未能，蜂

腰鶴膝，閭里已具。同上

鍾嶸與沈約同時，而論詩不爲所惑，良可宗尚。蓋文之爲用，敍事抒情，務得其眞，雖間或全借古語，用申今情，節以聲律，俾便脣吻，乃創作正軌，宜無間言。惟故爲繁密，以矜淵博，競誇音調，使多拘忌，傷美蠹文，則難免於大雅之譏矣。

然鍾氏所持以反對聲律之理由，亦未盡當。彼以『清濁通流，口吻調利』之自然音律說，抨彈沈氏之人工音律，不免稍涉意氣。蓋詞藝一道，恆隨時代以俱進。卽以五言詩而言，先士所作，藻思綺合，清麗芊眠，至齊梁已無可復加，所未盡美者，僅聲律猶未錯綜已耳。沈氏宮羽相變、浮聲切響之說，深合韻文聲律宜有相間相重之音學原理，故齊梁新體，下開三唐律近，其垂範後昆，沾溉來葉者，正靡有紀極，烏可輕易詆訶，一筆抹殺耶。且自古詩完全脫離音樂以後，對詩之欣賞方法，便由歌唱而轉入吟詠，詩之音樂性與詩句韻律之美，不復能仰仗絲竹管絃，而必須乞靈於語言文字之自身。故永明諸賢乃罄其心血，竭其思慮，創造人工音律，以濟詩樂分離之窮，使詩中之韻律，假借人爲力量，而更加諧叶，益趨完美。譬彼鄉僻無識之美人，苟能施以袨服靚妝，而又敎以詩書禮樂，豈不更增其美耶。雖然，吾人固不可輕忽自然之美，以保持其純眞，惟當自然美逐漸殘褪時，則須力謀補救，不宜任其凋零。中年婦女之所以厚施脂粉者，亦欲長保其青春，以濟歲月之窮耳。明乎此理，則於王沈諸子之刻意提倡人工音律，允宜斂衽以拜其賜也。

(3)贊成派　音律說興起後，持異議者固多，而表贊同者亦復不少。據隋書經籍志所著錄者，有王該文章音韻二卷，無名氏五音韻五卷，陽休之韻略一卷，李槩修續音韻決疑十四卷、音譜四卷，無名氏纂韻鈔十卷，夏侯詠四聲韻略十三卷，劉善經四聲指歸一卷，釋靜洪韻英三卷等。諸書雖已佚，不得其詳，惟見於文鏡秘府論者，率爲贊同沈說而繼續闡發之作。文鏡秘府論評陽休之韻略云：

> 齊僕射陽休之，當世之文匠也，乃以音有楚夏，韻有訛切，辭人代用，今古不同，遂辨其尤相涉者五十六韻，科以四聲，名曰韻略。制作之士，咸取則焉，後生晚學，所賴多矣。

評李槩音譜決疑云：

> 齊太子舍人李節（按羅根澤氏疑李節即是李概），知音之士，撰音譜決疑。其序云：『案周禮，凡樂，圜鐘爲宮，黃鐘爲角，大蔟爲徵，沽洗爲羽，商不合律，蓋與宮同聲也。五行則火土同位，五音則宮商同律，闇與理合，不其然乎。呂靜之撰韻集，分取無方。王徵之製鴻寶，詠歌少驗。平上去入，出行閭里，沈約取以和聲之律呂相合。竊謂宮商徵羽角，卽四聲也。羽，讀如括羽之羽，亦之和同，以拉羣音，無所不盡。豈其藏埋萬古，而未改於先悟者乎。』經每見當此文人，論四聲者衆矣，然其以五音配偶，多不能諧。李氏忽以周禮證明，商不合律，與四聲相配便合，恰然懸同。愚謂鍾蔡以還，斯人而已。

評陽氏不過寥寥數語，無法窺其底蘊。至李槩音譜決疑序文所言，似與沈約答甄公書略同。此外，又評王斌四聲論云：

> 洛陽王斌撰五格四聲論，文辭鄭重，體例繁多，割拆推研，忽不能別矣。

又引常景四聲讚而評之云：

> 魏秘書常景爲四聲讚曰：『龍圖寫象，鳥跡摛光，辭溢流徵，氣靡輕商，四聲發彩，八體含章，浮景

玉苑，妙響金鏘。』雖章句短局，而氣調清遠，故知變風俗下，豈虛也哉。（以上俱見四聲論）

又引元氏論調聲云：

聲有五聲，角徵宮商羽也。分於文字四聲，平上去入也。宮商爲平聲，徵爲上聲，羽爲去聲，角爲入聲。故沈隱侯論云：『欲使宮徵相變，低昂舛節，若前有浮聲，則後須切響。一簡之內，音韻盡殊，兩句之中，輕重悉異。妙達此旨，始可言文。』固知調聲之義，其爲大矣。（調聲）

可見鑽研文學之音律，蓋已蔚爲時尚矣。

以上所舉，胥屬北方學者，至南方學者，則要以劉勰爲代表。劉氏作文心雕龍聲律篇，暢論聲律之理，足與沈說相發明。由於沈約極端重視文藝之音韻美與形式美，過分强調聲病，造成許多不自然的禁忌，因而引起鍾嶸之反動。劉氏深知聲律在文藝作品中之重要性，且欲調和沈鍾二人之歧見，於是折衷於自然聲律與人爲聲律之間，而不爲左右袒。

劉氏以爲音律乃文章之關鍵所在，凡爲文章，必具音律，而吐納律呂，則須驗之脣吻。

夫音律所始，本於人聲者也。聲含宮商，肇自血氣，先王因之以制樂歌，故知器寫人聲，聲非學器者也。故言語者，文章神明，樞機吐納，律呂脣吻而已。（文心雕龍聲律篇〇下同不另注）

作文雖重音律，但不可拘泥，亦猶操琴不調，必知更張。

古之教歌，先揆以法，使疾呼中宮，徐呼中徵。夫商徵響高，宮羽聲下，抗喉矯舌之差，攢脣激齒之異，廉肉相準，皎然可分。今操琴不調，必知改張，摛文乖張，而不識所調。響在彼絃，乃得克諧，聲萌我心，更失和律，其故何哉。良由內聽難爲聰也。故外聽之易，絃以手定，內聽之難，聲與心紛，可以數求，難以辭逐。

理想之聲律，在於和音與協韻。和音者，一句之節奏，協韻者，全篇之聲響，皆須愼加選擇。是以聲畫妍蚩，寄在吟詠，吟詠滋味，流於字句。氣力窮於和韻。異音相從謂之和，同聲相應謂之韻。韻氣一定，故餘聲易遣，和體抑揚，故遺響難契。屬筆易巧，選和至難，綴文難精，而作韻甚易。雖纖意曲變，非可縷言，然振其大綱，不出玆論。

上之所論，乃劉氏聲律說之精華所在。至其響應沈約之音律論與八病說者，則有如下一段：

凡聲有飛沈，響有雙疊。雙聲隔字而每舛，疊韻雜句而必睽，沈則響發而斷，飛則聲颺不還，並轆轤交往，逆鱗相比，迂其際會，則往蹇來連，其爲疾病，亦文家之吃也。夫吃文爲患，生於好詭，逐新趣異，故喉脣糺紛，將欲解結，務在剛斷。左礙而尋右，末滯而討前，則聲轉於吻，玲玲如振玉，辭靡於耳，纍纍如貫珠矣。

『沈則響發而斷，飛則聲颺不還』，卽沈氏所謂『若前有浮聲，則後須切響』。亦卽指平頭、上尾、蜂腰、鶴膝四病。又『雙聲隔字而每舛，疊韻雜句而必睽』，卽沈氏所謂『一簡之內，音韻盡殊，兩句之中，輕重悉異』。亦卽大韻、小韻、旁紐、正紐四病。但由於『選和至難』，故劉氏對於詩中八病，從未主張必須絕對避忌，而只是視爲一種理想。持較沈約之懸爲厲禁，鍾嶸之根本否定，其態度溫和多矣。要之，劉氏雖贊同沈約之聲病說，但祇擷取其精華，並未全盤接受也。范文瀾文心雕龍聲律篇云：

四聲之分，既已大明，用以調聲，自必有術。八病苛細固不可盡拘，而齊梁以後，雖在中才，凡有製作，大率聲律協和，文音清婉（南齊書張融傳云文音清婉在其韻），辭氣流靡，罕有挂礙，不可謂非推明四聲之功。鍾嶸詩評，獨非四聲，以爲襞積細微，文多拘忌，傷其眞美，斯論通達，當無間然，抑知清濁通流，口吻調利，苟無科條，正復不易。夫大匠誨人，必以規矩，神而化之，存乎其人，何得堅拒聲律之術，使人冥索，得之於偶然乎。且齊梁以下，若唐人之詩，宋人之詞，元明人之曲，旁及律賦四六，孰不依循聲律，構成新制，徒以迂見之流，不瞭文章貴乎新變，笑八病爲妄作，擯齊梁而不談，豈知沈約之前，聲律方興而莫阻，沈約之後，觝理剖析而彌精哉。文學通變不窮，聲律實其關鍵，世人由之而不自覺，其識又非鍾記室之比矣。彥和於情采鎔裁之後，首論聲律，蓋以聲律爲文學要質，又爲當時新趨勢，彥和固敎人以乘機無怯者，自必暢論其理。而或者謂彥和生於齊世，適當王沈之時，又文心初成，將欲取定沈約，不得不枉道從人，以期見譽，觀南史舍人傳，言約既取讀，大重之，謂深得文理，知隱侯所賞，獨在此一篇矣。又謂南史鍾嶸傳云『嶸嘗求譽於約，約拒之。及約卒，嶸品古今詩爲評，言其優劣云云，蓋追宿憾，以此報之也。』南史喜雜採小說家言，恐不足據以疑二賢也。斯誠精當之論。

二　聲律論(4)

▲聲律論影響於文學者▼

(四)聲律論影響於文學者

永明聲律之論既出，與當日之唯美思潮適相結合，曾不旋踵，而天下風靡，三唐律詩，自此而開，駢文聲調，自此而美，其氾濩文苑，衣被詞人，非一世也。梁書庾肩吾傳云：

> 齊永明中，文士王融謝朓沈約文章始用四聲，以爲新變，至是轉拘聲韻，彌尚麗靡，復踰於往時。

劉師培中古文學史亦云：

> 音律由疎而密，實本自然，非由强致。試卽南朝之文審之，四六之體，粗備於范曄謝莊，成於王融謝朓。而王謝詩亦復漸開律體，影響所及，迄於隋唐，文則悉成四六，詩則別爲近體，不可謂非聲律論開其先也。又四六之體既成，則屬對日工，篇幅益趨於恢廣，此亦必然之理。試以齊梁之文上較晉宋，陳隋之文上較齊梁，其異同之迹，固可比較而知也。（宋齊梁陳文學概略）

是知當日唯美文學趨於全盛，聲律說之昌明，實具有決定性之因素焉。玆分別論述之：

(1)聲律論影響於律詩者　用韻爲創作詩歌之首要條件，此天下之公論也。自擊壤歌、南風歌、三百篇以至荷馬（Homeros）之伊里亞德（Iliad）、奧狄賽（Odyssey），印度之馬哈巴拉泰（Mahabharata）、拉馬耶那（Ramayana），及但丁（Dante）之神曲（La Divina Commedia）等均有音韻以絡之，蓋聲調鏗鏘之作，可以調利口吻，較能感人，亦較易流行。惟齊梁以前，無有標準韻書，作者惟有暗中摸索，至於合韻與否，則非所計也。逮沈約諸子聲律論一出，始令人了然於所以然之故。王應麟困學紀聞云：

> 世稱倉頡造字，孫炎作音，沈約作韻，爲椎輪之始。

誠非過譽也。自是載筆之倫，翕然景從，奉行唯謹，歌行雜體遂一變而為新體矣。

永明中，沈約文辭精拔，盛解音律，遂撰四聲譜。時王融劉繪范雲之徒，慕而扇之，由是遠近文學，轉相祖述，而聲韻之道大行。（封演聞見記）

風雅頌既亡，一變而為離騷，再變而為西漢五言，三變而為歌行雜體，四變而為沈宋律詩。（嚴羽滄浪詩話詩體）

沈約既以聲律為天下倡，己之所作，率能劍履相及，非空言湜說者比，觀其詠青苔、早發定山諸什可知也。嗣後王筠、庾信、何遜、陰鏗諸子，無不競尚新體，開後來律詩之端。

筠嘗為詩呈沈約，即報書云：『覽所示詩，實為麗則，聲和被紙，光影盈字。夔牙接響，顧有餘慚，孔翠羣翔，豈不多愧。古情拙目，每佇新奇，爛然總至，權輿已盡。會昌昭發，蘭揮玉振，克諧之義，寧比笙簧。思力所該，一至乎此，歎服吟研，周流忘念。』筠為文能壓強韻，每公宴並作，辭必妍美。約常從容啓高祖曰：『晚來名家，唯見王筠獨步。』（梁書王筠傳）

漢建安後，迄江左，詩律屢變，至沈約庾信以音韻相婉附，屬對精密，及宋之問沈佺期又加靡麗，回忌聲病，約句準篇，如錦繡成文，學者宗之，號曰沈宋。（新唐書宋之問傳）

五言詩，六朝陰鏗何遜庾信已開其體，但至沈佺期宋之問始可稱律。（王世貞藝苑卮言）

唐祚初啓，上官儀又高唱『對偶說』，於聲病外，復增一規律，而收相輔相成之效。至沈佺期宋之問輩更力求研練精切，聲勢穩順，遂定五七言八句之程式，號為律詩。而絕詩五七言四句之程式亦隨以定焉。

律詩起於初唐，而實胚胎於齊梁之世，南史陸厥傳所謂五字之中，音韻悉異，兩句之內，角徵不同者，此聲病之所自，亦卽律之所本。王東溆柳南隨筆要而言之，古詩之變爲近體，實萌芽於漢末，茁壯於晉宋，挺秀於齊梁，收實於唐初。其發育成長過程，固因乎自然，而供給其營養者，則音韻學之昌明也。

⑵聲律論影響於駢文者　我國文字之特色爲孤立與單音，衍爲詞彙，又多用雙數，求其比並，要非甚難，故以駢行文，易臻工巧。以美學觀點，合於平衡（balance）與勻稱（symmetry）之原則。以哲學觀點，偏於二元性（duality），影響文理，亦非淺鮮。文心雕龍麗辭篇云：

造化賦形，支體必雙，神理爲用，事不孤立。夫心生文辭，運裁百慮，高下相須，自然成對。唐虞之世，辭未極文，而皐陶贊云：『罪疑惟輕，功疑惟重。』益陳謨云：『滿招損，謙受益。』豈營麗辭，率然對爾。易之文繫，聖人之妙思也，序乾四德，則句句相銜，龍虎類感，則字字相儷，乾坤易簡，則宛轉相承，日月往來，則隔行懸合。雖句字或殊，而偶意一也。

言對偶之起，純出自然，非由人力。東漢以降，質文代變，詞藝日興，內容而外，兼及形式之美，才士屬文，漸趨整飭，蓋亦隨順自然而形成者，初非刻意爲之也。逮永明聲病之說起，捶句必偶，選音必諧，文格日趨嚴密，遂變自然爲人工矣。肇其端者，亦爲沈約。梁書劉杳傳云：

沈約郊居宅時新構閣齋，杳爲贊二首，並以所撰文章呈約，約卽命工書人題其贊于壁。仍報杳書曰：『生平愛嗜，不在人中，林壑之歡，多與事奪。日暮塗殫，此心往矣，猶復少存閑遠，徵懷淸曠。結宇東郊，匪云止息，政復頗寄夙心，時得休偃。仲長遊居之地，休璉所述之美，望慕空深，何可髣髴。

君愛素情多，惠以二贇。辭采姸富，事義畢舉，句韻之間，光影相照，便覺此地，自然十倍。故知麗辭之益，其事弘多，輒當置之閣上，坐臥嗟覽。別卷諸篇，並爲名製。又山寺既爲警策，諸賢從時復高奇，解頤愈疾，義兼乎此。遲比敍會，更共申析。』其爲約所賞如此。

所謂『句韻之間，光影相照』，『麗辭之益，其事弘多』云云，皆推崇其音節屬對之美也。風氣所播，操觚之士乃競用四聲，以爲新變，唯美文學之浪潮遂洶湧澎湃，莫之能禦矣。蕭綱與湘東王書論之曰：

比見京師文體，懦鈍殊常，競學浮疎，爭事闡緩，既殊比興，正背風騷。又時有効謝康樂裴鴻臚文者，亦頗有惑焉。何者，謝客吐言天拔，出於自然，時有不拘，是其糟粕。裴氏乃是良史之才，了無篇什之美。是爲學謝則不屆其精華，但得其冗長，師裴則蔑絕其所長，唯得其所短。謝故巧不可階，裴亦質不宜慕。故胸馳臆斷之侶，好名忘實之類，決羽謝生，豈三千之可及，伏膺裴氏，懼兩唐之不傳。故玉徽金銑，反爲拙目所嗤，巴人下俚，更合郢中之聽。陽春高而不和，妙聲絕而不尋。竟不精討錙銖，覈量文質，有異巧心，終愧姸手。是以握瑜懷玉之士，瞻鄭邦而知退，章甫翠履之人，望閩鄉而歎息。詩既若此，筆又如之。徒以煙墨不言，受其驅染，紙札無情，任其搖襞。甚矣哉，文章橫流，一至於此。至如近世謝朓沈約之詩，任昉陸倕之筆，斯文章之冠冕，述作之楷模。張士簡之賦，周升逸之辯，亦成佳手，難可復遇。

『闡緩』云者，指音韻之煩沓而言，謝客詩章，輒蹈此弊。蕭子顯亦以爲言：

今之文章，作者雖衆，總而爲論，略有三體。一則啓心閑繹，託辭華曠，雖存巧綺，終致迂回。宜登公宴，本非准的。而疎慢闡緩，膏肓之病，典正可採，酷不入情。此體之源，出靈運而成也。（南齊書文學傳論）

蓋謝客喜用雙聲疊韻入詩，雙疊字多，則一音拗口，以至展轉不斷，故二蕭以『闡緩』『冗長』『疏慢』誚之。謝客爲一代文宗，效其體者踵相接，流弊所及，不可勝書矣。

詩篇如此，文章亦然，故沈氏聲律說，有針對闡緩之病爲言者。

若以文章之音韻，同弦管之聲曲，則美惡妍蚩，不得頓相乖反。譬由子野操曲，安得忽有闡緩失調之聲，以洛神比陳思他賦，有似異手之作。故知天機啓，則律呂自調，六情滯，則音律頓舛也。（南齊書陸厥傳）

謝派詩文闡緩之累，既爲識者所共喻，永明諸子亟思有以救之，所倡聲律之論，正以新格革除舊弊，用心良苦，殊可概見。（參近人逯欽立四聲考之說〇見學原三卷一期）

既而徐陵庾信復極力推揚聲律之波，競以『馬蹄韻』行文，且以四六句平仄相間作對，世因稱之爲徐庾體。駢文至此，如百尺竿頭，又進一步。（詳見拙著中國駢文發展史六章五節）孫梅四六叢話總論云：

六朝以來，風格相承，妍華務益，其間刻鏤之精，昔疏而今密，聲韻之功，舊澀而新諧，非不共欣於斧藻之工，而亦微傷於酒醴之薄矣。

阮元四六叢話後敘亦云：

彥昇休文，肇開聲韻，輕重之和，擬諸金石，短長之節，雜以咸韶，蓋時會使然，故元音盡泄也。

格律既嚴，拘忌又多，文章風味自不若前此之濃郁，然此乃淺才庸音始不免斯累耳，固不可一例觀也。逮初唐四傑踵興，上承徐庾衣鉢，研練益精，聲調益暢，四六之體，至此乃完全定型。近人孫德謙氏嘗論駢文之音律，語極精闢，其言曰：

近人以平仄不諧、對切不工爲古，余謂不然。何則，既是駢文，字句之間，當使銖兩悉稱。北魏孝文帝與太子論彭城王詔：『清規懋賞，與白雲俱潔，厭榮舍紱，以松竹爲心。』沈烱經通天臺奏漢武帝表：『甲帳珠簾，一朝零落，茂陵玉盌，遂出人間。』梁簡文帝與劉孝綽書：『曉河未落，拂桂棹而先征，夕鳥歸林，縣孤颿而未息。』白雲之與松竹，甲帳珠簾之與茂陵玉盌，曉河未落之與夕鳥歸林，桂棹之與孤颿，若講屬對，皆未愜當。然江文通建平王聘隱逸教：『周惠之富，猶有漁潭之士，漢教之隆，亦見棲山之夫。』謝朓辭隨王子隆牋：『潢汚之水，願朝宗而每竭，駑蹇之乘，希沃若而中疲。』姑舉此兩篇，並不諧協，此足徵古人爲文，本不拘拘於音律也。乃後人明知有韻書，而故使之平仄不調，則失之易矣。六朝麗指

所舉六朝文中音節不盡諧協之處，至初唐已不復存在矣。

又世多以駢體爲無韻之文，以其不必押韻也。惟清儒阮元獨持異議，力主駢體乃有韻之文，其說具見於文韻說中。玆節錄之，以備考鏡。

福問曰：『文心雕龍云：今之常言，有文有筆，以爲無韻者筆也，有韻者文也。據此，則梁時恆言有韻者乃可謂之文，而昭明文選所選之文，不押脚韻者甚多，何也。』

曰：『梁時恆言所謂韻者，固指押脚韻，亦兼謂章句中之音韻，即古人所言之宮羽，今人所言之平仄

也。』

福曰：『唐人四六之平仄，似非所論於梁以前。』

曰：『此不然，八代不押韻之文，其中奇偶相生，頓挫抑揚，詠歎聲情，皆有合乎音韻宮羽者。詩騷而後，莫不皆然。而沈約矜爲剏獲，故於謝靈運傳論曰：夫五色相宣，八音協暢，……休文此說，實指各文章句之內，有音韻宮羽而言，非謂句末之押脚韻也。是以聲韻流變而成四六，亦祗論章句中之平仄，不復有押脚韻也。四六乃有韻文之極致，不得謂之爲無韻之文也。昭明所選不押脚韻之文，本皆奇偶相生，有聲音者，所謂韻也。休文所矜爲剏獲者，謂漢魏之音韻，乃暗合於無心。休文之音韻，乃多出於意匠也。豈知漢魏以來之音韻，溯其本源，亦久出於經哉。

阮氏此說，雖曰自我作古，極富創意。然玩繹所言，猶有未盡愜者。按世界各國之文學，依其體式，祗能畫爲散文（prose）與韻文（verse）兩大類，惟有中國文學，除此二者之外，別有一特種文藝焉，則駢文是已。斯文也，既非純粹之散文，亦非純粹之韻文。蓋謂之爲散文，則彼既著重聲調之諧婉鏗鏘，同時亦考究字句之整齊勻稱，非若散文之字句參差，聲調錯落也。謂之爲韻文，則彼祇著重句中平仄之相間，而不必押句末之脚韻，非若韻文之通體用韻也。由是觀之，斯文實爲一非散非韻亦散亦韻之特殊文體，乃舉世所未有，中邦所僅見者。日人兒島獻吉郎曰：

四六文既非純粹之散文，又非完全之韻文，乃似文非文，似詩非詩，介於韻文散文之間，有不離不卽之關係者，故稱之爲律語或駢文。中國文學概論斯言諒矣。由是以談，韻文宜有廣狹二義：

一、凡一切文學之有聲音關係者，皆得與於韻文之列，是謂廣義。騈文固須妃青儷白，切響叶音，始爲盡妙，有句末之韻，亦有句中之韻，蓋句中務協宮商，是亦有韻，故騈文亦得謂之韻文。

二、古之用韻者，約分六項：一曰賦頌，二曰哀誄祭文，三曰箴銘，四曰占繇，五曰古今體詩，六曰詞曲，之數體者，皆須押句末之脚韻，是謂狹義。（韻文之在西洋文學中不過詩歌而已）而句末不必押韻之騈文，則非其倫也。（詳見拙著中國騈文發展史一章二節）

故騈文宜稱之爲『廣義之韻文』，而深受永明聲律說之影響者也。

綜括以上所論述，永明諸賢創聲律說貢獻於中國文學者至大，不但確立美化語文之標準，開拓文藝作品之領域，抑且語文運用之效果日益擴大，詞藝創作之技巧日益靈活。尤其四六文、近體詩、聯語、詞、曲五種富有音樂性的文體，皆由此而產生，曾在中國文學史上發射萬丈光芒，信足以照耀世界文壇，而與外域文學競一日之長也。

第四節　永明時代㈢

一　沈約之文章三易論

沈約除與王融謝朓周顒等共同提倡聲律說外，復有文章三易論、詩歌起源論、歷代作家與作品略評等，亦皆其文學理論之精要者，今分論之。

㈠文章三易論

六朝人對文學創作上遣詞用事之主張，大致區爲二派：主艱深者爲一派，葛洪顏延之屬之。主平易者爲一派，沈約劉勰鍾嶸屬之。顏氏家訓文章篇云：

沈隱侯曰：『文章當從三易：易見事一也，易識字二也，易讀誦三也。』邢子才常曰：『沈侯文章，用事不使人覺，若胸臆語也。』深以此服之。祖孝徵亦嘗謂吾曰：『沈詩云：「崖傾護石髓」，此豈似用事耶。』

邢子才魏收俱有重名，時俗準的，以爲師匠。邢賞服沈約而輕任昉，魏愛慕任昉而毀沈約，每於談讌，辭色以之，鄴下紛紜，各有朋黨。祖孝徵嘗謂吾曰：『任沈之是非，乃邢魏之優劣也。』

此卽沈氏文章三易之論，所以闡發孔子『辭達』之旨者。蓋齊梁時代，詞藝大昌，好爲奇字、喜用僻典之文人，所在多是，沈氏此說，足爲當頭棒喝矣。

所謂『易見事』者，卽邢邵所言『用事不使人覺，若胸臆語也』。意謂用典宜戒生僻，要如禪家語『著鹽水中，無跡有味』，斯爲得之，乃詞章家秘要也。梁書王筠傳云：

沈約於郊居宅造閣齋，筠爲草木十詠，書之於壁，皆直寫文詞，不加篇題。約謂人云：『此詩指物呈形，無假題署。』

此正可作『易見事』之注脚。按梁書沈氏本傳稱其『好墳籍，聚書至二萬卷，京師莫比』，可見其庋藏之富。又稱其『博物洽聞，當世取則』，可證其涉獵之廣。腹笥既充，行文故能事詞如一，莫見安排鬭湊之跡，以視彼徒事餖飣獺祭、矜炫浩博者，自不可同日而語。吾師成楚望先生嘗撰文推闡沈氏之說曰：

三易之中，即以事之易見列爲首要。因文章貴在達意，儻因徵引故實，而使讀者莫明底蘊，如墮五里霧中，豈不失掉撰述的意義。段成式在酉陽雜俎中謂：『燕公（張說）讀王勃益州夫子廟碑，自帝車至太甲四句（按原文爲『帝車南指，遁七曜於中階，華蓋西臨，藏五雲於太甲。』），悉不解，訪之一公。一公言，北斗建午，七曜在南方，有是之祥，無位聖人當出。華蓋以下，卒不可悉。』用事如此冷僻，連博雅如張燕公都不甚了了，試問更從何處覓取『解人』。所以生僻和冷僻的典故，都不可用。（中國文學裏的用典問題○見東方雜誌復刊一卷十一期）

誠精當不易之論，彼專以『衲被』（見西青客話）爲高者，當知所取戒矣。

所謂『易識字』者，言不可用艱深詭異之字入文也。緣文人好奇，或擬典謨以矜雅，或用古字以立異，令人難以卒讀，此實不可爲訓。文心雕龍練字篇云：

自晉來用字，率從簡易，時並習易，人誰取難。今一字詭異，則羣句震驚，三人弗識，則將成字妖矣。後世所同曉者，雖難斯易，時所共廢，雖易斯難，趣舍之間，不可不察。

又云：

詭異者，字體瓌怪者也。曹攄詩稱：『豈不願斯遊，褊心惡㕦呶。』兩字詭異，大疵美篇，況乃過此，其可觀乎。

劉氏極反對以怪字爲文，從是可見。宋樊宗師行文恢詭譎怪，不可句讀，歐陽修乃作詩評之云：

異哉樊子怪可吁，心欲獨去無古初，窮荒探幽入有無，一語詰曲百盤紆，孰云己出不剽襲，句斷欲學盤庚書。（六一詩話）

又宋祁嘗與歐公並修唐史，往往以僻字更易舊文，歐公病之而不敢言，乃書『宵寐匪禎，札闥洪庥』八字以戲之。宋不知其戲己，因問此二語出何書，當作何解。歐言此卽公撰唐書法也。『宵寐匪禎』者，謂『夜夢不祥』也，『札闥洪庥』者，謂『闔宅安吉』也。宋不覺大笑。（事見藝文類聚）是故陸游有曰：

古人讀書多，故作文字偶用一二古字，初不以爲工，亦自不知孰爲古孰爲今也。近時乃或抄掇史漢中字入文辭中，自謂工妙，不知有笑之者。偶見此書，爲之太息，書以爲後生戒。（跋前漢通用古字韻）

馮具區亦曰：

文有眞奇，有僞奇，凡根極理要，開人不敢開之口，本立而千條挺秀，氣實而萬派生光，此眞奇也。若無理無意，徒掇拾生字怪語，以炫人耳目者，此僞奇也。

凡此皆通人之論，足與沈說相證。

所謂『易讀誦』者，言作品須講究聲律，使讀者聞者皆有音節之美之感受。此蓋與其所倡聲律說作桴鼓之應者，均爲其文學理論之珍祕，不可漠然視之。蓋在齊梁文壇中，沈詩任筆，固稱雙璧，然而任昉之作，終嫌質重，略無奇致。而沈氏詩文，清新諧暢，讀之琅琅上口，是卽得之於聲律學之助者。北齊邢邵所以瓣香沈約而薄視任昉，其故亦可推而知之矣。

㈡詩歌起源論

中外文學家論詩歌之起源者多矣，言人人殊，迄無定論。今僅擷六朝文士之理論，著之於篇，自餘各朝及東西洋學者之理論，則姑從略。

六朝人論詩歌起源者亦多，要而歸之，不外左列三說：

一、唯心說　持此說者以沈約為代表，言詩歌起源乃緣於人類情感之勃發。其宋書謝靈運傳論云：

民稟天地之靈，含五常之德，剛柔迭用，喜慍分情。夫志動於中，則歌詠外發。六義所因，四始攸繫，升降謳謠，紛披風什。雖虞夏以前，遺文不覩，稟氣懷靈，理無或異。然則歌詠所興，宜自生民始也。

沈氏斷定『歌詠所興，宜自生民始』，甚有見地，不僅詩歌如此，一切文學亦是如此，甚至其他各國文學亦莫不如此。沈氏之論，義本卜序，惟摛辭略異耳。

詩者，志之所之也，在心為志，發言為詩。情動於中而形於言，言之不足，故嗟歎之，嗟歎之不足，故永歌之，永歌之不足，不知手之舞之，足之蹈之也。（卜商詩經關雎序）

此言詩歌出於情志，內心有勃勃欲發之情志，便不期然表現為詩歌舞蹈，詩歌之聲調為音樂，詩歌之詞句則為文學。由此可證上古時代詩歌、音樂、舞蹈三者分流而同源，異轍而同歸。

二、唯物說　持此說者以鍾嶸為代表，言詩歌起源乃緣於事物之感召。其詩品序云：

氣之動物，物之感人，故搖蕩性情，形諸舞詠。照燭三才，煇麗萬有，靈祇待之以致饗，幽微藉之以昭告，動天地，感鬼神，莫近于詩。

言『搖蕩性情，形諸舞詠』須要等待『氣之動物，物之感人』。可見感人之氣物乃舞詠之原動力。故又云：

若乃春風春鳥，秋月秋蟬，夏雲暑雨，冬月祁寒，斯四候之感諸詩者也。嘉會寄詩以親，離羣託詩以怨。至于楚臣去境，漢妾辭宮，或骨橫朔野，或魂逐飛蓬。或負戈外戍，殺氣雄邊，塞客衣單，孀閨淚盡。或士有解佩出朝，一去忘返，女有揚蛾入寵，再盼傾國。凡斯種種，感蕩心靈，非陳詩何以展其義，非長歌何以騁其情。

摹景之詩歌隨四序變遷而不同，言情之詩歌隨心靈感蕩而殊致。無論其爲摹景言情，殆均深受外在事物之激刺。

三、心物二元說　持此說者以劉勰爲代表，言詩歌起源乃緣於內心之感發與外物之激蕩。其文心雕龍神思篇云：

陶鈞文思，貴在虛靜，疏瀹五藏，澡雪精神。積學以儲寶，酌理以富才，研閱以窮照，馴致以繹辭。

文思之陶鑄在於『疏瀹五藏，澡雪精神』，五藏精神皆可歸於主觀之心，故劉氏之意似謂詩歌產生於內心之感發。惟神思篇又云：

夫神思方運，萬塗競明，規矩虛位，刻鏤無形。登山則情滿於山，觀海則意溢於海，我才之多少，將與風雲而並驅矣。

物色篇亦云：

春秋代序，陰陽慘舒，物色之動，心亦搖焉。蓋陽氣萌而元駒步，陰律凝而丹鳥羞，微蟲猶或入感，四時之動物深矣。若夫珪璋挺其惠心，英華秀其淸氣，物色相召，人誰獲安。是以獻歲發春，悅豫之情暢，滔滔孟夏，鬱陶之心凝。天高氣淸，陰沈之志遠，霰雪無垠，矜肅之慮深。歲有其物，物有其容，情以物遷，辭以情發。一葉且或迎意，蟲聲有足引心，況淸風與明月同夜，白日與春林共朝哉。

似又謂詩歌產生於外物之激蕩。合而觀之，知劉氏乃主張心物二元說者。（據近人羅根澤氏之說〇見眞理雜誌一卷二期中國文學起源的新探索）

以上三說，均能持之有故，言之成理。西哲言詩歌起源者，亦不能自外於此。其優劣是非，有待後人之批判。鄙意以爲卜商與沈約之說較爲具體而明白。蓋人類所以異於他動物者，以其有七情也，有情斯有感，有感於中，必發於外，以求心理之平衡。情發於外，則端賴詩歌，堯時有擊壤歌，舜時有南風歌，皆緣是而作者。

日出而作，日入而息，鑿井而飲，耕田而食，帝力於我何有哉。（帝王世紀）

南風之薰兮，可以解吾民之慍兮，南風之時兮，可以阜吾民之財兮。（孔子家語）

詩歌既興，音樂舞蹈遂同時隨之以生，以三者同出一源也。尙書舜典云：

詩言志，歌永言，聲依永，律和聲，八音克諧，無相奪倫，神人以和。

禮記樂記云：

詩，言其志也，歌，詠其聲也，舞，動其容也。三者本於心，然後樂器從之。

西哲麥肯基（A．S．Mackenzie）氏亦云：

感情之爲物，是旋律性的（rhythmic）。在某種狀態中，爲自己增長快感，減少苦痛，常用種種衝動之肉體運動或呼聲，以表白之。此種種衝動之運動或呼聲，乃爲喚起身體及聲音自發動作之準備，故其爲旋律（rhythm）支配時，舞蹈與音樂之基礎，卽於以成立。是可知樂舞之起源，實由於詩歌之發生，而詩歌之發生，又與生民以並興也。

㈢歷代作家與作品略評

沈氏既一再强調文學須重聲律，對列朝作家與作品遂往往以聲律作評衡之標準，雖未必全愜，而在中國文學批評史上未始非獨創一格也。其評屈原宋玉賈誼司馬相如之作爲：

英辭潤金石，高義薄雲天。（宋書謝靈運傳論○下同不另注）

評王褒劉向揚雄班固崔駰蔡邕之作爲：

異軌同奔，遞相師祖。雖淸辭麗曲，時發乎篇，而蕪音累氣，固亦多矣。

評張衡之作爲：

平子艷發，文以情變，絕唱高蹤，久無嗣響。

評建安文學爲：

以情緯文，以文被質。

評潘岳陸機之作爲：

律異班賈，體變曹王，縟旨星稠，繁文綺合。綴平臺之逸響，採南皮之高韻，遺風餘烈，事極江右。

評東晉文學爲：

有晉中興，玄風獨振，爲學窮於柱下，博物止乎七篇，馳騁文辭，義殫乎此。自建武暨乎義熙，歷載將百，雖綴響聯辭，波屬雲委，莫不寄言上德，託意玄珠，遒麗之辭，無聞焉爾。仲文始革孫許之風，叔源大變太元之氣。

評謝靈運顏延之之作爲：

靈運之興會標舉，延年之體裁明密，並方軌前秀，垂範後昆。

評曹植王粲孫楚王讚之作爲：

至於先士茂製，諷高歷賞，子建函京之作，仲宣霸岸之篇，子荊零雨之章，正長朔風之句，並直舉胸情，非傍詩史，正以音律調韻，取高前式。

又歷述漢魏文學之流變云：

自漢至魏，四百餘年，辭人才子，文體三變。相如巧爲形似之言，班固長於情理之說，子建仲宣以氣質爲體，並標能擅美，獨映當時。是以一世之士，各相慕習，原其飆流所始，莫不同祖風騷。徒以賞好異情，故意製相詭。

綜觀上評，於兩漢王劉揚班崔蔡及東晉諸子之作，頗有微辭，以其無音韻之美也。而於曹魏之曹王、西晉之潘陸孫王諸子所作，則深致欽服，以其有音韻之美也。此豈非沈氏品騭文藝好以聲律相繩之左驗乎。

總之，沈氏與永明諸君同倡聲律之論，在中國文學思想史上爲石破天驚之創學，生平位置，業已奠定於此。至其文章三易之說爲中唐元白二子所拳拳服膺，詩歌與生民並興之論又爲後代探究文學起源者視作金科玉律，則猶其餘事已。

二　張融之文體論

永明年間，才穎之士輩出，其文辭詭激，獨與衆異者，宜推張融。融字思光，吳郡吳人，宋會稽太守張暢之子，得譽甚早，累官至太子中庶子、司徒左長史卒。齊高帝奇愛之，嘗曰：『此人不可無一，不可有二。』梁書陸杲傳亦曰：『杲少好學，工書畫。舅張融有高名，杲風韻擧動，頗類於融。時稱之曰：「無對日下，唯舅與甥。」』其風止詭越，爲世所多，皆此類也。

六朝所謂文體，涵義有二：一曰文學之作風（style），如建安體、正始體、太康體、義熙體、元嘉體等皆是。一曰文學之類別（literary kinds），如詩體、賦體、頌體、贊體、銘體等皆是。參近人羅根澤氏之說○見魏晉六朝文學批評史第三章第一節曹丕以後，探討文體者，有桓範、陸機、摯虞、李充，惟多側重於文學之類別。分詳六章各節對文學之作風作較深入研究者，似以張融開其端。其門律自序云：

吾文章之體，多爲世人所驚，汝可師耳以心，不可使耳爲心師也。夫文豈有常體，但以有體爲常，政當使常有其體。丈夫當删詩書，制禮樂，何至因循寄人籬下。且中代之文，道體闕變，尺寸相資，彌縫舊物。吾之文章，體亦何異，何嘗顛溫涼而錯寒暑，綜哀樂而橫歌哭哉。政以屬辭多出，比事不羈，不阡不陌，非途非路耳。然其傳音振逸，鳴節竦韻，或當未極，亦已極其所矣。汝若復別得體者，吾

不拘也。南齊書張融傳

又戒其子云：

吾文體英絕，變而屢奇，既不能遠至漢魏，故無取嗟晉宋。同上

其所謂文體，當指文章作風而言。自言文章固無常體，己之所作，詭激多變，故爲世人所驚，而勸其子不可仿效，宜別學他體。按自建安以後，文章模擬之風漸盛，上焉者摹神，中焉者摹體，下焉者則但知漁獵而已，累世相因，識者病之。爰逮江左，追新求變之呼聲，日益高張，愛奇尚異之作品，日益風行，物極必反，過盛則衰，固其常也。文心雕龍明詩篇：

宋初文詠，體有因革，莊老告退，而山水方滋，儷采百字之偶，爭價一句之奇，情必極貌以寫物，辭必窮力而追新，此近世之所競也。

江淹雜體詩序：

夫楚謠漢風，既非一國，魏製晉造，固亦二體。譬猶藍朱成彩，雜錯之變無窮，宮角爲音，靡曼之態不極。故娥眉詎同貌，而俱動於魄，芳草寧共氣，而皆悅於魂。不其然歟。

蕭子顯南齊書文學傳論：

習玩爲理，事久則瀆，在乎文章，彌患凡舊。若無新變，不能代雄。

顏氏家訓文章篇：

今世音律諧靡，章句偶對，諱避精詳，賢於往昔多矣。

此皆南朝才士爭馳新巧之證。若有闇於時尚，欲以隻手逆挽其洪波者，鮮不爲其所淹沒。如北周蘇綽一味擬古，所作詔誥，逼肖尚書，但仍爲時人所厭棄。李延壽修北史，且惜之曰：

綽之建言，務存質朴，遂糠粃魏晉，憲章虞夏，雖屬辭有師古之美，矯枉非適時之用，故莫能常行焉。（文苑傳序）

甚至千百年後，猶爲桂馥所誚。

傳云：『自有晉之季，文章競爲浮華，遂以成俗，周文欲革其弊，因魏帝祭廟，羣臣畢至，乃命綽爲大誥，奏行之，自是之後，文筆皆依此體。』馥以爲此甚謬舉也。文至北魏，誠病浮華，欲革其弊，但可文從字順，以求辭達，若必彷彿訓誥，襲其形貌，羊質虎皮，叔敖衣冠，率天下以作僞而已，既無眞氣，何以自立。且文章遞變，本不相沿，漢魏詔誥，未嘗式羣商周，而自爲一代之體，今讀綽他文，精神煥發，及讀此誥，不欲終篇，何至踵新莽之故智，而遺笑來世乎。後之效左國，摹漢魏，戴假面登場者，又綽之罪人也。（書北史蘇綽傳後○見晚學集）

故知文章須自成家，何可因循寄人籬下，此張融之所以獨與衆異也。

第八章　魏晉南北朝之文學思想（三）

第一節　蕭梁時代㈠

南齊既往，蕭梁踵興，偏安江表，歷年二百（西元三一七年至五〇二年），北伐之願已灰，雕篆之藝彌盛，時日積久，自不免朱紫相淆，雅鄭莫別，衡鑑之風遂乘時而彌漫文壇。近人許文雨氏嘗暢論其源起曰：

曹魏以後，典午氏有天下，不久分崩。異族長驅中原，僭竊禹域。舊家世族，羞與為伍，標榜門閥，不通婚媾。終南北朝之世，成為社會特殊之梗焉。各挾一歧視之心理，互相譏評，其事雖屬於政治風俗，而影響所至，一時藝林，遂大熾品論之風。此繫乎時代者也。加以荆揚文化，新立基止，文人生息於南方之新地理，模範山水，鑱雕風雲，極情寫物，逞辭追新，或競輕綺之奇，或爭聲律之巧。篇什倍增，既有待於論定，藝術更張，亦足招其物議，發為文論，遂開前古未有之生色。此因乎地理者也。基此二因，劉勰之文心雕龍，鍾嶸之詩品，乃應運而作矣。（文論講疏導言）

蓋自曹丕首揭裁量詞藝之纛以後，繼武者蔚有其人，率能別具隻眼，獨標眞諦，惟多單篇零簡之作，鮮有鉤勒成書者，雖片羽吉光，彌足珍貴，而連貫會通，則不無闕如之憾焉。其以專書辨章文體，評衡才士，條理密察，卓然名家者，則自劉勰鍾嶸始，實我國文學批評之雙璧也。四庫提要集部詩文評類序云：

文章莫盛於兩漢，渾渾灝灝，文成法立，無格律之可拘。建安黃初，體裁漸備，故論文之說出焉，典論其首也。其勒爲一書傳於今者，則斷自劉勰鍾嶸。勰究文體之源流而評其工拙，嶸第作者之甲乙而溯厥師承，爲例各殊。至皎然詩式，備陳法律，孟棨本事詩，旁採故實，劉攽中山詩話，歐陽修六一詩話，又體兼說部，後所論者，不出此五例中矣。

論文之著雖別爲五類，然皎然以次各書，或論述簡略，或體例駁雜，衡以時代眼光，要難追劉鍾之逸步也。梁代文學評論家自劉鍾而外，尚有任昉、裴子野、蕭統、劉孝綽、蕭綱、徐陵、蕭子顯、蕭繹等，並有專著。大抵辨析文心，窮極精微，而立言可觀，殫無虛發，其沾溉文苑，裨益詞林，均非一世也。

一　劉勰文心雕龍 (1)

◀文原論・文體論▶

自建安以後，詞藝大昌，評鑑之風，蔚然稱盛，先士茂製，雖更僕亦莫能悉數。然求其綆汲千載，臯牢百家，體大思精，擘肌分理，評藝如衡，照辭若鏡，與亞里斯多德（Aristotle）之詩學（Poetics）平分古代世界文學批評之秋色者，則非劉勰之文心雕龍莫屬。（按亞氏詩學似不及劉氏文心之有系統）

勰字彥和，東莞莒人，初依沙門僧祐，積十餘年，遂博通釋典。天監中，爲南康王記室，兼東宮通事舍人，後啓求出家，改名慧地，旋卒。所著文心雕龍既成，未爲時流所稱，勰自重其文，欲取定於沈約。約時貴盛，無由自達，乃負其書，候約出，干之於車前，狀若貨鬻者。約便命取讀，大重之，謂爲深得文理，常陳諸几案云。（見梁書文學傳）由文心雕龍時序篇『皇齊馭寶，運集休明』推之，其書當成於齊代，坊間題『梁劉勰撰』者，蓋追記也。（按清儒劉毓崧考定其書成於齊和帝之世其或然歟）

劉氏創作文心雕龍之動機，具見於原書序志篇中，綜其大要，約有數端：

一、愛美心理之驅使　愛美之心，人皆有之，劉氏自不能獨外，故其述此書命名之緣起云：

夫文心者，言為文之用心也。昔涓子琴心，王孫巧心，心哉美矣夫，故用之焉。古來文章，以雕縟成體，豈取騶奭羣言雕龍也。

言己上法涓子王孫之用心，以雕縟文采，自成一體，非鄒奭之抵掌搖脣，徒騁巧說者比也。今人施友忠氏英譯文心雕龍作『The Literary Mind and the Carving of Dragons』，義卽本此。

二、思立言以傳世　昔穆叔立三不朽之訓，曹丕亦倡文章乃經國大業之說，劉氏中心慕之，乃有立言垂後之意。

夫宇宙緜邈，黎獻紛雜，拔萃出類，智術而已。歲月飄忽，性靈不居，騰聲飛實，制作而已。夫肖貌天地，稟性五才，擬耳目於日月，方聲氣乎風雷，其超出萬物，亦已靈矣。形甚草木之脆，名踰金石之堅，是以君子處世，樹德建言，豈好辯哉，不得已也。

夫生命無常，俄焉幻化，欲求不朽，舍潛心著述外，更無他道。諸子篇云：『身與時舛，志共道申，標心於萬古之上，而送懷於千載之下，金石靡矣，聲其銷乎。』又贊云：『大夫處事，懷寶挺秀，辨雕萬物，智周宇宙，立德何隱，含道必授。』蓋又隱然有守先待後、繼往開來之豪情，不甘以詞人終老矣。

三、針文苑之缺失　元嘉以降，文場變體，爭構纖微，競爲雕刻，風氣訛濫，去聖寖遠。劉氏愍焉以憂，亟思有以補偏救弊，使文學創作復歸於正，故云：

敷讚聖旨，莫若注經，而馬鄭諸儒，弘之已精，就有深解，未足立家。唯文章之用，實經典枝條，五禮資之以成，六典因之致用，君臣所以炳煥，軍國所以昭明，詳其本源，莫非經典。而去聖久遠，文體解散，辭人愛奇，言貴浮詭，飾羽尚畫，文繡鞶帨，離本彌甚，將遂訛濫。蓋周書論辭，貴乎體要，尼父陳訓，惡乎異端。辭訓之異，宜體於要。於是搦筆和墨，乃始論文。

又通變篇云：

摧而論之，則黃唐淳而質，虞夏質而辨，商周麗而雅，楚漢侈而豔，魏晉淺而綺，宋初訛而新。從質及訛，彌近彌澹，何則，競今疎古，風味氣衰也。今才穎之士，刻意學文，多略漢篇，師範宋集，雖古今備閱，然近附而遠疎矣。

定勢篇亦云：

自近代辭人，率好詭巧，原其爲體，訛勢所變，厭黷舊式，故穿鑿取新，察其訛意，似難而實無他術也，反正而已。故文反正爲乏，辭反正爲奇。效奇之法，必顚倒文句，上字而抑下，中辭而出外，回互不常，則新色耳。夫通衢夷坦，而多行捷徑者，趨近故也，正文明白，而常務反言者，適俗故也。然密會者以意新得巧，苟異者以失體成怪。舊練之才，則執正以馭奇，新學之銳，則逐奇而失正，勢流不反，則文體遂弊。秉茲情術，可無思耶。

於當時文壇弊病，專騖形式，輕忽內容，已失文章之用，深致不滿，而感覺有逆襲狂瀾之必要。

四、慨前修論文之零亂無統　自古論文者尚矣，建安而後，代不乏人，然或斷簡零縑，罕見全璧，或略彼詳此，莫觀會通，劉氏有鑒於此，於是而有彌綸羣言，脈絡一貫之作。

> 詳觀近代之論文者多矣。至如魏文述典，陳思序書，應瑒文論，陸機文賦，仲洽流別，弘範翰林，各照隅隙，鮮觀衢路。或臧否當時之才，或銓品前修之文，或汎舉雅俗之旨，或撮題篇章之意。魏典密而不周，陳書辯而無當，應論華而疏略，陸賦巧而碎亂，流別精而少功，翰林淺而寡要。又君山公幹之徒，吉甫士龍之輩，汎議文意，往往間出，並未能振葉以尋根，觀瀾而索源。不述先哲之誥，無益後生之慮。

謂前英論文『各照隅隙，鮮觀衢路』，『並未能振葉以尋根，觀瀾而索源』，如此而欲裨益後生，誠有戛戛其難之歎。劉知幾史通自序云：『詞人屬文，其體非一，譬甘辛殊味，丹素異彩，後來祖述，識昧圓通，家有詆訶，人相掎摭，故劉勰文心生焉。』蓋篤論已。

動機既明，乃可進論全書之體系。劉氏文學思想體系，亦略見於序志篇中。

> 蓋文心之作也，本乎道，師乎聖，體乎經，酌乎緯，變乎騷，文之樞紐，亦云極矣。若乃論文敘筆，則囿別區分，原始以表末，釋名以章義，選文以定篇，敷理以舉統。上篇以上，綱領明矣。至於割情析表，籠圈條貫，摛神性，圖風勢，苞會通，閱聲字，崇替於時序，褒貶於才略，怊悵於知音，耿介於程器，長懷序志，以馭羣篇。下篇以下，毛目顯矣。位理定名，彰乎大易之數，其爲文用，四十九

篇而已。

據此則全書五十篇約可析爲五大類：

一、第五十篇序志乃全書之總序。

二、第一篇原道至第五篇辨騷，凡五篇，乃文學之本原論。（即文學起源論）

三、第六篇明詩至第二十五篇書記，凡二十篇，乃文學之體裁論。（即文體論）

四、第二十六篇神思至第四十四篇總術，凡十九篇，乃文學之創作論。（即文術論）

五、第四十五篇時序至第四十九篇程器，凡五篇，乃文學之批評論。（含鑑賞論）

茲爲清晰計，再製表說明之。（見六〇八頁）

如此分類，或有乖於作者之本意，未必一一愜當，然較原書醒目，則敢於自信也。良以劉氏撰此書時，對於文學創作與文學批評之界限，未作嚴密之畫分，故各篇雙關互顧之處，時時而間出。雖然，在一千五百年前有此傑構，觥觥六合，自足題名，又豈止藝苑之鴻寶，鄧林之瓊枝已耶。

茲捃摭宏綱，覙其辜較，著之於篇，並申其評論之準的，分四端述之。

㈠文學本原論

文學之興起，蓋發於自然之天籟，小鳥鳴春，昆蟲啁秋，以至漁夫唱和，村姑行吟，無一而非文章之節奏，亦卽無一而非天然之韻律。雖然，彼固不知所謂文章，更不知所謂四聲，而其無心之宣洩，乃自然而然合於諸聲之義。是以盈天地間，蓋無往而非文章，惟須載筆之倫，綴以成篇，始稱佳構，陸游所謂『文章本

(三)劉勰文學思想體系表

文心雕龍

- (一)全書總序……序志……著述旨趣
- (二)文學本原論……原道・徵聖・宗經・正緯・辨騷……文之樞紐
- (三)文學體裁論……
  - 明詩・樂府・詮賦・頌讚・祝盟
  - 銘箴・誄碑・哀弔・雜文・諧隱
    - ……文
  - 史傳・諸子・論說・詔策・檄移
  - 封禪・章表・奏啓・議對・書記
    - ……筆
  - ……原始以表末　釋名以章義
  - 選文以定篇　敷理以舉統
- (四)文學創作論……
  - 神思・體性・風骨・通變・定勢
  - 情采・鎔裁・聲律・章句・麗辭
  - 比興・夸飾・事類・鍊字・隱秀
  - 指瑕・養氣・附會・總術
  - ……割情析采
  - 籠圈條貫
- (五)文學批評論……
  - 時序……論文學與時代潮流之關係
  - 物色……論文學與自然景物之關係
  - 才略……論文學與作家才情之關係
  - 知音……論文學與讀者鑑賞之關係
  - 程器……論文學與作家品行之關係

天成，妙手偶得之』，卽此意也。劉氏之文學本原論，殆卽緣是而發，其原道篇云：

文之爲德也大矣，與天地並生者何哉。夫玄黃色雜，方圓體分，日月疊璧，以垂麗天之象，山川煥綺，以鋪理地之形，此蓋道之文也。仰觀吐曜，俯察含章，高卑定位，故兩儀既生矣，惟人參之。性靈所鍾，是謂三才，爲五行之秀，實天地之心。心生而言立，言立而文明，自然之道也。傍及萬品，動植皆文，龍鳳以藻繪呈瑞，虎豹以炳蔚凝姿，雲霞雕色，有踰畫工之妙，草木賁華，無待錦匠之奇，夫豈外飾，蓋自然耳。至於林籟結響，調如竽瑟，泉石激韻，和若球鍠，故形立則章成矣，聲發則文生矣。夫以無識之物，鬱然有彩，有心之器，其無文歟。

又明詩篇云：

人稟七情，應物斯感，感物吟志，莫非自然。

是知劉氏確認兩間有自然之文，舉凡山川草木，鳥獸蟲魚，以至四時之遞更，陰陽之變幻，無一不涵蓋之。文學家眼光最利，觸覺最靈，感之於中，輒發之於外，千萬文章，遂從是而出。然則文之本原，實先於人矣。近儒黃季剛先生推闡其說云：

彥和之意，以爲文章本由自然生，故篇中數言自然。尋繹其旨，甚爲平易。蓋人有思心，卽有言語，既有言語，卽有文章。言語以表思心，文章以代言語。惟聖人爲能盡文之妙，所謂道者，如此而已。此與後世言文以載道者，截然不同。

詳淮南王書有原道篇。高誘注曰：『原，本也。本道根眞，包裹天地，以歷萬物，故曰原道。用以題篇。』此則道者，猶佛說之『如』。其運無乎不在。萬物之情，人倫之傳，孰非道之所寄乎。韓非子解老篇曰：『道者，萬物之所然也，萬理之所稽也。理者，成物之文也。道者，萬物之所以成也。道，公相。理，私相。故曰，道，理之者也。物有理，不可以相薄。物有理不可以相薄，故理之爲物之制。萬物各異理，萬物各異理而道盡。稽萬物之理，故不得不化。不得不化，故無常操。無常操，是以死生氣稟焉，萬智斟酌焉，萬事廢興焉。』莊子天下篇曰：『古之所謂道術者，果惡乎在，曰，無乎不在。』按莊韓之言道，猶言萬物之所由然。文章之成亦由自然，故韓子又言聖人得之以成文章。韓子之言，正彥和所祖也。文心雕龍札記原道篇

黃君以爲道家按韓非之學源出道家故史記以老莊申韓同傳提倡自然，遂謂劉氏所謂道，乃道家之道，而非儒家之道。此論甚卓，世多從之。劉永濟氏復申之曰：

舍人論文，首重自然。二字含義，貴能剖析，與近人所謂『自然主義』，未可混同。此所謂自然者，即道之異名。道無不被，大而天地山川，小而禽魚草木，精而人紀物序，粗而花落鳥啼，各有節文，不相凌雜，皆自然之文也。文家或寫人情，或模物態，或析義理，或記古今，凡具倫次，或加藻飾，閱之動情，誦之益智，亦皆自然之文也。文學封域，此爲最大。故舍人上篇擧一切文體而並論之。此亦其識度通圓，無畸輕畸重之失，與後世駢文家輕古文、散文家詆駢體者異矣。文心雕龍校釋原道篇

言劉氏論文，首崇自然，自然者，即道之異名，道無不被，而道之所被，即皆自然之文。似較黃君又進一步。準此而論，則盈天地間，莫非文學，李白所云『大塊假我以文章』者，正謂此也。易言之，自然之文本

在天壤，人人皆可得而採擷之，故劉勰之所謂道，似非道家之道，亦非佛家之道，更非儒家之道，尤非西哲左拉（Zola）福羅貝爾（Flaubert）莫泊桑（Guy de Maupassant）龔枯爾（Goncourt）諸子所主張之自然主義（Naturalism），而是自己所首創之文章之道，亦卽語言學之原理。蓋人類必先有語言，而後有文字，有文字而後有文章，此文明進化之公式，人盡知之。凡人心有所感，必以語言表達之，語言表達之不足，則以文章表達之。自心動以至文成，冥冥中隱然有一貫串其間之道理在，此一道理卽來自自然。劉氏之文學本原理論，其精義胥具於此。（參今人王夢鷗氏之說）

(二)文學體裁論

六朝人愛美之情特著（詳見本編三章五節），影響於文學者最爲深鉅，其顯而易見之事，則爲文筆之區分。自顏延之范曄斟酌前賢之說，析分詞藝爲文筆二體以後，學者多崇文而抑筆，至梁代更高唱入雲，世幾不復知有『筆』之存在，此蓋唯美思潮洶湧而至之必然現象，非人力所能逆挽者也。劉勰生當唯美文學如日方中之世，不能不受沾染，故在原則上亦反對文筆之分。

今之常言：『有文有筆』，以爲無韻者筆也，有韻者文也。夫文以足言，理兼詩書，別目兩名，自近代耳。顏延年以爲『筆之爲體，言之文也。經典，則言而非筆，傳記，則筆而非言。』請奪彼矛，還攻其楯矣。何者，易之文言，豈非言文，若筆不言文，不得云經典非筆矣。將以立論，未見其論立也。（總術篇）

揆其用意，顯然在於宗經，以爲經乃文學之本原，烏可擯之於『文』之外而謂之『筆』耶，是乃拘墟之見也。而實際上卻又論文敘筆，區爲兩類。

若乃論文敘筆，則囿別區分，原始以表末，釋名以章義，選文以定篇，敷理以舉統，上篇以上，綱領明矣。序志篇

此並非其思想上之矛盾，良以經典既尊，則由經典而演變蛻化之各種文體予以析分，不但可針砭時弊，抑且可裨益後生，似不得謂爲毫無意義也。劉師培中古文學史云：

或者曰：彥和既區文筆爲二體，何所著之書，總以文心爲名。不知當時世論，祇區分文章，然筆不該文，文可該筆，故對言則筆與文別，散言則筆亦稱文。宋齊梁陳文學概略

觀此，則文心命名之微意，隱然可見矣。茲參照郭紹虞中國文學批評史上卷四篇四章三節四目羅根澤魏晉六朝文學批評史第八章第四節之說，略加增益而表列之。見六一三頁

郭紹虞中國文學批評史評云：

劉氏分析文章體製，其大旨有三：

(1)以文筆分類。劉師培中古文學史云：『卽雕龍篇次言之，由第六迄於第十五，以明詩、樂府、詮賦、頌贊、祝盟、銘箴、誄碑、哀弔、雜文、諧隱諸篇相次，是均有韵之文也。由第十六迄於第二十五，以史傳、諸子、論說、詔策、檄移、封禪、章表、奏啓、議對、書記諸篇相次，是均無韵之筆也。此非雕龍隱區文筆二體之驗乎。』案此言亦有一部分的理由，劉勰論文固不主張文筆的分別，但其篇次卻是隱區韵散二體的。

(三四) 文心雕龍文體分類表

	文體名	所涵蓋者
文	詩	四言•五言•三六雜言•離合•回文•聯句•共韵
	樂府	三調•鼓吹•鐃歌•挽歌
	賦	古賦•辭賦•俳賦
	頌•讚	風•雅•頌•序•引•紀傳後評
	祝•盟	祝邪•罵鬼•譴•咒•誥咎•祭文•哀策•詛•誓•契
	銘•箴	
	誄•碑	碣
	哀•弔	
	雜文	對問•七發•連珠•典•誥•誓•問•覽•略•篇•章•曲•操•弄•引•吟•諷•謠•詠
	諧•隱	謎語
筆	史傳	尚書•春秋•策•紀•傳•書•表•志•略•錄
	諸子	
	論•說	議•傳•注•贊•評•序•引
	詔•策	命•誥•誓•令•制•策書•制書•詔書•戒敕•戒•教
	檄•移	戒•誓•令•辭•露布•文移•武移
	封禪	
	章•表	上書•章•奏•表•議
	奏。啓	上疏•彈事•封事
	議•對	駁議•對策•射策
	書•記	表奏•奏書•奏記•奏牋•譜•籍•簿•錄•方術•占•式•律•令•法•制•符•契•券•疏•關•刺•解•牒•籤•狀•列•辭•諺

(2)以性質別體，如頌讚、祝盟、銘箴、誄碑、哀弔、諧隱、論說、詔策、檄移、章表、奏啓、議對、書記諸篇均以其性質之相近者，合而論之。

(3)無可分者則別爲一類。如有韵之文則於對問、七發、連珠等等，舉以納入雜文一類，無韵之筆如譜、籍、簿、錄、方術、占、式等等，又舉以附於書記一類。大綱細目，羅羅清疏，關於文體之辨析，蓋已大體確定其基礎矣。

舉三事以稱之，語甚切要，劉氏區畫文體之精神所在，亦悉見於此焉。

至劉氏討論文體之原則，則具見於序志篇所揭示之四大綱領中，卽『原始以表末，釋名以章義，選文以定篇，敷理以舉統』是也。此四者，實得分類之要，雖與今之分類法相較，亦不多讓，此則劉氏之卓見也。

茲分論之：

一、原始以表末　此乃探索各種文體之起源及其流變者。今舉論說篇爲例，其述論體之起源云：

昔仲尼微言，門人追記，故仰其經目，稱爲論語，蓋羣論立名，始於茲矣。自論語已前，經無『論』字，六韜二論，後人追題乎。

述其流變則云：

莊周齊物，以論爲名，不韋春秋，六論昭列，至石渠論藝，白虎通講，聚述聖言通經，論家之正體也。

及班彪王命，嚴尤三將，敷述昭情，善入史體。魏之初霸，術兼名法，傅嘏王粲，校練名理，迄至正始，務欲守文，何晏之徒，始盛玄論，於是聃周當路，與尼父爭塗矣。詳觀蘭石之才性，仲宣之去伐，叔夜之辨聲，太初之本玄，輔嗣之兩例，平叔之二論，並師心獨見，鋒穎精密，蓋人倫之英也。至如李康運命，同論衡而過之，陸機辨亡，效過秦而不及，然亦其美矣。次及宋岱郭象，銳思於幾神之區，夷甫裴頠，交辨於有無之域，並獨步當時，流聲後代。然滯有者全繫於形用，貴無者專守於寂寥，徒銳偏解，莫詣正理，動極神源，其般若之絕境乎。逮江左羣談，惟玄是務，雖有日新，而多抽前緒矣。至如張衡譏世，韻似俳說，孔融孝廉，但談嘲戲，曹植辨道，體同書抄，言不持正，論如其已。

由於人文日進，論體之用亦日廣，內容自起變化，以濟時需，於是與論體性質相近之議、說、傳、注、贊、評、序、引等遂紛紛產生矣。劉氏較論其體云：

詳觀論體，條流多品。陳政則與議說合契，釋經則與傳注參體，辨史則與贊評齊行，銓文則與敍引共紀。故議者宜言，說者說語，傳者轉師，注者主解，贊者明意，評者平理，序者次事，引者胤辭，八名區分，一揆宗論。

劉氏論述各體，多能『振葉以尋根，觀瀾而索源』，其特點在此，其價值亦在此。惟所原之始與所表之末，間有不盡不明者。例如諸子篇，議論殆居十之九，散之爲論說，總之成諸子，於源流反不甚詳談。此其一。又如論中之八體，傳注何能强同於論評，序引烏可等視於議說。此其二。凡此瑕玷，雖無損於連城，然亦不可爲賢者諱也。故謂劉氏之文體論，陵轢往哲固可，若謂無懈可擊，則未免爲過情之譽已。

二、釋名以章義　此乃詮釋文體之名稱以彰明其涵義者。劉氏為文體立界說，往往兼言其體用。如明詩篇立詩之界說云：

大舜云：『詩言志，歌永言。』聖謨所析，義已明矣。是以在心為志，發言為詩，舒文載實，其在茲乎。詩者，持也，持人情性，三百之蔽，義歸無邪，持之為訓，有符焉爾。

『詩言志』，『發言為詩』，乃言詩之體。『三百之蔽，義歸無邪』，乃言詩之用。他多類此。然亦有名不能釋，而義不能章者，若封禪諸子雜文諸篇是，此其缺憾也。

三、選文以定篇　此乃列舉各體文之代表作家及其作品者。若能貫而串之，殆無異一部簡明的中國上古中古文學史。如評述樂府之作家及其作品云：

暨武帝崇禮，始立樂府，總趙代之音，撮齊楚之氣，延年以曼聲協律，朱馬以騷體製歌，桂華雜曲，麗而不經，赤雁羣篇，靡而非典，河間薦雅而罕御，故汲黯致譏於天馬也。至宣帝雅頌，詩效鹿鳴，邇及元成，稍廣淫樂，正音乖俗，其難也如此。暨後郊廟，惟雜雅章，辭雖典文，而律非夔曠。至於魏之三祖，氣爽才麗，宰割辭調，音靡節平。觀其北上衆引，秋風列篇，或述酣宴，或傷羈戍，志不出於淫蕩，辭不離於哀思，雖三調之正聲，實韶夏之鄭曲也。逮於晉世，則傅玄曉音，創定雅歌，以詠祖宗，張華新編，亦充庭萬，然杜夔調律，音奏舒雅，荀勗改懸，聲節哀急。故阮咸譏其離聲，後人驗其銅尺，和樂精妙，固表裏而相資矣。樂府篇可見劉氏所舉例證，皆上乘之作家與作品，至下乘之作家與作品，亦時加譏彈，不稍寬假，所以辨薰蕕、別雅鄭也。

四、敷理以舉統　此乃評論各體文之作法者。如頌讚篇論頌之作法云：

原夫頌惟典雅，辭必清鑠，敷寫似賦，而不入華侈之區，敬愼如銘，而異乎規戒之域，揄揚以發藻，汪洋以樹義，惟纖細巧致，與精而變。其大體所底，如此而已。

言頌之爲體，典贍高雅，既不可如賦之措辭華麗，亦不可如銘之義尚規戒。陸機文賦云：『頌優游以彬蔚』，可與此說相印證。

綜觀劉氏之文體論，律以時代標準，視以今日眼光，無論別文體，標界說，述流變，皆不甚適用。然在當時習慣，相沿已久，後且遞用以至清末，而未能悉改，吾人正不必以此爲求全之責。至其於作家則辨其優劣，於作品則別其姸蚩，又詳述各體文之風格與作法，皆可見其價値所在。故劉氏論文體之形式雖未離於當代，而其精神則已默契於近代所通行之科學方法矣。

二　劉勰文心雕龍(2)

▲創作論▼

(三)文學創作論

自來言文章者，輒以內情外釆爲說，蘊之於內者爲情，發之於外者爲釆，必內外兼顧，情釆交融，始足以言創作。近人范文瀾氏嘗於文心雕龍注神思篇中造表說明劉氏文藝創作之規範，爰迻錄於左：

㊂劉勰文藝創作規範表

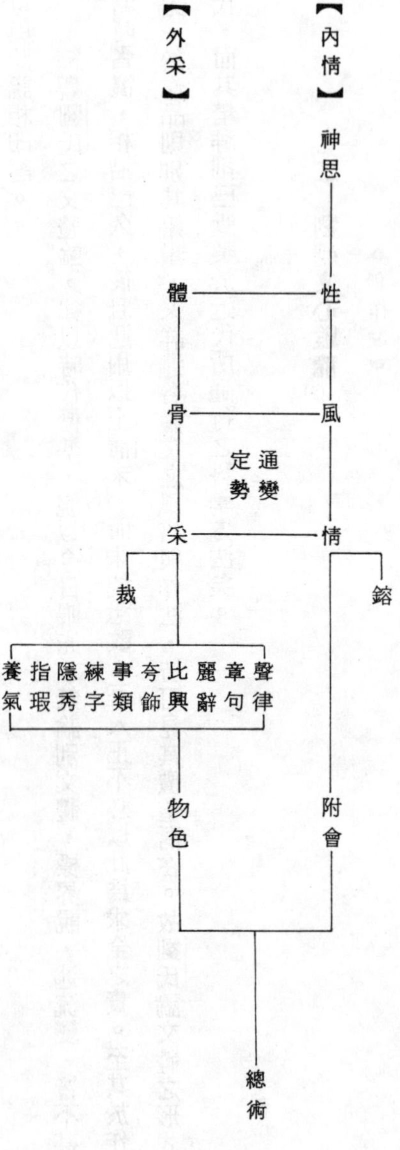

觀此，則劉氏之文藝創作理論，朗若列眉。玆分論之：

(1)文章組織　構成文章之要素有四：一曰篇，二曰章，三曰句，四曰字。劉氏均有極精闢之論述。其論謀篇之大要云：

何謂附會，謂總文理，統首尾，定與奪，合涯際，彌綸一篇，使雜而不越者也。（附會篇）

又云：

故善附者，異旨如肝膽，拙會者，同音如胡越，改章難於造篇，易字艱於代句，此已然之驗也。同上

此言爲文須統籌全篇，聯絡一致，不可枝枝節節而爲之也。謀篇之後，即須注意章句。章句篇云：

夫設情有宅，置言有位，宅情曰章，位言曰句。故章者，明也，句者，局也。局言者聯字以分疆，明情者總義以包體，區畛相異，而衢路交通矣。夫人之立言，因字而生句，積句而成章，積章而成篇。篇之彪炳，章無疵也，章之明靡，句無玷也，句之清英，字不妄也，振本而末從，知一而萬畢矣。

此言篇章之瑕瑜，繫於遣辭用字，故鍛鍊辭句，決不可省。鎔裁篇云：

句有可削，足見其疎，字不得減，乃知其密，精論要語，極略之體，游心竄句，極繁之體。謂繁與略，隨分所好。引而伸之，則兩句敷爲一章，約以貫之，則一章刪成兩句。思贍者善敷，才覈者善刪。善刪者，字去而意留，善敷者，辭殊而意顯。字刪而意闕，則短乏而非覈，辭敷而言重，則蕪穢而非贍。

所謂『善刪者，字去而意留，善敷者，辭殊而意顯』云云，乃千古行文之極致，操翰之倫無不知之。雖然，知行合一者蓋亦鮮矣。此外，劉氏主張辭句貴於明順，最忌佶屈聱牙。

若辭失其朋，則羈旅而無友，事乖其次，則飄寓而不安。是以搜句忌於顛倒，裁章貴於順序。斯固情趣之指歸，文筆之同致也。章句篇

而用字則力避詭異，此蓋上承沈約三易之說者。

一字詭異，則羣句震驚，三人弗識，則將成字妖矣。後世所同曉者，雖難斯易，時所共廢，雖易斯

難，趣舍之間，不可不察。（練字篇）

故屬文之士，於練字一道，須加工候。字既妥適，則須練采。是以綴字屬篇，必須練擇。一避詭異，二省聯邊，三權重出，四調單複。詭異者，字體瓌怪者也。曹攄詩稱：『豈不願斯遊，褊心惡訩呶。』兩字詭異，大疵美篇，況乃過此，其可觀乎。聯邊者，半字同文者也。狀貌山川，古今咸用，施於常文，則齟齬爲瑕，如不獲免，可至三接，三接之外，其字林乎。重出者，同字相犯者也。詩騷適會，而近世忌同，若兩字俱要，則寧在相犯。故善爲文者，富於萬篇，貧於一字，一字非少，相避爲難也。單複者，字形肥瘠者也。瘠字累句，則纖疏而行劣，肥字積文，則黯黕而篇闇。善酌字者，參伍單複，磊落如珠矣。（同上）

要之，謀篇、裁章、造句、用字四者，乃行文之基礎，基礎既奠，始可進而與言其他。

(2)文章修辭　齊梁爲唯美文學之全盛時代，唯美文學構成之要素有四：一曰對偶，二曰叶聲，三曰用典，四曰敷藻。（詳見本編第二章）其次則爲比興、夸飾。此六者，劉氏均一一暢加論列。叶聲與修辭無關，留待後論，今但論其他五項。

【一】對偶　我國文字之特質爲獨立與方體，故行文之時，長短取捨，極易均齊，是唯美文學之最佳催生劑也。劉氏生丁唯美思潮泛濫之時代，自不能不受影響，故於文心雕龍中特標麗辭篇，以爲操觚者標示津逮。首言宇宙現象，凡屬動植，支體必雙，無一例外，生物如此，文章又何獨不然。

造化賦形，支體必雙，神理爲用，事不孤立。夫心生文辭，運裁百慮，高下相須，自然成對。

移造化之律以例文，明麗辭之合於自然之理。即就文而論文，奇偶相生，剛柔迭用，亦出於文理之自然，非由矯飾而得也。既又說明對偶由自然而趨巧密，此乃質文代變之必然現象，不獨詞藝一端而已。

至於詩人偶章，大夫聯辭，奇偶適變，不勞經營。自揚馬張蔡，崇盛麗辭，如宋畫吳冶，刻形鏤法，麗句與深采並流，偶意共逸韻俱發。至魏晉羣才，析句彌密，聯字合趣，剖毫析釐。於是列舉麗辭四種對法，並評斷其難易優劣。為清晰計將原文製成一表

(三六)文心雕龍麗辭篇對偶種類表 據梁繩禕氏文學批評家劉彥和評傳而略加變化者

對偶名稱	詮釋	例證	作者篇名	評論 斷案	評論 理由
言對	雙比空辭	修容乎禮園 翺翔乎書圃	司馬相如 上林賦	易	偶辭胸臆
事對	並舉人驗	毛嬙鄣袂 不足程式 西施掩面 比之無色	宋玉 神女賦	難	徵人之學
反對	理殊趣合	鍾儀幽而楚奏 莊舄顯而越吟	王粲 登樓賦	優	幽顯同志
正對	事異義同	漢祖想枌榆 光武思白水	張載 七哀詩	劣	並貴共心

劉氏蓋鑒於中國文字，既係孤立，比物醜類，修短適均，協異引同，奇偶易配，故暢談對偶。惟劉氏並無大力提倡對偶之意，其特著麗辭一篇者，旨在調和奇偶之爭，務使文質相配，勿走極端而已。故云：

契機者入巧，浮假者無功。

又云：

是以言對爲美，貴在精巧，事對所先，務在允當。若兩事相配，而優劣不均，是驥在左驂，駑爲右服也。若夫事或孤立，莫與相偶，是夔之一足，趻踔而行也。若氣無奇類，文乏異采，碌碌麗辭，則昏睡耳目。必使理圓事密，聯璧其章，迭用奇偶，節以雜佩，乃其貴耳。類此而思，理自見也。

又嗤張華劉琨之詩，文意重出，爲對句之駢枝（亦稱合掌）。

張華詩稱：『遊雁比翼翔，歸鴻知接翮。』劉琨詩言：『宣尼悲獲麟，西狩泣孔丘。』若斯重出，即對句之駢枝也。

可見劉氏之於奇偶句法以至駢散文體，大抵論貴圓融，意取折衷，而不爲左右袒，故千載以下，猶爲駢散二家所崇仰。黃季剛先生闡揚劉氏之說曰：

文之有駢儷，因于自然，不以一時一人之言而遂廢。然奇偶之用，變化無方，文質之宜，所施各別。或鑒于對偶之末流，遂謂駢文爲下格，或懲于俗流之恣肆，遂謂非駢體不得名文。斯皆拘滯于一隅，非閎通之論也。惟彥和此篇所言最合中道。一曰『高下相須，自然成對』，明對偶之文依于天理，非由人力矯揉而成也。次曰『豈營麗辭，率然對爾』，明上古簡質，文不飾琱，而出語必雙，非由刻意也。三曰『句字或殊，偶意一也』，明對偶之文，但取配儷，不必比其句度，使語律齊同也。四曰『奇偶適變，不勞經營』，明用奇用偶，初無成律。應偶者不得不偶，猶應奇者不得不奇也。終曰『迭用奇偶，節以雜佩』，明綴文之士於用奇用偶勿師成心，或捨偶用奇，或專崇儷對，皆非爲文之正軌也。舍人之言明白如此，眞可以息兩家之紛難，總殊軌而齊歸者矣。（文心雕龍札記麗辭篇）

范文瀾氏又申之曰：

原麗辭之起，出於人心之能聯想，既思雲從龍，類及風從虎，此正對也。既思西伯幽而演易，類及周旦顯而制禮，此反對也。正反雖殊，其由於聯想一也。古人傳學，多憑口耳，事理同異，取類相從，記憶匪艱，諷誦易熟，此經典之文所以多用麗語也。凡欲明意，必舉事證，一證未足，再舉而成，且少既嫌孤，繁亦苦贅，二句相扶，數折其中。昔孔子傳易，特制文繫，語皆駢偶，意殆在斯。又人之發言，好趨均平，短長懸殊，不便脣舌，故求字句之齊整，非必待於耦對，而耦對之成，常足以齊整字句。魏晉以前篇章，駢句儷語，輻輳不絕者此也。綜上諸因，知耦對出於自然，不必廢，亦不能廢，但去泰去甚，勿蹈纖巧割裂之弊，斯亦已耳。凡後世奇耦之議，今古之爭，皆膠柱鼓瑟，未得爲正解也。（文心雕龍注麗辭篇）

斯皆統本執中之見，彼信口詆娸，盲目攻訐者，所宜三復。

【二】用　典　自宋顏延之爲文，喜用古事，於時化之。齊梁之際，用事尤多，都下之士慕之，轉爲穿鑿，流風所扇，筆耕之士，不復能自鑄偉辭矣。劉氏在文心中特標事類之篇，其界說云：

事類者，蓋文章之外，據事以類義，援古以證今者也。言文章之法，固不止白描一端，援引古事，以況今情，乃修辭之一法也。是以典非不可用，只看各人能不能用，用之之道，在知訣竅。

夫經典沉深，載籍浩瀚，實羣言之奧區，而才思之神皐也。揚班以下，莫不取資，任力耕耨，縱意漁獵，操刀能割，必列膏腴，是以將贍才力，務在博見，狐腋非一皮能溫，雞蹠必數千而飽矣。是以綜學在博，取事貴約，校練務精，捃理須覈，衆美輻輳，表裏發揮。劉劭趙都賦云：『公子之客，叱勁楚令歃盟，管庫隸臣，呵强秦使鼓缶。』用事如斯，可謂理得而義要矣。故用事用詞，須出之以審愼，稍一輕忽，輒滋舛誤，雖才高八斗，學富五車者，猶有千慮之失，況其下焉者乎。

凡用舊合機，不啻自其口出，引事乖謬，雖千載而爲瑕。陳思，羣才之英也，報孔璋書云：『葛天氏之樂，千人唱，萬人和，聽者因以蔑韶夏矣。』此引事之實謬也。按葛天之歌，唱和三人而已。相如上林云：『奏陶唐之舞，聽葛天之歌，千人唱，萬人和。』唱和千萬人，乃相如接人，然而濫侈葛天，推三成萬者，信賦妄書，致斯謬也。陸機園葵詩云：『庇足同一智，生理合異端。』夫葵能衞足，事譏鮑莊，葛藟庇根，辭自樂豫。若譬葛爲葵，則引事爲謬，若謂庇勝衞，則改事失眞，斯又不精之患。夫以子建明練，士衡沈密，而不免於謬，曹仁之謬高唐，又曷足以嘲哉。

【三】敷藻　自古能文之士，率多崇尚藻采，而以六朝人爲尤甚，蓋唯美文學固不能脫離藻采也。劉氏論文藝創作，嘗於此一再强調，觀情采等各篇可以知也。

聖賢書辭，總稱文章，非采而何。夫水性虛而淪漪結，木體實而花萼振，文附質也。虎豹無文，則鞹同犬羊，犀兕有皮，而色資丹漆，質待文也。若乃綜述性靈，敷寫器象，鏤心鳥跡之中，織辭魚網之上，其爲彪炳，縟采名矣。

故立文之道，其理有三：一曰形文，五色是也，二曰聲文，五音是也，三曰情文，五性是也。五色雜而成黼黻，五音比而成韶夏，五情發而爲辭章，神理之數也。孝經垂典，喪言不文，故知君子常言未嘗質也。老子疾僞，故稱『美言不信』，而五千精妙，則非棄美矣。莊周云：『辯雕萬物』，謂藻飾也。韓非云：『豔采辯說』，謂綺麗也。綺麗以豔說，藻飾以辯雕，文辭之變，於斯極矣。研味李老，則知文質附乎性情，詳覽莊韓，則見華實過乎淫侈。若擇源於涇渭之流，按轡於邪正之路，亦可以馭文采矣。（情采篇）

惟劉氏提倡文采，並非無條件的，而是有條件的。所謂有條件者，言文采須與本質等視齊觀，不可偏廢。蓋徒有其文而無其質，其文將無所依附，則不足珍矣。所謂『文附質』、『質待文』者，卽指此而言。又附會篇：

夫才量學文，宜正體製。必以情志爲神明，事義爲骨髓，辭采爲肌膚，宮商爲聲氣，然後品藻元黃，摛振金玉，獻可替否，以裁厥中，斯綴思之恆數也。

又通變篇：

斟酌乎文質之間，而隱括乎雅俗之際，可與言通變矣。

凡此皆可覘知劉氏之嶄向所在，一言以蔽之曰，文質並重而已。雖然，劉氏一再主張文質彬彬之作乃文章正統，而字裏行間既無儒家道德觀念之固執，亦無唯美論者藝術至上之偏激，平平實實，魚魚雅雅，故其折衷理論容易爲人所接受。蓋聖哲立言，既敷陳辭采，後生又烏可輕言廢棄。大抵傳世之作，必『形』『聲』『情』配合得宜，始能交織成爲完美的統一體，而膾炙人口。此則劉氏論文之卓識所在，亦其價值之所在。

【四】比興 比與興皆詩六義之一。比者，比方於物，諸言『如』者，皆比辭也。興者，託事於物，詩文舉鳥獸蟲魚草木以見意者，皆興辭也。故比興乃文章修辭之重要法門。文心有比興篇，釋二者之區別云：

比者，附也，興者，起也。附理者，切類以指事，起情者，依微以擬義。起情故興體以立，附理故比例以生，比則畜憤以斥言，興則環譬以記諷，蓋隨時之義不一，故詩人之志有二也。

是比用於事理，興用於情義，比顯而興隱。又舉例較論二者之功用云：

觀夫興之託諭，婉而成章，稱名也小，取類也大。關雎有別，故后妃方德，尸鳩貞一，故夫人象義。且何謂爲比，蓋寫物以附意，颺言以切事者也。故金錫以喻明德，珪璋以譬秀民，螟蛉以類敎誨，蜩螗以寫號呼，澣衣以擬心憂，席卷以方志固，凡斯切象，皆比義也。至如『麻衣如雪』，『兩驂如舞』，若斯之類，皆比類者也。

又慨歎興義之銷亡云：

楚襄信讒，而三閭忠烈，依詩製騷，諷兼比興。炎漢雖盛，而辭人夸毗，詩刺道喪，故興義銷亡，於是賦頌先鳴，故比體雲構，紛紜雜遝，信舊章矣。

劉氏鑒於興義淪亡，詞人競用比義，將使文章減色，文致亦不復生動，故兼重比興。實則興義未嘗淪亡，不過六朝人合比興為一而渾言之，統謂之『暗示』耳。其後唐詩宋詞元曲以至明清小說，運用益廣，直書其事者漸少，間接暗示者寖多，使讀者在不知不覺之中，收默化潛移之效。比興之用，可謂大矣。

【五】夸飾

夸飾亦文章修辭之一法，為文欲暢寫情意，張大其辭，或非理所能詮，亦無害其為美。故劉氏云：

夫形而上者謂之道，形而下者謂之器。神道難摹，精言不能追其極，形器易寫，壯辭可得喻其眞，才非短長，理自難易耳。故自天地以降，豫入聲貌，文辭所被，夸飾恆存。（夸飾篇）

並歷舉經傳辭賦以證之云：

雖詩書雅言，風格訓世，事必宜廣，文亦過焉。是以言峻，則『嵩高極天』，論狹，則『河不容舠』，說多，則『子孫千億』，稱少，則『民靡孑遺』，襄陵舉『滔天』之目，倒戈立『漂杵』之論，辭雖已甚，其義無害也。（同上）

蓋夸飾之詞，聖人不禁，或意在稱揚，義成矯飾，孟子所謂『說詩者不以文害辭，不以辭害意』者也。降及炎漢，其風彌盛，司馬上林，其著例也。揚雄之甘泉羽獵，班固之兩都，被其影響，盛飾虛詞，可謂至矣。

劉氏又評之云：

自宋玉景差，夸飾始盛，相如憑風，詭濫愈甚。故上林之館，奔星與宛虹入軒，從禽之盛，飛廉與鷦鷯俱獲。及揚雄甘泉，酌其餘波，語瓌奇，則假珍於玉樹，言峻極，則顛墜於鬼神。至東都之比目，西京之海若，驗理則理無不驗，窮飾則飾猶未窮矣。又子雲羽獵，鞭宓妃以饟屈原，張衡羽獵，困元冥於朔野。孌彼洛神，既非罔兩，惟此水師，亦非魍魅，而虛用濫形，不其疏乎。此欲夸其威而飾其事，義睽剌也。至如氣貌山海，體勢宮殿，嵯峨揭業，熠燿焜煌之狀，光采煒煒而欲然，聲貌岌岌其將動矣。莫不因夸以成狀，沿飾而得奇也。（同上）

下逮六朝，更踵事增華，變本加厲。良以唯美文學作品均帶有極濃厚的浪漫派（Romanticism）氣息，而浪漫文學之主要元素在於夸大。夸大云者，乃將具體而微之物，或深妙難測之情，擴而充之，使吾人腦海中常留一深刻之印象，此其所長也。雖然，夸飾可以增加文章之形式美（或外在美），但以恰到好處爲宜，太過則成讆說矣。故劉氏總其說云：

飾窮其要，則心聲鋒起，夸過其理，則名實兩乖，若能酌詩書之曠旨，剪揚馬之甚泰，使夸而有節，飾而不誣，亦可謂之懿也。（同上）

近儒劉師培嘗作美術與徵實之學不同論（劉申叔先生遺書）一文，於夸飾一道，闡述綦詳，多發前人未發之義，茲節錄之，以備考鏡。

古人詞章，導源小學，記事貴實，不尚虛詞，後世文人，漸乖此例，研句鍊詞，鮮明字義，所用之字，多與本義相違。如瓊爲赤玉，而詞章之士，則以白花爲瓊花，略舉一端，則知文人所用之字，名與實違，是爲用字之訛。又或假設名詞，獨標奇語，名詞而外，別以隱語爲代詞。以天淵二字喻善惡之懸殊，以萍水一言喻友朋之聚首，言得志則曰青雲，言誓詞則曰白水，略舉數端，則知文人之作，以詞害義，是爲造語之訛。又或好奇之士，顚倒其詞，以誇巧慧，如江淹賦云：『孤臣危涕，孽子墜心。』易墜涕爲危涕，卽易危心爲墜心。杜甫詩云：『香稻啄餘鸚鵡粟，碧梧棲老鳳凰枝。』又名詞互易，以逞句法之奇。律以言貴有序之例，則江杜之作均與文律相違，是爲造句之訛。又或出語不經，借物寓意，文人沿襲，以僞爲眞，如夔僅一足，堯有八眉是也，是爲用字之訛。

四者而外，文人之失猶有數端：或用事不考其源，如海客乘槎，誤爲博望，姮娥竊藥，指爲羿妻是也。或記事詞過其實，如民靡孑遺，見於雲漢，孟子斥爲害詞，血流標杵，載於武成，孟子指爲難信是也。或序事之文，以詞害義，如言兵敗則曰睢水不流，言納降則曰甲高熊耳是也。或隸事之文，考證多疏。如杜甫之詩，誤伏勝爲服虔，陸游之文，誤許渾爲許遠是也。或謂後世之文，隸事失眞，事因文晦，以斥文章爲小道。不知文言質言，自古分軌，文言之用，在于表象，表象之詞愈衆，則文病亦愈多。然盡刪表象之詞，則去文存質，而其文必不工。故有以寓言爲文者，如莊列楚辭是也，而其文最美。有寓言與事實相參者，如戰國策之文是也，而其文亦工。後世史書，事資虛飾，而觀者因以忘倦。漢魏詞賦，曲意形容，而誦者稱爲絕作。又如庾信枯樹賦以桓溫與仲文同時，此立詞之爽實者也，而後世不聞廢其詞。又唐人之詩，有所謂白髮三千丈者，有所謂白頭搔更短者，此出語之無稽者也，而後世不聞議其短。則以詞章之文，不以憑虛爲戒，此美術背於徵實之學者二也。

二端而外，若畫繪一端，有白描山水者，又有圖列鬼魅者，小說一端，有虛構事實者，亦有踵事增華者，皆美術與實學不同之證。蓋美術以靈性爲主，而實學則以考覈爲憑，若於美術之微，而必欲責其徵實，則于美術之學反去之遠矣。

第二節　蕭梁時代(二)

一　劉勰文心雕龍(3)

▲創作論▼

(3)文章內涵

【一】思　想　創作依附思想，思想領導創作，作品而無思想，必無價值可言，亦必不能傳諸久遠，故思想乃文章內涵之要素。六朝時代，由於初期之干戈相尋，其後南北分疆又長達二百七十年有奇（西元三一七年至五八九年），一般士大夫處此亂世，欲救無從，思想遂帶有濃厚的隱逸、遊仙、神怪、頹廢色彩，而文學創作亦必與之步調一致，掙脫儒家之桎梏，而競向形式主義、唯美主義、浪漫主義、與夫藝術至上主義之路邁進。思潮激盪，必有迴瀾，憂時之士，憫悼道統湮微，經典蒙塵，而文藝則日趨柔靡，終非創作正軌，於是振臂高倡崇儒宗經之論，以期糾正文壇泰甚之失。傅咸首作六經詩（見全晉詩卷二），爲引入經文之第一人，謝靈運動輒援引經義入詩，亦爲前此所未有。齊梁之際，乃有正式主張五經爲一切文學之源者，劉勰其首選也。劉氏在文心中，特列原道、徵聖、宗經三篇，其崇儒尊經思想之濃，灼然可見。然或疑其爲虔誠佛敎徒，晚年且燔髮出家，宗經絕非由衷之言，乃是應景之語云云。此乃皮相之論，不足信也。蓋儒家並非宗敎，與佛敎初無水火不容者，又何害於佛法之弘揚，況儒釋合一乃當時之風尚、之巨流乎。試觀蕭梁諸帝之儒佛兼治，著書滿家，皇侃論語義疏之以佛解經，見重士林，可以證也。（請參閱本編四章三節三目）又文心序志篇云：

予齒在踰立，嘗夜夢執丹漆之禮器，隨仲尼而南行，旦而寤，迺怡然而喜。大哉聖人之難見也，迺小子之垂夢歟。自生人以來，未有如夫子者也。

劉氏崇儒苟非出於肺腑者，當夜夢曳芒鞋攜破鉢，隨釋迦而西行，乃合情理，何以竟執禮器隨仲尼而南行耶。此又其宗經之一證也。

劉氏宗經理論，在文心上編二十五篇中，幾於無篇無之，而著力點則在原道、徵聖、宗經、正緯四篇。原道篇係推論文章之所從出，上追河洛，下逮周孔。徵聖篇則歷舉聖經賢傳所言之政事文學，以徵實立辭之貴要。宗經篇則將五經之關於文章處，詳爲闡發，並言宗經不宗經之利弊，以勗勉後學。正緯篇乃力言緯書亂經之非，先舉四緯之理由，次言利用讖緯者之紕繆，末言雖有時可助文章辭采，仍以不用爲是。前後一貫，脈絡分明，六朝言宗經者，無過於此。

吾國文學，濫觴羣經（尤其是五經），後世製作，胥由是出，此往昔治文學者之恆言也。劉氏云：

論說辭序，則易統其首。詔策章奏，則書發其源。賦頌歌讚，則詩立其本。銘誄箴祝，則禮總其端。紀傳移檄，則春秋爲根。並窮高以樹表，極遠以啓疆，所以百家騰躍，終入環中者也。（宗經篇）

稍後顏之推亦有類似意見。

夫文章者，原出五經。詔令策檄，生於書者也。序述論議，生於易者也。歌詠賦頌，生於詩者也。祭祀哀誄，生於禮者也。書奏箴銘，生於春秋者也。朝廷憲章，軍旅誓誥，敷顯仁義，發明功德，牧民建國，不可暫無。（顏氏家訓文章篇）

推二君之意，蓋以聖人爲大文豪，五經爲文體百科全書（Encyclopedia），故文必徵聖，辭必宗經。劉氏又云：

三極彝訓，其書言經。經也者，恆久之至道，不刊之鴻教也。故象天地，效鬼神，參物序，制人紀，洞性靈之奧區，極文章之骨髓者也。（宗經篇）

良以聖人作文，吐語多雙，遣辭多偶，使人易於記誦，無能增改，故能行之四極，傳諸久遠。又經典之文，類都音韻相協，藻繪成章，如治絲之經緯然，故得名之爲『經』。劉氏立意尊經，其文藝創作之根本觀念卽胎息於此。經典既爲一切文章之淵藪，後人取用，可無虞涸竭。劉氏又進而拈出體有六義之論：

文能宗經，體有六義：一則情深而不詭，二則風清而不雜，三則事信而不誕，四則義直而不回，五則體約而不蕪，六則文麗而不淫。（同上）

此蓋綜合經典文章所得之六種認識，大抵前三種爲正言，後三種爲體要，正言卽劉氏之所謂『文』，體要卽劉氏所求之『質』。文者形式，質者內容，文質相稱，形式內容兼顧，而文家之能事略盡矣。創作文藝者苟能有此六種認識，則格調自高，境界自美。（說詳王夢鷗氏劉勰宗經六義試詮○見中華學苑）

劉氏文學理論振鑠後代文壇者，莫過於宗經之說，其後一般文士遂動謂爲文必本諸五經，蓋已蔚爲風尚矣。柳宗元答韋中立論師道書：

> 故吾每爲文章，未嘗敢以輕心掉之，懼其剽而不留也。未嘗敢以怠心易之，懼其弛而不嚴也。未嘗敢以昏氣出之，懼其昧沒而雜也。未嘗敢以矜氣作之，懼其偃蹇而驕也。抑之欲其奧，揚之欲其明，疏之欲其通，廉之欲其節，激而發之欲其清，固而存之欲其重，此吾所以羽翼夫道也。本之書以求其質，本之詩以求其恆，本之禮以求其宜，本之春秋以求其斷，本之易以求其動，此吾所以取道之原也。參之穀梁氏以厲其氣，參之孟荀以暢其支，參之莊老以肆其端，參之國語以博其趣，參之離騷以致其幽，參之太史公以著其潔，此吾所以旁推交通而以爲之文也。

言己之文章出於羣經，旁及子史。章學誠文史通義詩教篇：

> 戰國之文，其源皆出於六藝，何謂也。曰，道體無所不該，六藝足以盡之。諸子之爲書，其持之有故，而言之成理者，必有得於道體之一端，而後乃能恣肆其說，以成一家之言也。所謂一端者，無非六藝之所該，故推之而皆得其所本，非謂諸子果能服六藝之教，而出辭必衷於是也。老子說本陰陽，莊列寓言假象，易教也。鄒衍侈言天地，關尹推衍五行，書教也。管商法制，義存政典，禮教也。申

韓刑名，旨歸賞罰，春秋教也。其他楊墨尹文之言，蘇張孫吳之術，辨其源委，挹其旨趣，九流之所分部，七錄之所敍論，皆於物曲人官，得其一致，而不自知爲六典之遺也。

按春秋以前，典章存於官守，私家未有版籍，及周轍既東，官守之職壞，私家著述興，於不知不覺中，已取六藝之作，而變化其體製矣。吳曾祺涵芬樓文談宗經篇：

學文之道，首先宗經，未有經學不明而能擅文章之勝者。夫文之能事，務在積理，而理之精者，莫經爲最，蓋出自聖人所刪定，其微言大義，自遠出諸子百家之上，吾人生平持論，常得此爲據依，自無偏駁不純之弊。至其文詞之美，如鐘鼎彝器，古色爛然，任後人極力摹擬，亦終不可及。漢代作者，如董仲舒司馬遷揚雄劉向班固之屬，大抵皆習於經生家言，非苟爲炳炳烺烺者比也。

言聖人精理，具在經典，學聖人之文，捨經典無由也。

【二】情感　文學者，至美之藝術也，尤以唯美文學爲然。六朝唯美文學若五言詩駢體文之屬，詞藻麗澤，有類於美術品，故西人恆以美文（belles-lettres）稱之。通常一篇美文必兼具內美（internal beauty）與外美（external beauty）二者，始足以當之。所謂內美，即內情之美，所謂外美，即外采之美。內美必藉外美而彰，外美必資內美而成，兩者不容偏廢，亦不能偏廢。譬如一紙之兩面，不可缺一，亦不能缺一。是故徒工對仗、聲調、藻采（三者俱屬外美），固不足以言美文，徒有思想、情感、想像（三者俱屬內美），亦不足以言美文。所謂美文者，內外同符，表裏相發者也。文心情采篇論此理最佳，彼所謂情，即屬於內美，彼所謂采，即屬於外美。自古言作品內外之美者，未有能踰乎此者矣。（參近人劉永濟氏之說見文學論四章二節）

> 夫鉛黛所以飾容，而盼倩生於淑姿；文采所以飾言，而辯麗本於情性。故情者文之經，辭者理之緯，經正而後緯成，理定而後辭暢，此立文之本源也。

言適度的敷施鉛黛文采，有增於盼倩辯麗之美，若用之過量，則有害於淑姿情性，欲益反損，不爲美矣。蓋盼倩之美，生於淑姿，無與於鉛黛。譬彼西施，乃一風華絕代之美人，嚴妝固佳，淡妝亦佳，粗服亂頭，不掩國色，由其氣質美也。東施無其美而效其顰，雖衣以錦繡，塗以鉛黛，飾以珠玉，亦不能減其醜陋，見之而不掩口疾走者，未之有也。是故情者性之動，文者情之飾，美的文學，必皆發自性情，未有捨性情之外別有可爲文學者。

> 夫桃李不言而成蹊，有實存也，男子樹蘭而不芳，無其情也。夫以草木之微，依情待實，況乎文章，述志爲本，言與志反，文豈足徵。

桃李不言，下自成蹊，以其有甜美之果實。男子樹蘭，秀而不芳，以其無少女之柔情。草木之微，尚且如此，況含識之倫乎。故劉氏反覆强調文章不宜專騖形式之美，宜有深情以絡之，始可與言佳作。

> 昔詩人什篇，爲情而造文，辭人賦頌，爲文而造情。何以明其然，蓋風雅之興，志思蓄憤，而吟詠情性，以諷其上，此爲情而造文也。諸子之徒，心非鬱陶，苟馳夸飾，鬻聲釣世，此爲文而造情也。故爲情者要約而寫眞，爲文者淫麗而煩濫。而後之作者，採濫忽眞，遠棄風雅，近師辭賦，故體情之製日疏，逐文之篇愈盛。故有志深軒冕，而汎詠皐壤，心纏幾務，而虛述人外。眞宰弗存，翩其反矣。

此段理論亦劉氏文學思想之精華所在，其關係文藝創作者甚大，約略言之，蓋有二事：

一、劉氏極力讚揚爲情造文之詩人篇什，而大肆抨擊爲文造情之辭人賦頌，實爲後世寫實主義（Realism）文學之先驅理論，與法國小說家巴爾札克（Honoré de Balzac）本科學精神，對於現實生活爲純客觀之精確描寫者適相契合。民國八年，五四主盟諸君所標榜『建設新鮮的立誠的寫實主義文學』之理論，實則一千五百年前劉氏即已提出矣。

二、劉氏上本陸機文賦『每自屬文，尤見其情』之緣情說，因認定惟有出之至情至性之作品始能感人，始有價值。申言之，中外古今文學作品之美者，無不以至情出之，出之以至情之文學作品，無論其爲若何體製，亦不限於一時代與一民族，均可收到感人之效果。故屈子爲離騷，賈生感其文，過汨羅，爲賦以弔之。司馬遷則曰：『余讀離騷天問招魂哀郢，悲其志，未嘗不垂涕，想見其爲人。』（史記屈原傳）揚雄亦曰：『悲其文，讀之未嘗不流涕也。』（漢書本傳）西人荷馬（Homeros）所作特洛伊（Troy）與奧德賽（Odyssey）二詩，則能感動亞歷山大（Alexander）漢尼拔（Hannibal）與凱撒（Caesar）。而溫采士特（Winchester）亦稱：『荷馬時代之學術，雖已爲陳跡，然荷馬則至今猶未老也，何則，以其訴於古今不滅之人情也。』（文學評論之原理）可知緣情文學作品爲世人所共同喜愛，固不限於時代，更不限於民族，尤不限於國界也。白居易與元九書延伸劉氏之說云：

夫文尚矣，三才各有文：天之文，三光首之，地之文，五材首之，人之文，六經首之。就六經言，詩又首之。何者，聖人感人心而天下和平。感人心者，莫先乎情，莫始乎言，莫切乎聲，莫深乎義。詩者，根情，苗言，華聲，實義。上自賢聖，下至愚騃，微及豚魚，幽及鬼神，群分而氣同，形異而情一，未有聲入而不應，情交而不感者。聖人知其然，因其言，經之以六義，緣其聲，緯之以五音。音有韵，義有類。韵協則言順，言順則聲易入。類舉則情見，情見則感易交。於是乎孕大含深，貫微洞密，上下通而二氣泰，憂樂合而百志熙。二帝三王所以直道而行，垂拱而理者，揭此以爲大柄，決此以爲大寶也。白氏長慶集二十八

白氏由理論之分析，推論毛詩爲六典之首，甚具法眼，蓋三百篇皆至情之作也。王國維人間詞話云：

詞人者，不失其赤子之心者也。故生於深宮之中，長於婦人之手，是後主爲人君所短處，亦卽爲詞人所長處。客觀之詩人不可不多閱世，閱世愈深，則材料愈豐富，愈變化，水滸傳紅樓夢之作者是也。主觀之詩人不必多閱世，閱世愈淺則性情愈眞，李後主是也。尼采謂一切文學余愛以血書者。後主之詞眞所謂以血書者也。宋道君皇帝燕山亭詞亦略似之。然道君不過自道身世之戚，後主則儼有釋迦基督擔荷人類罪惡之意，其大小固不同矣。

言李後主詞所以獨高衆類者，以字字均以血淚書之也。黃季剛先生文心雕龍札記情采篇云：

夫志深軒冕，而汎詠皐壤，心纏幾務，而虛述人外，此之諼詐，誠可笑嗤。還視後賢，豈無其比。博弈飲酒而高言性道，服食鍊藥而呵罵浮屠，乞丐權門而誇張介操，不窺章句而傅會六經，從政無聞而空言經濟，行才中人而力肩道統。此雖其文過於顏謝庾徐百倍，猶謂之采浮華而棄忠信也，焉得謂文勝之世，士有夸言，質勝之時，人皆篤論哉。蓋聞修辭立誠，大易之明訓，無文不遠，古志之嘉謨。稱情立言，因理舒藻，亦庶幾彬彬君子，孰謂中庸不可能哉。

是創作文藝須以感情爲主，以眞實爲貴，蓋已成爲定論，無待曉曉矣。

【三】想像　文心有神思篇，專論創作文藝之內蘊功夫。所謂神思，卽文思之延伸，天地四方，古往今來之事物，無不在其運思範疇之內，陸機所謂『觀古今之須臾，撫四海於一瞬』，西人所謂想像（imagination）者是也。

思想與情感，抽象之心靈活動也，及於事物之表，遂構成一種意象，將此情景交融之意象表而出之，則翻移爲具體之描寫。思想與情感之所以能構成意象，意象之所以能外射於作品，端賴作者之能善運其想像也。說詳傅庚生中國文學批評通論第六章故想像乃文藝創作之靈魂，任何文藝作品均不能離開想像，而必須經過文學家運用其想像力，將思想與感情之活動滲入創作之中，始能完成。英哲拉斯金（Ruskin）嘗謂無想像力之暗示，不能發生詩。見近代畫家論（The Modern Painters）誠深造有得之言也。劉氏立神思之界說云：

古人云：『形在江海之上，心存魏闕之下』，神思之謂也。文之思也，其神遠矣。故寂然凝慮，思接千載，悄焉動容，視通萬里，吟詠之間，吐納珠玉之聲，眉睫之前，卷舒風雲之色，其思理之致乎。

言構成意象時，想像之活動也。『思接千載』，謂不受時間之限制，『視通萬里』，謂不受空間之限制。惟其馳騁古今，通達萬里，始能『吐納珠玉之聲』，『卷舒風雲之色』，想像之奇妙，蓋已臻於出神入化，渾然忘我之境界矣。劉氏又謂想像須深入自然云：

故思理爲妙，神與物遊，神居胸臆，而志氣統其關鍵，物沿耳目，而辭令管其樞機。樞機方通，則物無隱貌，關鍵將塞，則神有遯心。是以陶鈞文思，貴在虛靜。疏瀹五藏，澡雪精神，積學以儲寶，酌理以富才，研閱以窮照，馴致以懌辭，然後使元解之宰，尋聲律而定墨，獨照之匠，闚意象而運斤，此蓋馭文之首術，謀篇之大端。

言徒憑空想，向壁虛構，脫離現實過甚，必難邀人賞析。故想像須深入自然，將內在之主觀情思，化作外在之客觀景物，身與自然同在，神與萬物共遊，產生移情作用，情景交融，文章自有分量，自能感人。雖然，想像力在不善用者，固不能免大而無當、流宕忘返之譏，而善用之者則儀態萬千，光芒四射，文情相生，挹注不竭，舉千奇百怪，納之毫端，實極化腐朽爲神奇之能事焉。昔人謂運用之妙，存乎一心，其想像之謂乎。

【四】氣　力　文心有養氣篇，論作文務在清和其心，調暢其氣，周漢尚質，文氣較盛，六朝尙文，文氣稍衰。神思風骨體性等篇言氣者亦數數覯之，惟涵義稍異耳。體性篇云：

夫情動而言形，理發而文見，蓋沿隱以至顯，因內而符外者也。然才有庸儁，氣有剛柔，學有淺深，習有雅鄭，並情性所鑠，陶染所凝，是以筆區雲譎，文苑波詭者矣。故辭理庸儁，莫能翻其才，風趣剛柔，寧或改其氣，事義淺深，未聞乖其學，體式雅鄭，鮮有反其習，各師成心，其異如面。

此所謂氣，指才氣（或曰才性猶今人所謂天資氣質）而言，爲清代姚鼐之陰陽剛柔說、曾國藩之古文四象說所本。（請參閱本編六章一節一目）風骨篇云：

詩總六義，風冠其首，斯乃化感之本源，志氣之符契也。是以怊悵述情，必始乎風，沉吟鋪辭，莫先於骨。故辭之待骨，如體之樹骸，情之含風，猶形之包氣。結言端直，則文骨成焉，意氣駿爽，則文風清焉。

若豐藻克贍，風骨不飛，則振采失鮮，負聲無力。是以綴慮裁篇，務盈守氣，剛健既實，輝光乃新。

此所謂氣，指氣力（或曰氣勢）而言。蓋文章須有風骨，風骨由於氣健。故其下云：

故魏文稱『文以氣爲主，氣之清濁有體，不可力强而致。』故其論孔融，則云體氣高妙，論徐幹，則云時有齊氣，論劉楨，則云有逸氣。公幹亦云：『孔氏卓卓，信含異氣，筆墨之性，殆不可勝。』並重氣之旨也。

謂文章須有剛健之氣，彰彰明甚。（據今儒戴君仁氏之說○見梅園雜著）惟文氣剛健，不能憑空而得，必須平時善加保愛。故養氣篇云：

若夫器分有限，智用無涯，或慚鳧企鶴，瀝辭鐫思。於是精氣內銷，有似尾閭之波，神志外傷，同乎牛山之木，怛惕之盛疾，亦可推矣。

是以曹公懼爲文之傷命，陸雲歎用思之困神，非虛談也。

且夫思有利鈍，時有通塞。沐則心覆，且或反常，神之方昏，再三愈黷。是以吐納文藝，務在節宣，清和其心，調暢其氣，煩而即捨，勿使壅滯。意得則舒懷以命筆，理伏則投筆以卷懷，逍遙以針勞，談笑以藥勸，常弄閑於才鋒，賈餘於文勇，使刃發如新，湊理無滯，雖非胎息之邁術，斯亦衞氣之一方也。

惟勁氣蓄之於中，形之於外，行文故能如長江大河，一瀉千里。孟子司馬遷文章所以大氣磅礴，寬厚疏蕩者，皆善養氣之驗也。

【五】才性　人之才性雖與生俱來，然亦不能不受後天環境之影響。蓋人稟七情，應物斯感，而性涵於內，情著於外，情之所感不同，性之所趨自異。體性篇云：

才有庸儁，氣有剛柔，學有淺深，習有雅鄭。

先天稟賦與後天學養皆足以左右文章風格，故文藝創作當二者並重，不可缺一。事類篇云：

夫薑桂同地，辛在本性，文章由學，能在天資。才自內發，學以外成。有學飽而才餒，有才富而學貧，學貧者迍邅於事義，才餒者劬勞於辭情，此內外之殊分也。是以屬意立文，心與筆謀，才為盟主，學為輔佐，主佐合德，文采必霸，才學褊狹，雖美少功。

意謂有才無學，必迍邅於事義，有學無才，必劬瘁於辭情。故才須學以充實，學須才以發揮，兩者相佐為用，作品自臻高格。又二者之中，以才為主，以學為輔，則劉氏重視天才，皎然可見。張歷友氏闡發其說云：

嚴滄浪有云：詩有別才，非關學也，詩有別趣，非關理也。此得於先天者，才性也。讀書破萬卷，下筆如有神，貫穿百萬衆，出入由咫尺，此得力於後天者，學力也。非才無以廣學，非學無以運才，兩者均不可廢。有才而無學，是絕代佳人唱蓮花落也，有學而無才，是長安乞兒著宮錦袍也。郎廷槐師友詩傳錄引

才氣雖稟之於天，不可以學而能，但須平日加意培養，培養之道，惟在博覽。事類篇云：

將贍才力，務在博見，狐腋非一皮能溫，雞蹠必數千而飽矣。

博覽之後，繼以模擬。體性篇云：

夫才有天資，學愼始習。斲梓染絲，功在初化，器成綵定，難可翻移。故童子雕琢，必先雅製，沿根討葉，思轉自圓。八體雖殊，會通合數，得其環中，則輻輳相成。故宜摹體以定習，因性以練才，文之司南，用此道也。

作家之才性既異，故屬文之遲速亦相去懸絕。神思篇云：

人之稟才，遲速異分，文之制體，大小殊功。相如含筆而腐毫，揚雄輟翰而驚夢，桓譚疾感於苦思，王充氣竭於思慮，張衡研京以十年，左思練都以一紀，雖有巨文，亦思之緩也。淮南崇朝而賦騷，枚皐應詔而成賦，子建援牘如口誦，仲宣舉筆似宿構，阮瑀據案而制書，禰衡當食而草奏，雖有短篇，亦思之速也。

而與作品之精神尤密不可分。體性篇云：

若夫八體屢遷，功以學成，才力居中，肇自血氣。氣以實志，志以定言，吐納英華，莫非情性。是以賈生俊發，故文潔而體淸。長卿傲誕，故理侈而辭溢。子雲沈寂，故志隱而味深。子政簡易，故趣昭而事博。孟堅雅懿，故裁密而思靡。平子淹通，故慮周而藻密。仲宣躁銳，故穎出而才果。公幹氣褊，故言壯而情駭。嗣宗俶儻，故響逸而調遠。叔夜儁俠，故興高而采烈。安仁輕敏，故鋒發而韻流。士衡矜重，故情繁而辭隱。觸類以推，表裏必符，豈非自然之恆資，才氣之大略哉。

今翻閱諸子之文，誠有如劉氏所言者，於以知性以定文，文以徵性，蓋歷歷不爽也。近人劉永濟氏持論甚精，錄之以備考鏡。

文章體態雖多，大別之，富才氣者，其勢卓犖而奔縱，陽剛之美也。崇情韻者，其勢舒徐而妍婉，陰柔之美也。漢魏之作，陽美爲多，晉宋以後，陰柔漸勝，陰柔之極，至於闡緩，旣病闡緩，遂務新詭，而色娟聲柔，對工典切之文作矣。此固風土時尚使然，而國蹙偏安，人多媮惰，實足以影響斯文。然則舍人但就文藝立言，雖深中其弊，其力固不足以起衰勊而還淳雅也。試觀唐基初奠，四傑之文，雖亦習於華辭，而氣體宏麗，儼然開國之象，可以知其故矣。此論衰世之文者所當同慨也。（文心雕龍校釋定勢篇）

(4)文章外鑠

【一】聲　律　我國文字雖屬衍形，而應用則爲衍聲，故形聲字佔十之八九，加以我國語言爲單音語，同音字特多，於是漸有輕重疾徐之別。逮齊永明諸子剖析聲韻，觸及微芒，遂使唯美文學驟得興奮劑，而作一日千里之發展。劉勰適逢其盛，於聲病說雖不盡贊同，然亦不若鍾嶸之堅決反對，乃著聲律篇以調和自然聲律與人爲聲律之爭，立場超然，而識見則尤卓越焉。（請參閱本編七章三節一目）

【二】風　格　風格一詞，雖不見於六朝文學理論之術語中，惟自建安以降，研究之者，代有其人。如曹丕典論論文云：

奏議宜雅，書論宜理，銘誄尚實，詩賦欲麗。

所謂「雅」「理」「實」「麗」，皆指各體文所要求之不同風格。陸機文賦因之，特加詳耳。

> 詩緣情而綺靡，賦體物而瀏亮，碑披文以相質，誄纏綿而悽愴，銘博約而溫潤，箴頓挫而清壯，頌優游以彬蔚，論精微而朗暢，奏平徹以閑雅，說煒曄而譎誑。

所謂「綺麗」「瀏亮」云云，亦皆指文章之風格。惟彼輩研究風格，多屬信手拈來之作，罕有面面俱到之篇。其斟酌前修，彌綸羣言，推陳出新，自成體系者，則自劉勰始。定勢篇云：

> 夫情致異區，文變殊術，莫不因情立體，卽體成勢也。勢者，乘利而爲制也，如機發矢直，澗曲湍回，自然之趣也。圓者規體，其勢也自轉，方者矩形，其勢也自安。文章體勢，如斯而已。
>
> 是以模經爲式者，自入典雅之懿，效騷命篇者，必歸豔逸之華，綜意淺切者，類乏醞藉，斷辭辨約者，率乖繁縟。譬激水不漪，槁木無陰，自然之勢也。

此由文體以定作品之風格，言何種文體當具有何種風格，作者須謹愼從事，不可滲入個人好惡，使內容與形式不能作適切之配合。

> 是以繪事圖色，文辭盡情，色糅而犬馬殊形，情交而雅俗異勢，鎔範所擬，各有司匠，雖無嚴郛，難得踰越。然淵乎文者，並總羣勢。奇正雖反，必兼解以俱通，剛柔雖殊，必隨時而適用。若愛典而惡華，則兼通之理偏，似夏人爭弓矢，執一不可以獨射也。若雅鄭而共篇，則總一之勢離，是楚人鬻矛譽楯，兩難得而俱售也。（同上）

故劉氏主張應依文體需要，選擇適當的表現風格。

是以括囊雜體，功在銓別，宮商朱紫，隨勢各配。章表奏議，則準的乎典雅。賦頌歌詩，則羽儀乎清麗。符檄書移，則楷式於明斷。史論序注，則師範於覈要。箴銘碑誄，則體制於宏深。連珠七辭，則從事於巧豔。此循體而成勢，隨變而立功者也。雖復契會相參，節文互雜，譬五色之錦，各以本采爲地矣。同上

前述文章風格，係就文章體裁之不同以立說，若自作者才性之差異與文章外形之表現上觀之，則體性篇論之甚詳。劉氏歸納作者之才性與文章之外形，分作品風格爲八種，玆臚列於左，並以黃氏文心雕龍札記附焉。

㈠典　雅

文心：典雅者，鎔式經誥，方軌儒門者也。

札記：義歸正直，辭取雅馴，皆入此類。若班固幽通賦、劉歆讓太常博士之流是也。

㈡遠　奧

文心：遠奧者，馥采典文，經理玄宗者也。

札記：理致淵深，辭采微妙，皆入此類。若賈誼鵩賦、李康運命論之流是也。

㈢精　約

文心：精約者，覈字省句，剖析毫釐者也。

札記：斷義務明，練辭務簡，皆入此類。若陸機文賦、范曄後漢書諸論之流是也。

㈣顯　附

文心：顯附者，辭直義暢，切理厭心者也。

札記：語貴丁寧，義求周浹，皆入此類。若諸葛亮出師表、曹冏六代論之流是也。

㈤繁　縟

文心：繁縟者，博喻釀采，煒燁枝派者也。

札記：辭采紛披，意義稠複，皆入此類。若枚乘七發、劉峻辨命論之流是也。

㈥壯　麗

文心：壯麗者，高論宏裁，卓爍異采者也。

札記：陳義俊偉，措辭雄瓌，皆入此類。若揚雄河東賦、班固典引之流是也。

㈦新　奇

文心：新奇者，擯古競今，危側趣詭者也。

札記：詞必研新，意必矜䫉，皆入此類。若潘岳射雉賦、顏延之曲水詩序之流是也。

㈧輕　靡

文心：輕靡者，浮文弱植，縹緲附俗者也。

札記：詞須蒨秀，意取柔靡，皆入此類。若江淹恨賦、孔稚珪北山移文之流是也。

此八種風格又可歸爲四類，卽『雅與奇反，奧與顯殊，繁與約舛，壯與輕乖』。實際上作家所具風格並非一成不變，往往隨遭際之不同而異其致。故劉氏曰：

八體屢遷，功以學成。

黃氏申之曰：

人之爲文，難拘一體。非謂工爲典雅者，遂不能爲新奇，能爲精約者，遂不能爲繁縟。下文云：『八體雖殊，會通合數，得其環中，則輻湊相成。』此則探本之談，通變之術，異夫膠柱鍥舟之見者矣。文心雕龍札記體性篇

其言至爲圓通，信足解偏執者之煩惑矣。

二　劉勰文心雕龍(4)

◀批評論▶

(四)文學批評論

劉勰以爲齊梁以前批評文學之作品雖多，然並未能振葉以尋根，觀瀾而索源，蓋彼等多著眼於作家之才性與創作之技巧，而忽略作品與時代、環境之重要關係，態度既不客觀，標準亦不一致，如此而欲導文學於正軌，是無異緣木而求魚。故作爲一個文學批評家，學識廣博爲起碼條件外，尚須具有豐富的創作經驗，敏銳的鑑賞眼光，與公正的批評態度。知音篇云：

凡操千曲而後曉聲，觀千劍而後識器，故圓照之象，務先博觀。閱喬岳以形培塿，酌滄波以喩畎澮，

> 無私於輕重，不偏於憎愛，然後能平理若衡，照辭如鏡矣。

此上承曹植『有南威之容，乃可以論於淑媛，有龍泉之利，乃可以議於斷割』（與楊德祖書）之意，謂批評文學者，其本身須爲文學創作家，始能體會個中況味。又云：

> 夫綴文者情動而辭發，觀文者披文以入情，沿波討源，雖幽必顯。世遠莫見其面，覘文輒見其心，豈成篇之足深，患識照之自淺耳。夫志在山水，琴表其情，況形之筆端，理將焉匿。故心之照理，譬目之照形，目瞭則形無不分，心敏則理無不達，然而俗監之迷者，深廢淺售，此莊周所以笑折楊，宋玉所以傷白雪也。

謂文學鑑賞之所由通也。文學乃個人情感與社會情感融爲一體之表現，同時又是共有的時代精神之反映，而人類之情感知識更是彼此交流貫通，故作家實不難了解，其作品亦並不難了解。要而言之，一個從事文學批評者，先須有廣博的學識作基礎，然後努力創作，以體驗個中甘苦。時日積久，乃進而欣賞他人之作品，以提高鑑別能力。當鑑別能力達到一定標準時，始可與言批評。此則劉氏之卓識，非以往任何批評家所能望其項背也。劉氏本此原則以從事文學批評，故率能公正、客觀、深入，而不詭於作者，其價值在此，其書爲後人所讚歎者亦在此。茲分論之：

(1)批評原理　劉氏對於文學批評家之態度，提出四點：一曰勿貴古賤今，二曰勿崇己抑人，三曰勿信僞迷眞，四曰勿黨同伐異。四者既備，始可從事批評。

【一】勿貴古賤今　貴古賤今之病，早在漢世，陸賈王充即已提出，魏曹丕復極力指斥其非，然痼疾已深，終無大效，至齊梁依然如故。劉氏乃著論以非之云：

夫古來知音，多賤同而思古，所謂『日進前而不御，遙聞聲而相思』也。昔儲說始出，子虛初成，秦皇漢武，恨不同時。既同時矣，則韓囚而馬輕，豈不明鑒同時之賤哉。……故鑒照洞明而貴古賤今者，二主是也。知音篇

有此種囿蔽者，其態度已有偏差，心理亦不正常，又何能產生客觀之批評。

【二】勿崇己抑人　崇己抑人之病，曹丕斥之於前，劉氏繼之於後。知音篇云：

至於班固傅毅，文在伯仲，而固嗤毅云：『下筆不能自休』。及陳思論才，亦深排孔璋，敬禮請潤色，歎以為美談，季緒好詆訶，方之於田巴，意亦見矣。故魏文稱『文人相輕』，非虛談也。……才實鴻懿，而崇己抑人者，班曹是也。

以作家而兼批評家者，率不能免於斯累。蓋人皆有自尊之心，遂存好勝之念，與同時作家，常欲爭勝，而崇己抑人之習以成。

【三】勿信偽迷眞　信偽迷眞之病，世所恆有，批評者或學不逮文，或文情難鑑，或知多偏好，遂妄肆詆訶，自儕季緒。其尤甚者，讀未終篇，一知半解，遂遽下斷語，貽害文壇，何可勝道。知音篇云：

至如君卿脣舌，而謬欲論文，乃稱史遷著書，諮東方朔，於是桓譚之徒，相顧嗤笑，彼實博徒，輕言負誚，況乎文士，可妄談哉。……學不逮文，而信偽迷眞者，樓護是也。醬瓿之議，豈多歎哉。

故批評者須兼具『學』與『識』，衡文品藝，方不致發生偏差。

【四】勿黨同伐異　黨同伐異之病，乃種因於興趣之偏好，蓋人各有好尚，勢難强同，苟挾門戶之成見，入者主之，出者奴之，文壇上將永無是非可言，公正之批評又何得而建立。知音篇云：

> 夫麟鳳與麏雉懸絕，珠玉與礫石超殊，白日垂其照，青眸寫其形，然魯臣以麟爲麏，楚人以雉爲鳳，魏氏以夜光爲怪石，宋客以燕礫爲寶珠。形器易徵，謬乃若是，文情難鑒，誰曰易分。
>
> 夫篇章雜沓，質文交加，知多偏好，人莫圓該。慷慨者逆聲而擊節，醞籍者見密而高蹈，浮慧者觀綺而躍心，愛奇者聞詭而驚聽，會己則嗟諷，異我則沮棄，各執一隅之解，欲擬萬端之變，所謂東向而望，不見西牆也。

此因主觀之好尚而累衡鑑之明也。故批評者不可蔽於一隅，更不可掉以輕心，而應袪除成見，以客觀之立場，作公正之評騭。

(2)批評素養　文學批評一事，本未易言，蓋批評得當，社會必蒙其利，批評失當，則將貽害於無窮。故司批評之職者，宜有高深之素養，素養維何，劉氏以爲有三端：一曰才，二曰學，三曰識，三者既備，始勝其任。

> 積學以儲寶，酌理以富才，研閱以窮照。神思篇

博涉羣書，以儲蓄寶藏，是爲『學』。斟酌文理，以厚積才力，是爲『才』。多事閱歷，以開拓眼界，是爲『識』。文史通義史德篇云：

> 才學識三者，得一不易，而兼三尤難。非識無以斷其義，非才無以善其文，非學無以練其事。

此雖指史德而言，然亦足與劉氏之論相發。

(3)批評態度　劉氏以爲衡文鑑藝，應以客觀之態度，揚棄憎愛之偏私，方能使優美作品，借批評爲津梁，而呈現於千萬讀者之前，前已數數言及矣。劉氏又云：

昔屈平有言：『文質疎內，衆不知余之異采』，見異唯知音耳。揚雄自稱『心好沈博絕麗之文』，其事浮淺，亦可知矣，夫惟深識鑒奧，必歡然內懌，譬春臺之熙衆人，樂餌之止過客。蓋聞蘭爲國香，服媚彌芬，書亦國華，翫澤方美。知音君子，其垂意焉。知音篇

此言批評者深入熟玩之要。惟其深入於作者之創作世界，始能以我心魂，接彼精魄，兩相默契，而無霧裏看花，終隔一層之憾。朱子謂『讀詩者當涵泳自得』，卽劉氏深入熟玩之義。苟能以此態度評文，又何有於偏頗，又何有於主觀。

(4)批評標準　文學評論家雖具有適切的修養與公正的態度，若漫無標準，信口雌黃，亦未盡善，於是劉氏又特揭舉六種評文之標準。

將閱文情，先標六觀：一觀位體，二觀置辭，三觀通變，四觀奇正，五觀事義，六觀宮商。斯術旣形，則優劣見矣。知音篇

此六觀乃批評家在評鑑作品以前所定之六種客觀標準，玆略論之：

一、觀位體　觀位體者，謂觀察作者對文章體裁之選擇是否適當。蓋文非一體，鮮能備善，作者所要表現之思想情感須與文體相當，乃創作之第一要件。文心有體性定勢二篇，皆專論位體者也。

二、觀置辭　觀置辭者，謂觀察作者對修辭與語言之表現是否精確完美。夫作文一道，修辭尙矣，作者才華之美拙，功力之深淺，均可於此覘之，蓋遣辭造句乃作文之起步，文心有練字章句二篇，皆專論置辭者也。

三、觀通變　觀通變者，謂觀察作者對文章之內容與形式是否作適當的配合。蓋重質輕文，固非所宜，崇文黜質，亦非正道，二者必須配合均勻，始稱佳構。劉氏所謂『斟酌乎質文之間，而隱括乎雅俗之際，可與言通變矣』（通變篇），正是此意。又一代有一代之文學，作者惟能獨出機杼，變故翻新，師古而不泥古，斯稱極詣。文心有通變鎔裁二篇，皆專論通變者也。

四、觀奇正　觀奇正者，謂觀察作品是否新奇，而又不失雅正，流於浮詭。定勢篇云：

繪事圖色，文辭盡情，色糅而犬馬殊形，情交而雅俗異勢，鎔範所擬，各有司匠，雖無嚴郛，難得踰越。然淵乎文者，並總羣勢。奇正雖反，必兼解以俱通，剛柔雖殊，必隨時而適用。若愛典而惡華，則兼通之理偏，似夏人爭弓矢，執一不可以獨射也。若雅鄭而共篇，則總一之勢離，是楚人鬻矛譽楯，兩難得而俱售也。

言善屬文者，同時運用各種表現方式。新奇與雅正風格雖異，當兼容並蓄使之統一，陽剛與陰柔姿態雖殊，必隨時宜而善加運用，則文章必能引人入勝，而不致昏睡耳目矣。

五、觀事義　觀事義者，謂觀察作者對於成語典故之運用是否確當。蓋文章修辭之法，固不止白描一端，白描特較合乎初學之便而已，並非創作之惟一法門。故凡厭惡成語，詆娸典故者，皆不知文學者也。至用典之訣要，具見於事類篇中，前已論之甚詳，玆不復贅。

六、觀宮商　觀宮商者，謂觀察作者對音律節奏是否嫻熟，而使文章富有音樂性。蓋中國文字有四聲陰陽之別，自沈約諸子倡聲律論以後，批評家愈益重視詩文之音節美與韻律美。劉氏特著聲律篇以張之，其說亦已見前，不復贅。

總之，劉氏之六觀法，乃就其創作理論推衍而來者，持此標準以衡文鑑藝，自較一般印象派之批評爲正確，而由鑑賞之批評轉爲判斷之批評，由主觀之態度轉爲客觀之態度矣。

(5)批評精神　劉氏平章衆作，惟務折衷，既不爲譁衆取寵之論，亦不見惡意中傷之詞，平平實實，就文論文，雖起前英於地下，諒亦無異辭也。序志篇云：

夫銓敘一文爲易，彌綸羣言爲難，雖復輕采毛髮，深極骨髓，或有曲意密源，似近而遠，辭所不載，亦不勝數矣。及其品評成文，有同乎舊談者，非雷同也，勢自不可異也。有異乎前論者，非苟異也，理自不可同也。同之與異，不屑古今，擘肌分理，唯務折衷。案轡文雅之場，而環絡藻繪之府，亦幾乎備矣。但言不盡意，聖人所難，識在缾管，何能矩矱。茫茫往代，既洗予聞，眇眇來世，儻塵彼觀。

良以是非乃天下之公理，故不以同爲病而立異以矜嬌，亦不以異爲嫌而求同以依附，此種批評精神，直可放諸四海而皆準，百世以俟聖人而不惑，又豈止文苑之南針，一時之藥石已耶。

(6)批評內容　質言之，文心五十篇幾於篇篇皆在衡文論藝，其涵蓋之廣，非累紙所能盡。玆揭其犖犖大者，以當一臠。

【一】模　擬　模擬爲文藝創作之一法，蓋初學儉腹，藝事未精，不得不多所規摹，以求與古人相合，亦取法乎上之意也。近人陳曾則氏云：

> 初學者必從摹擬入手，雖出於有意，無礙也。其學既進，其境既熟，其術日深，而後能去其形貌，而得其神理。張廉卿先生云：『與古人訢合於無間』，非好學深思，安能得之。（古文比）

良以初學不從模擬入手，便求與古人離，是猶登高而不自卑，行遠而不自邇，其終無所成也必矣。模擬而不能化，則終身役於古人，必不能自成家數。故劉氏論文，重創作而輕模擬。（當指學有所得者而言）通變篇云：

> 夫設文之體有常，變文之數無方，何以明其然耶，凡詩賦書記，名理相因，此有常之體也，文辭氣力，通變則久，此無方之數也。名理有常，體必資於故實，通變無方，數必酌於新聲，故能騁無窮之路，飲不竭之源。然綆短者銜渴，足疲者輟塗，非文理之數盡，乃通變之術疎耳。故論文之方，譬諸草木，根幹麗土而同性，臭味晞陽而異品矣。

此言文章有窮變通久之理。古人文章，有可變者，有不可變者，可變者風格，不可變者文體。易詞言之，學者之於古人，有當模擬者，有不當模擬者，不可一例觀也。又云：

> 夫青生於藍，絳生於蒨，雖踰本色，不能復化。桓君山云：『予見新進麗文，美而無採，及見劉揚言辭，常輒有得。』此其驗也。故練青濯絳，必歸藍蒨。

意謂青絳雖踰藍蒨之本色，但可貴者依然是藍蒨，而非青絳。以喻模擬者或有愈於創作者，但士林所推重者依然是創作者，而非模擬者。又云：

夫誇張聲貌，則漢初已極，自茲厥後，循環相因，雖軒翥出轍，而終入籠內。枚乘七發云：『通望兮東海，虹洞兮蒼天。』相如上林云：『視之無端，察之無涯，日出東沼，月生西陂。』馬融廣成云：『天地虹洞，固無端涯，大明出東，月生西陂。』揚雄校獵云：『出入日月，天與地沓。』張衡西京云：『日月於是乎出入，象扶桑於濛汜。』此並廣寓極狀，而五家如一。諸如此類，莫不相循，參伍因革，通變之數也。

劉氏所以不厭其煩，一再舉例以實其言者，無非在强調模擬非不可貴，惟須明通變之理耳。黃季剛先生申其說曰：

彥和此言，非教人直錄古作。蓋謂古人之文，有能變者，有不能變者，有須因襲者，有不可因襲者，在人斟酌用之。大抵初學作文，模擬昔文有二事當知：第一，當取古今相同之情事而試序之。譬如序山川，寫物色，古今所同也。遠視黃山，氣成蔥翠，適當秋日，草盡萎黃，古作此言，今亦無能異也。第二，當知古今情事有相殊者，須斟酌而爲之。或古無而今有，則不宜强以古事傅會。施牀垂脚，必無危坐之儀，髡首戴帽，必無免冠之禮。此一事也。或古有而今無，亦不宜以今事比合。古上書曰『死罪』，而後世曰『跪奏』。古允奏稱『制曰可』，而後世但曰『照所請』。若改以就古，則於理甚乖。此二事也。必於古今同異之理，名實分合之原，旁及訓故文律，悉能諳練，然後擬古無優孟之譏，自作無刻楮之誚，此制文之要術也。（文心雕龍札記）

言古今情事相同，無法立異者，則不妨模擬。古今情事相殊，不宜因襲者，則不可模擬。其於劉氏精義，闡發無遺矣。

【二】文德　劉氏對作家之看法分爲兩方面：論作家內在之才情者，見之於才略篇，論作家外在之行爲者，見之於程器篇。程器云者，卽裴行儉所謂士先器識而後文藝之意。於有文無行之學人，頗多疵議，並連類而評及武士。

周書論士，方之梓材，蓋貴器用而兼文采也。是以樸斲成而丹雘施，垣墉立而雕朽附。而近代辭人，務華棄實，故魏文以爲『古今文人，類不護細行。』韋誕所評，又歷詆羣才。後人雷同，混之一貫，吁可悲矣。

此開宗明義之論，謂文人當貴器用而兼文采，有文潤身，有行勵德，方不愧爲文質彬彬之君子。

略觀文士之疵，相如竊妻而受金，揚雄嗜酒而少算，敬通之不循廉隅，杜篤之請求無厭，班固諂竇以作威，馬融黨梁而黷貨，文舉傲誕以速誅，正平狂憨以致戮，仲宣輕脆以躁競，孔璋惚恫以粗疏，丁儀貪婪以乞貨，路粹餔啜而無恥，潘岳詭譸於愍懷，陸機傾仄於賈郭，傅玄剛隘而詈臺，孫楚狠愎而訟府。諸有此類，並文士之瑕累。

此論文人之無行。葛洪而後，以此爲最詳。

文旣有之，武亦宜然。古之將相，疵咎實多。至如管仲之盜竊，吳起之貪淫，陳平之汚點，絳灌之讒嫉，沿茲以下，不可勝數。孔光負衡據鼎，而仄媚董賢，況班馬之賤職，潘岳之下位哉。王戎開國上秩，而鬻官囂俗，況馬杜之磬懸，丁路之貧薄哉。

此論將相之無行。

然子夏無虧於名儒，濬沖不塵乎竹林者，名崇而譏減也。若夫屈賈之忠貞，鄒枚之機覺，黃香之淳孝，徐幹之沉默，豈曰文士必其玷歟。

言術德兼修之士，亦往往而有，固不能一概論也。

蓋人稟五材，修短殊用，自非上哲，難以求備。然將相以位隆特達，文士以職卑多誚，此江河所以騰湧，涓流所以寸折者也。名之抑揚，既其然矣。位之通塞，亦有以焉。彼揚馬之徒，有文無質，所以終乎下位也。昔庾元規才華清英，勳庸有聲，故文藝不稱。若非台岳，則正以文才也。

此論文士貽譏之由，位卑由於寡實，位高或以掩才。

文士既負才遺行，致干物議，或侘傺不偶，或憔悴終身，至有橫遭迫害而死於非命者。（詳見本編三章三節三目）然則立身之道當如何，劉氏特爲之標示曰：

是以君子藏器，待時而動。發揮事業，固宜蓄素以弸中，散采以彪外，楩柟其質，豫章其幹，摛文必在緯軍國，負重必在任棟梁，窮則獨善以垂文，達則奉時以騁績，若此文人，應梓材之士矣。

其精義所在，殆卽先聖所謂『得志澤加於民，不得志獨行其道』，『窮則獨善其身，達則兼善天下』之意乎。文史通義文德篇云：

凡言義理，有前人疎，而後人加密者，不可不致其思也。古人論文，惟論文辭而已矣，劉勰氏出，本陸機氏說，而昌論文心。蘇轍氏出，本韓愈氏說，而昌論文氣。可謂愈推而愈精矣。未見有論文德者，學者所宜深省也。夫子嘗言有德必有言，又言修辭立其誠。孟子嘗論知言養氣，本乎集義。韓子亦言仁義之途，詩書之源，皆言德也。今云未見論文德者，以古人所言，皆兼本末，包內外，猶合道德文章而一之，未嘗就文辭之中言其有才、有學、有識又有文之德也。凡為古文辭者，必敬以恕。臨文必敬，非修德之謂也，論古必恕，非寬容之謂也。敬非修德之謂者，氣攝而不縱，縱必不能中節也。恕非寬容之謂者，能為古人設身而處地也。嗟乎，知德者鮮，知臨文之不可無敬恕，則知文德矣。

又云：

韓氏論文，迎而拒之，平心察之，喻氣於水，言為浮物。柳氏之論文也，不敢輕心掉之，怠心易之，矜氣作之，昏氣出之。夫諸賢論心論氣，未即孔孟之旨，及乎天人性命之微也。然文繁而不可殺，語變而各有當，要其大旨，則臨文主敬，一言以蔽之矣。主敬則心平，而氣有所攝，自能變化從容以合度也。夫史有三長，才學識也。古文辭而不由史出，是飲食不本於稼穡也。夫識，生於心也，才，出於氣也，學也者，凝心以養氣，鍊識而成其才者也。心虛難恃，氣浮易弛，主敬者隨時檢攝於心氣之間，而謹防其一往不收之流弊也。夫緝熙敬止，聖人所以成始而成終也，其為義也廣矣。今為臨文檢其心氣，以是為文德之敬而已爾。

『心』指人之理智而言，『氣』指人之感情而言，『凝心以養氣，鍊識而成才』，猶謂人之宜以理智控制其感情，以後天之學驗充實其先天之才性也。本近人傳庚生氏之說〇見中國文學批評通論第七章此論足與劉說相映發。

【三】文以致用　南朝爲唯美文學之全盛時代，故主文以致用之說者，罕有其人。劉氏生値斯世，頗思有以倡導之，庶使文士走出象牙之塔而面對現實世界也。首論文章足以匡濟聖道云：

故知道沿聖以垂文，聖因文而明道，旁通而無滯，日用而不匱。易曰：『鼓天下之動者存乎辭』，辭之所以能鼓天下者，迺道之文也。原道篇

次論政化、事蹟、修身莫不貴文云：

夫作者曰聖，述者曰明。陶鑄性情，功在上哲，夫子文章可得而聞，則聖人之情，見乎文辭矣。先王聖化，布在方册，夫子風采，溢於格言。是以遠稱唐世，則煥乎爲盛，近褒周代，則郁哉可從。此政化貴文之徵也。鄭伯入陳，以文辭爲功，宋置折俎，以多文舉禮。此事蹟貴文之徵也。褒美子產，則云『言以足志，文以足言。』泛論君子，則云『情欲信，辭欲巧。』此修身貴文之徵也。然則志足而言文，情信而辭巧，迺含章之玉牒，秉文之金科矣。徵聖篇

繼論文士必達於政事云：

蓋士之登庸，以成務爲用。魯之敬姜，婦人之聰明耳，然推其機綜，以方治國，安有丈夫學文，而不達於政事哉。程器篇

言士之入仕，貴能立功成事，敬姜不過一女流耳，尚能明悉憂勞興國、逸豫亡身之至理，則昂藏丈夫豈可不練達政事乎。終論文士出處去就之道云：

摛文必在緯軍國，負重必在任棟梁，窮則獨善以垂文，達則奉時以騁績。若此文人，應梓材之士矣。同上

此言載筆之士，宜有遠大抱負，或以文章經綸世務，或以文章增華邦國，不可徒以詞人終老也。

【四】文學與時代　文學常為時代之反映，故恆隨時代為轉移。文心有時序篇，綜述唐虞三代戰國漢魏晉宋文辭體格之變遷，與時會升降之關係，極為詳盡，至於齊梁，則闕而不言，蓋當代之文未可論定也。劉氏首先認定文運之隆替，每因時會為轉移，故時序篇發端即云：

時運交移，質文代變，古今情理，如可言乎。

由於時代變遷，文學之形式、內容、風格亦自隨之而殊異。其結論亦云：

故知文變染乎世情，興廢繫乎時序，原始以要終，雖百世可知也。

時代既能影響文學，文學亦自能反映時代，兩者關係，至為密切。惟劉氏所謂時代影響於文風者，其最大關鍵在於政治因素，蓋政事有良窳，政權有嬗變，文學風格自亦與之俱變。

昔在陶唐，德盛化鈞，野老吐『何力』之談，郊童含『不識』之歌。有虞繼作，政阜民暇，『薰風』詩於元后，『爛雲』歌於列臣，盡其美者何，乃心樂而聲泰也。至大禹敷土，『九序』詠功，成湯聖敬，『猗歟』作頌。逮姬文之德盛，周南勤而不怨，大王之化淳，邠風樂而不淫，幽厲昏而板蕩怒，平王微而黍離哀。故知歌謠文理，與世推移，風動於上，而波震於下者。同上

言世治則心樂而聲泰，世亂則心戚而音淒，此皆由於政治形勢之激盪使然。卜商詩經關雎序云：

治世之音安以樂，其政和。亂世之音怨以怒，其政乖。亡國之音哀以思，其民困。

劉氏蓋本此旨而推闡之者也。此外，才略篇所云，意亦同此。

觀夫後漢才林，可參西京，晉世文苑，足儷鄴都。然而魏時話言，必以元封爲稱首，宋來美談，亦以建安爲口實，何也，豈非崇文之盛世，招才之嘉會哉。嗟夫，此古人所以貴乎時也。

可見文學與時代之關係，悉取決於政治，謂爲『政治文學』殆無不可也。

【五】文學與自然環境 夫青山可以移氣，綠水可以移情，此山水奇麗之鄉所以吟詠滋盛也。故謝靈運之縱情諸什，柳宗元之遷謫諸記，以至徐霞客遊歷之作，袁中郎小品之文，皆緣是而發，自然環境之影響文學也亦云大矣。物色篇云：

若乃山林皐壤，實文思之奧府，略語則闕，詳說則繁。然屈平所以能洞鑒風騷之情者，抑亦江山之助乎。

蓋荆楚爲西南之澤國，實神州之奧區，林木蓊鬱，江湖濬闊，屈子深得其山川靈秀之氣，而文思遂以勃發焉。史稱唐張說爲文，屬思精壯，旣謫岳州，而詩益悽惋。杜甫之詩，至夔益工。世亦並以爲得江山之助焉。自然環境以外，氣候時令亦往往刺激作家之創作動機。

春秋代序，陰陽慘舒，物色之動，心亦搖焉。蓋陽氣萌而元駒步，陰律凝而丹鳥羞，微蟲猶或入感，四時之動物深矣。若夫珪璋挺其惠心，英華秀其淸氣，物色相召，人誰獲安。是以獻歲發春，悅豫之情暢。滔滔孟夏，鬱陶之心凝。天高氣淸，陰沈之志遠。霰雪無垠，矜肅之慮深。歲有其物，物有其

> 容，情以物遷，辭以情發。一葉且或迎意，蟲聲有足引心，況清風與明月同夜，白日與春林共朝哉。同上

『情以物遷，辭以情發』二語，最足以說明四時物候與觸發文思之密不可分。

> 是以詩人感物，聯類不窮，流連萬象之際，沈吟視聽之區。寫氣圖貌，既隨物以宛轉，屬采附聲，亦與心而徘徊。故灼灼狀桃花之鮮，依依盡楊柳之貌，杲杲爲出日之容，瀌瀌擬雨雪之狀，喈喈逐黃鳥之聲，喓喓學草蟲之韻。同上

蓋情動於中，輒形於言，無所感則不能屬文，有所感而觀察不深，其文亦難臻佳妙。故詩人對於自然環境須多觀察，多體會。

> 自近代以來，文貴形似，窺情風景之上，鑽貌草木之中，吟詠所發，志惟深遠，體物爲妙，功在密附。故巧言切狀，如印之印泥，不加雕削，而曲寫毫芥，故能瞻言而見貌，即字而知時也。同上

此種情景交融、物我雙會之純客觀描寫法，非觀察細膩、體會眞切者不能到，殆即後人所謂『無我之境』者也。此種側重形貌之作品，宋齊文士最優爲之，劉氏雖不盡贊同，亦未始不歎美其表現技巧也。

【六】文學與才略　文心有才略篇，言爲文貴有才華，蓋唯美文學中之特質也。篇中歷論虞夏以來九代鴻文，而於作家得失，評鑑悉當，眞文囿之巨觀。此與時序篇略有不同，彼則偏於時會，此則偏於人物，是其大較也。

本篇評論歷代文士凡九十八家，所涉文體亦甚廣泛，上自詩賦，下及書記，皆在衡鑑之列。如論西漢才

士云：

漢室陸賈，首發奇采，賦孟春而選典誥，其辯之富矣。賈誼才頴，陵軼飛兎，議愜而賦淸，豈虛至哉。枚乘之七發，鄒陽之上書，膏潤於筆，氣形於言矣。仲舒專儒，子長純史，而麗縟成文，亦詩人之告哀焉。相如好書，師範屈宋，洞入夸豔，致名辭宗，然覆取精意，理不勝辭，故揚子以爲『文麗用寡者長卿』，誠哉是言也。王褒構采，以密巧爲致，附聲測貌，泠然可觀。子雲屬意，辭人最深，觀其涯度幽遠，搜選詭麗，而竭才以鑽思，故能理贍而辭堅矣。

大抵就作家之個性以揚搉其文章之風格者也。又論兄弟之文云：

魏文之才，洋洋淸綺，舊談抑之，謂去植千里。然子建思捷而才儁，詩麗而表逸，子桓慮詳而力緩，故不競於先鳴，而樂府淸越，典論辯要，迭用短長，亦無懵焉。但俗情抑揚，雷同一響，遂令文帝以位尊減才，思王以勢窘益價，未爲篤論也。

則論兄弟之作品，無論體貌，各有不同，明巧拙之有素，大爲典論張目矣。又論建安七子云：

仲宣溢才，捷而能密，文多兼善，辭少瑕累，摘其詩賦，則七子之冠冕乎。琳瑀以符檄擅聲，徐幹以賦論標美，劉楨情高以會采，應瑒學優以得文，路粹楊修，頗懷筆記之工，丁儀邯鄲，亦含論述之美，有足算焉。

比較七子之長短，並各標其所美，而以王粲最號傑出。此則其特識所在，千載以下，持異議者，罕或有焉。

劉永濟文心雕龍校釋才略篇云：

細覈其文，於鋪敍之中，有義例三焉：一曰單論，二曰合論，三曰附論。並舉實例以明之，謂單論者，如前引陸賈、賈誼、枚乘、鄒陽之徒是也。合論者，如前引曹氏兄弟、建安七子之類是也。附論者，如前引路粹、楊修、丁儀、邯鄲淳附建安七子後是也。又云：

合論之義，或因父子，或以兄弟，或係同時而名聲相埒，或屬朋友而微尚相同，又或緣比較優劣而合論，或欲辨明異同而合論。附論者，大都附庸時流之士。單論者，類能獨標一體，或則瑜不掩瑕，又或特出一時風會之外者也。然則此篇事本衡文，而義同史傳，故能於寥寥千百字中，具見九代人才之高下，苟非卓裁，曷克臻此。

推許甚至，苟非衡論精賅，實不足以當此。

※　※　※

文心雕龍者，中國文學之奇書也，與劉知幾史通並稱中古批評界之兩大名著，與日月以俱懸，共江河而不廢者矣。乃不幸自李唐後，卽湮沒無聞，只有辛處信一人爲之校注，而其書不傳。直至楊愼爲之極力鼓吹，始稍稍見重士林，於是從事校刋訂注者，前後達三十餘家，惟梅慶生王惟儉兩家粗具梗概耳。若今通行黃注紀評本，牢籠前修，允稱該備，後來居上，亦理所當然也。然貽與文壇之影響，仍甚稀薄。逮清末民國之交，東西洋修辭評文之說傳入中國，乃喚醒國人對文心之普徧重視，於是此埋沒千年之名著，始得應時需而大現其光華。尤其自餘杭章太炎蘄春黃季剛兩先生出，表章之更不遺餘力，黃君且撰有文心雕龍札記，批隙導窾，無蘊不宣，然後劉氏立言之旨，粲然復明於世。近五十年來，研究文心一書，蓋已蔚爲風尚，探奧抉隱，卓然成篇者，不可勝數，嗚乎，可謂盛矣。玆選錄各家之評論於後，以供參閱：

章學誠文史通義詩話篇：

詩品之於論詩，視文心雕龍之於論文，皆專門名家勒爲成書之初祖也。文心體大而慮周，詩品思深而意遠，蓋文心籠罩羣言，而詩品深從六藝溯流別也。論詩論文而知溯流別，則可以探源經籍，而進窺天地之純，古人之大體矣。此意非後世詩話家流所能喩也。詩品文心專門著述，自非學富才優，爲之不易，故降而爲詩話，沿流忘源，爲詩話者不復知著作之初意矣。

黃叔琳文心雕龍注自序：

劉舍人文心雕龍一書，蓋藝苑之祕寶也。觀其苞羅羣籍，多所折衷，於凡文章利病，抉摘靡遺，綴文之士，苟欲希風前秀，未有可舍此而別求津逮者。

孫梅四六叢話作家四劉勰條：

案士衡文賦一篇，引而不發，旨趣躍如。彥和則探幽索隱，窮形盡狀，五十篇之內，百代之精華備矣。其時昭明太子纂輯文選，爲詞宗標準。彥和此書，實總括大凡，妙抉其心。二書宜相輔而行者也。自陳隋下訖五代，五百年閒，作者莫不根柢于此，嗚呼盛矣。

劉開書文心雕龍後：

示人以璞，探驪得珠，華而不汩其眞，鍊而不虧於氣，健而不傷於激，繁而不失之蕪，辨而不逞其偏，覈而不鄰於刻，文犀駭目，萬舞動心，誠曠世之宏材，軼羣之奇構也。

綜上以觀，無論注疏家，駢文家，散文家，以至史學家，莫不衆口一詞，於劉氏文心交相讚譽，江山文藻，信爲不朽矣。

第三節　蕭梁時代㈢

一　任昉文章緣起

任昉字彥昇，樂安博昌人，早有文譽，與蕭衍沈約范雲等同在竟陵八友之列，文采彬彬，不減建安鄴下之盛。初仕齊爲太常博士，入梁累官至新安太守，世有五經笥之目。

齊梁之世，偏安江左已踰百年，學術大昌，庋藏漸富，書籍既多，魯魚亥豕，自所難免，校讎之事，遂應時而興焉。南史任昉傳云：

自齊永元以來，祕閣四部，篇卷紛雜，昉手自讐校，由是篇目定焉。

任昉由讎校祕書，乃又進而注意文體之辨析，因著文章緣起一卷，從淵源上探究文體之性質，然後詳加分類。其自序云：

六經素有歌詩書誄箴銘之類。尚書帝庸作歌，毛詩三百篇，左傳叔向遺子產書，魯哀公孔子誄，孔悝鼎銘、虞人箴，此等自秦漢以來，聖君賢士沿著，爲文章名之始。故因暇錄之，凡八十四題，以新好事者之目云爾。

可見此書乃考秦漢以來文體之起源者。蓋篇什宏富，非析分體製，不足以應時需，是此書之作，頗有實用之目的在也。惟四庫提要云：

考隋書經籍志，載任昉文章始一卷，稱有錄無書。是其書在隋已亡。唐書藝文志載任昉文章始一卷，註曰張績補。績不知何許人，然在唐已補其亡，則唐無是書可知矣。宋人修太平御覽，所引書一千六百九十種，摯虞文章流別、李充翰林論之類，無不備收，亦無此名。……然王得臣爲嘉祐中人，而所作麈史有曰：『梁任昉集秦漢以來文章，名之始，目曰文章緣起，自詩賦離騷至於勢約，凡八十五題，可謂博矣』云云，所說一一與此本合，知北宋已有此本，其殆張績所補，後人誤以爲昉本書歟。（集部詩文評類文章緣起條）

雖疑其爲依託，然由同時之蕭統析分文體爲三十八類（見文選）觀之，則此書畫爲八十四類，非無可能，固不足詫異也。玆將八十四類文體表列於後。

(三七)文章緣起文體分類表

①三言詩	②四言詩	③五言詩	④六言詩	⑤七言詩	⑥九言詩	⑦賦	⑧歌	⑨離騷	⑩詔	⑪策文	⑫表	⑬讓表	⑭上書
⑮書	⑯對策	⑰上疏	⑱啓	⑲奏記	⑳牋	㉑謝恩	㉒令	㉓奏	㉔駮	㉕論	㉖議	㉗反騷	㉘彈文
㉙薦	㉚教	㉛封事	㉜白事	㉝移書	㉞銘	㉟箴	㊱封禪書	㊲讚	㊳頌	㊴序	㊵引	㊶志錄	㊷記
㊸碑	㊹碣	㊺誥	㊻誓	㊼露布	㊽檄	㊾明文	㊿樂府	(51)對問	(52)傳	(53)上章	(54)解嘲	(55)訓	(56)辭
(57)旨	(58)勸進	(59)喩	(60)難	(61)誡	(62)弔文	(63)告	(64)傳贊	(65)謁文	(66)祈文	(67)祝文	(68)行狀	(69)哀策	(70)哀頌
(71)墓誌	(72)誄	(73)悲文	(74)祭文	(75)哀詞	(76)挽詞	(77)七發	(78)離合詩	(79)連珠篇	(80)歌詩	(81)遺命	(82)圖	(83)勢	(84)約

任氏此書，無論性質、內容，以至分類方法，皆頗異於前後各家之文體論。茲分述之：

一、所拈八十四類，性質相同者甚多。除箴、銘、頌、讚、記、志錄六類外，均可分別歸類，臚列如下：

㈠詩類凡七

三言詩．四言詩．五言詩．六言詩．七言詩．九言詩．離合詩

㈡歌類凡四

歌．辭．樂府．歌詩

㈢賦類凡五

賦．離騷．反騷．連珠．七發

㈣詔類凡十一

詔．策文．教．訓．誥．誡．令．約．明文．哀策．遺命

㈤表奏類凡十五

表．上書．讓表．上疏．奏記．謝恩．上章．彈文．封事．勸進．對策．奏．駮．薦．告

㈥書牘類凡七

書．啓．牋．檄．白事．移書．露布

㈦論辯類凡七

論・議・旨・對問・解嘲・喻・難

㈧序類凡四

序・引・圖・勢

㈨碑誌類凡三

碑・碣・墓誌

㈩傳狀類凡三

傳・行狀・傳贊

⑾哀祭凡十二類

哀頌・哀詞・挽詞・悲文・誄・祭文・弔文・祝文・祈文・謁文・誓・封禪書

嚴格言之，但析爲十七類已可，而乃強畫爲八十四類，殊嫌繁瑣，學者苦之，故未能常行焉。四庫提要特糾其誤云：

今檢其所列，引據頗疎。如以表與讓表分爲二類，騷與反騷別立兩體。挽歌云起繆襲，不知薤露之在前。玉篇云起凡將，不知蒼頡之更古。崔駰達旨，即揚雄解嘲之類，而別立旨之一名。崔瑗草書勢，乃論草書之筆勢，而強標勢之一目。皆不足據爲典要。至於謝恩曰章，文心雕龍載有明釋，乃直以謝恩兩字爲文章之名，尤屬未協。疑爲依託。

二、論文體之原始，與劉勰所云，有相同者，有相異者，亦有意旨各別，不可強同者。舉例言之：任昉以五言詩始李陵與蘇武詩，劉勰則云：

至成帝品錄，三百餘篇，朝章國采，亦云周備，而辭人遺翰，莫見五言，所以李陵班婕好見疑於後代也。（文心明詩篇）

此其所異也。任昉以讚始司馬相如荊軻讚，劉勰則云：

至相如屬筆，始讚荊軻。（文心頌讚篇）

此其所同也。任昉以章表始漢淮南王劉安諫伐閩表，劉勰則以孔融薦禰衡表爲章表之始（文心章表篇），此則各具意旨，不可强同者也。又與劉存所云，差異尤大。四庫提要引王得臣麈史云：

任昉以三言詩起晉夏侯湛，唐劉存以爲始鷺于飛，醉言歸。任以頌起漢之王褒，劉以始於周公時邁。任以檄起漢陳琳檄曹操，劉以始於張儀檄楚。任以碑起於漢惠帝作四皓碑，劉以管子謂無懷氏封太山刻石紀功爲碑。任以銘起於秦始皇登會稽山，劉以爲蔡邕銘論黃帝有巾几之銘。

其與衆立異者，多類此。

三、任氏論文體名目，但就外表言之，而不及內容。又專就秦漢以下而言，秦漢以上，概付闕如。此層甚招後人訾議，蓋一切文體源於六經之觀念，早已深中人心，牢不可破矣。雖然，任氏既有五經笥之譽，焉有不知之理，觀其自序所云『六經素有歌詩書誄箴銘之類』可知也。其所以與衆異者，乃就文章之是否具體成形爲標準。卽以銘體而言，銘卽銘旌，爲出殯時棺柩前之旗幟。（詳見周禮春官司常）後之墓誌銘，卽脫胎於此者。若純就文體言，何者爲是，不辯自明，此則任氏之卓識也。提要所云，得無過當乎。

當唯美主義浪潮陵蕩江左之日，亦有一二守舊之士，抗心希古，獨樹一幟，違背時代風尚，欲以隻手逆挽狂瀾，雖僅漣漪之一現，而其志亦有足多者，裴子野其一也。

二　裴子野雕蟲論

子野字幾原，河東聞喜人，世傳史業，曾祖松之，有三國志注，祖駰，有史記集解，皆一代良史。梁武帝時，歷官至鴻臚卿，領步兵校尉，撰宋略二十卷，沈約見而歎曰：『吾弗逮也。』初，范縝遷國子博士，乃上表讓之曰：『伏見前冠軍府錄事參軍河東裴子野，幼稟至人之行，長厲國士之風，且家傳素業，世習儒史，苑圃經籍，遊息文藝。著宋略二十卷，彌綸首尾，勒成一代，屬辭比事，有足觀者。』其爲士流所推如此。

裴氏既殫精惇史，行文自重質素，而不尚藻采，普通年間，凡諸喩魏書檄，皆令草創。蓋梁初唯美巨浪猶未漫溢北國，典質之文易爲魏人所共喩也。

普通七年，王師北伐，敕子野爲喩魏文，受詔立成，高祖以其事體大，召尚書僕射徐勉、太子詹事周捨、鴻臚卿劉之遴、中書侍郎朱异，集壽光殿以觀之，時並歎服。高祖目子野而言曰：『其形雖弱，其文甚壯。』俄又敕爲書喩魏相元乂，其夜受旨，子野謂可待旦方奏，未之爲也，及五鼓，敕催令開齋速上，子野徐起操筆，昧爽便就。既奏，高祖深嘉焉。自是凡諸符檄，皆令草創。子野爲文典而速，不尚麗靡之詞，其制作多法古，與今文體異，當時或有詆訶者，及其末皆翕然重之。（梁書裴子野傳）

惟蕭綱素輕其文，以爲了無篇什之美，不宜多慕。

時有效謝康樂裴鴻臚文者，亦頗有惑焉。何者，謝客吐言天拔，出於自然，時有不拘，是其糟粕。裴氏乃是良史之才，了無篇什之美。是為學謝則不屆其精華，但得其冗長，師裴則蔑絕其所長，惟得其所短。謝故巧不可階，裴亦質不宜慕。故胸馳臆斷之侶，好名忘實之類，方分肉於仁獸，逞卻克於邯鄲，入鮑忘臭，効尤致禍。決羽謝生，豈三千之可及，伏膺裴氏，懼兩唐之不傳。故玉徽金銑，反為拙目所嗤，巴人下里，更合郢中之聽。（與湘東王論文書）

宋明帝時，每有宴集，輒陳詩展義，且以命朝臣，其戎士武夫，則請託不暇，困於課限，或買以應詔。於是天下向風，人自藻飾，雕蟲之藝，於斯大盛。裴氏因作雕蟲論譏之曰：

古者四始六藝，總而為詩，既形四方之風，且章君子之志。勸美懲惡，王化本焉。後之作者，思存枝葉，繁華蘊藻，用以自通。

若悱惻芳芬，楚騷為之祖，靡漫容與，相如和其音。由是隨聲逐影之儔，棄指歸而無執，賦詩歌頌，百帙五車。蔡邕等之俳優，揚雄悔為童子，聖人不作，雅鄭誰分。

其五言為詩家，則蘇李自出，曹劉偉其風力，潘陸固其枝柯。爰及江左，稱彼顏謝，箴繡鞶帨，無取廟堂。宋初迄於元嘉，多為經史，大明之代，實好斯文。高才逸韻，頗謝前哲，波流相向，滋有笁焉。自是閭閻年少，貴遊總角，罔不擯落六藝，吟咏情性，學者以博依為急務，謂章句為專魯，淫文破典，斐爾為功。無被于管絃，非止乎禮義。深心主卉木，遠致極風雲，其興浮，其志弱，巧而不要，隱而不深。討其宗途，亦有宋之遺風也。若季子聆音，則非興國，鯉也趨室，必有不敢。荀卿有

言：『亂代之徵，文章匿而采。』豈近之乎。全梁文五十三

本篇主旨在抨擊南朝之唯美文學，重點則在評議宋代詞人捨本逐本之流弊，謂其揚棄六經，專務吟詠性情，內容不外卉木風雲，有乖王化之本。蓋以史學家尚質闢文之觀點，欲有以修正專重辭藻之形式主義文學之偏差者。在唯美文學全盛時期，而發為是言，雖不足以改變一般文士之創作路線，然亦有可得而說者。

一、裴氏指斥宋賢所作，非『興浮』，即『志弱』，『巧而不要，隱而不深』云云，固極有見。惟其厭惡『吟詠情性』，徹底反對純文藝作品，則慮有未周，不能引起讀者之共鳴。夫盈天地間無物也，而所以物物者，一情之彌綸而已，有情而後有家國，有情而後有創作，未有無情之人而能熱愛家國者，亦未有無情之人而能從事創作者。無情之人而熱愛家國，其熱愛者偽也，無情之人而從事創作，其創作者亦偽也。裴氏不察創作文藝不能無情，竟拒情於千里之外，其庸有當乎。故蕭綱乃著文闢之曰：

若夫六典三禮，所施則有地，吉凶嘉賓，用之則有所。未聞吟詠情性，反擬內則之篇，操筆寫志，更摹酒誥之作。遲遲春日，翻學歸藏，湛湛江水，遂同大傳。與湘東王論文書

當舉世確認不能捨情而奢言創作之時，裴氏反而排斥緣情文學，不啻開時代之倒車，其論不為世所重，絕非意外。

二、文學為純藝術品，初與政治無關，不宜以時代之盛衰，作為衡量文學價值之標準。蓋文學每隨時代而轉移，因轉移而價值減低者有之，然轉移非即價值減低也。文學既不隨時代而降，故創作之水準苟無動移，則其價值即不稍減。陶謝之詩，徐庾之文，其所以並垂千古者，非以創作水準高乎前英耶，其有預於時

代之盛衰乎。而論者每以亡國之音痛詆南朝文學，一筆抹殺江左諸賢之心血，其最先唱者，則推裴子野。裴氏所謂『季子聆音，則非興國』云云，語雖痛切，其奈非文學之正解何。唐魏徵李延壽亦踵裴氏之說云：

> 梁自大同之後，雅道淪缺，漸乖典則，爭馳新巧。簡文湘東啓其淫放，徐陵庾信分路揚鑣。其意淺而繁，其文匿而彩，詞尚輕險，情多哀思。格以延陵之聽，蓋亦亡國之音乎。（隋書文學傳序○按北史文苑傳序亦載此文）

宋朱子所云，意亦同此。

> 有治世之文，有衰世之文，有亂世之文。六經，治世之文也。如國語委靡繁絮，眞衰世之文耳，是時語言議論如此，宜乎周之不能振起也。至於亂世之文，則戰國是也，然有英偉之氣，非衰世國語之文之比也。楚漢間文字，眞是奇偉，豈易及哉。（朱子全書）

朱子惡衰世之民氣不振，因以惡其文耳。是均以時代之盛衰，爲衡文美惡之標準。質言之，世運之興衰，僅足爲文學之一種印象，其文學價值之高卑，則又一問題。荀子云：『亂代之徵，文章匿而采。』使其言而爲千古定論者，則詩三百篇，悲憤亂離之作綦多，屈子之離騷亦出於亂世，未聞其匿采也，是其立論不足爲據。且文采僅文學外形之一耳，使損其一端而發展其他端，亦未足爲文章之累。故充諸子之言，亦不能定亂世文章價值之隆殺也。雖然，余非承認南朝綺靡文學爲不惡，惟藝術獨立，不能假他物爲標準，標準既非，高卑美惡，斯無當矣。（據近人李笠氏之說○見中國文學述評）

三、裴氏既退棄性情而推原王化，又力主文必『被於管絃，止乎禮義』云云，無非在阻止文學使勿脫離經學之藩籬，恢復建安以前附庸儒家之狀態。此種視經典爲萬能之復古思想，自漢以來傳統派（亦稱守舊派）學者無不有之，不獨裴氏而已。至唐元和中，白居易更集此派文學論之大成。

晉宋以還，得者蓋寡。以康樂之奧博，多溺於山水，以淵明之高古，偏放於田園。江鮑之流，又狹於此。如梁鴻五噫之例者，百無一二焉。於是六義寖微矣。陵夷至於梁陳間，率不過嘲風雪弄花草而已。噫，風雪花草之物，三百篇中豈捨之乎，顧所用何如耳。設如『北風其涼』，假風以刺威虐也。『雨雪霏霏』，因雪以愍征役也。『棠棣之花』，感花以諷兄弟也。『采采芣苢』，美草以樂有子也。皆興發於此，而義歸於彼，反是者，可乎哉。然則『餘霞散成綺，澄江靜如練』，『離花先委露，別葉乍辭風』之什，麗則麗矣，吾不知其所諷焉。故僕所謂嘲風雪弄花草而已。與元九書

則於宗經外，又益以致用之說。李笠中國文學述評云：

文章體製，未有久而不弊者。古人之文體雖佳，而材料之供給，有時而盡，文字之能力，有時而窮，故古今文體，不能不變也。顧炎武云：『詩文之所以代變，有不得不變者。一代之文，沿襲已久，不容人人皆道此語，今且千數百年矣，而猶取古人之陳言一一而摹仿之以為詩可乎。故不似，則失其所以為詩，似則失其為吾。』日知錄文體宜變，而文人始終崇仰經傳之文，不敢違離，雖人情風俗已變，而猶欲以典誥之語，型範一切，及其齟齬不安，遂歎世風之不古，文運之日衰，而不知文體之弊也。故以六經為目標，則秦漢之文不足觀也，以秦漢為目標，則魏晉齊梁之文不足觀也，況而下之，無不如此。使于漢文觀其賦與樂府，六朝觀其駢文與五言詩，唐觀其近體詩，宋觀其詞，元觀其南北曲，則古今人亦何遽不相及哉。奈論者以經傳為準，詩賦則目為六藝附庸，詞曲則鄙為文人餘事，謂之退

步，不亦宜乎。

準斯以談，則文學之非祖述經典者，不能謂之不足觀矣。故謂六朝某種文藝不足觀則可，謂一切六朝文學悉不足觀則不可。六朝文學（尤其是南朝文學）一無價値云者，乃含混之言，非明晰之言，乃宗經派、實用派、古典派之言，非唯美派、浪漫派、藝術至上派（art for art school）之言也。雖然，經稟聖裁，宗經非無可貴，但能師其精神，重其內容，卽無愧聖人之徒。若欲並其文體、修辭、形式而摹仿之，而逼肖之，規行矩步，不敢稍有踰越，則非人情矣。

總之，文藝之帶有社會弱點者，鮮不爲守舊派所詬病，南朝前期諸子由於追求新變之心過切，不合於儒家行文之常軌，遂爲裴氏所深責。裴氏復古理論雖不能轉移齊梁文士之創作方向，然已爲中唐古文運動埋下伏筆。故裴氏不但爲六朝唯美文學之反動派，抑且爲韓柳文學革命之先鋒軍也。

第四節　蕭梁時代㈣

一　鍾嶸詩品(1)

◀文學理論▶

梁祚初啓，評文論藝之風驟盛，其不染時代習尚，逆襲浪漫思潮，衡鑑詩作，獨具名家法眼，品第詩人，一若老吏斷獄，冥心孤往，勇於自信者，鍾嶸一人而已。鍾嶸字仲偉，梁潁川長社人，天監中，仕至晉安王記室。著詩品三卷，取漢魏至梁名家詩一百二十二人，分爲上中下三品，各繫評論，爲我國詩評專著最古而精之作，而與文心雕龍並稱文學批評之雙璧焉。其所分品第，容有偏失，所述流別，容有乖訛，然大抵當有所依，今特不可考耳。四庫提要云：

嶸學通周易，詞藻兼長。所品古今五言詩，自漢魏以來一百有三人，論其優劣，分爲上中下三品，每品之首，各冠以序，皆妙達文理，可與文心雕龍竝稱。近時王士禎，極論其品第之間，多所違失。然梁代迄今，邈踰千祀，遺篇舊製，什九不存，未可以掇拾殘文，定當日全集之優劣。惟其論某人源出某人，若一一親見其師承者，則不免附會耳。（集部詩文評類詩品條）

是其書雖未必盡美，要亦文苑之瓊枝也。

至鍾氏著詩品，蓋不滿於自晉世以來之創作與批評，玆分論之：

一、不滿於前世之衡文者　建安以來，衡文之作，代有新篇，然皆泛論文義，未有專論詩什者，實乃批評界之偏枯現象。蓋自東漢以迄齊梁，五言詩與駢體文並爲文學界之二大主流，才士蜂起，名章猥多，苟無品第之作，何有優劣之分。鍾氏有鑒於此，復深受班固九品論人、陳羣九品官人之影響，於是一反前修論文方式，於入選作家，悉加品第，使讀者由知其人而誦其詩，由誦其詩而論其世，層層深入，有條不紊。

陸機文賦，通而無貶，李充翰林，疎而不切，王微鴻寶，密而無裁，顏延論文，精而難曉，摯虞文志，詳而博贍，頗曰知言。觀斯數家，皆就談文體，而不顯優劣。至于謝客集詩，逢詩輒取，張騭文士，逢文卽書。諸英志錄，並義在文，曾無品第。

鍾氏以爲前修論文，或著眼於創作，或偏重於體製，或以主觀之愛憎，隨意銓評，或以鄉愿之態度，逢文或詩輒取，如此而欲示後學以南針，恐非易易。

昔九品論人，七略裁士，校以賓實，誠多未値。至若詩之爲技，較爾可知，以類推之，殆同博弈。蓋既蓄眞知灼見，故敢於裁量前英，品第甲乙，而不恤冒天下之大不韙焉。

二、不滿於江左之詩篇　自晉陸機潘岳諸子創作詞藝，務工裁對以後，至於元嘉，益變本加厲，用字則避陳翻新，織詞則彩麗競繁，隸事之富，尤遠邁前代。永明才穎之士，又共同發明聲律論，字必調平仄，句必協宮商。自是行文賦詩，彌多拘忌，其上焉者，固能馳騁自如，尚無大礙，其下焉者，則專事模擬，興寄都絕。鍾氏以爲長此以往，必將走火入魔，乃思有以繩糾其缺點，庶使庸音雜體，自此絕跡詩壇。

故辭人作者，罔不愛好。今之士俗，斯風熾矣。裁能勝衣，甫就小學，必甘心而馳騖焉。於是庸音雜體，人各爲容。至於膏衣子弟，恥文不逮，終朝點綴，分夜呻吟，獨觀謂爲警策，衆覩終淪平鈍。次有輕蕩之徒，笑曹劉爲古拙。謂鮑照羲皇上人，謝朓今古獨步。而師鮑照終不及『日中市朝滿』，學謝朓劣得『黃鳥度青枝』。徒自棄於高明，無涉於文流矣。

而其終極目的，則欲作者與讀者重新認識五言詩之藝術價値。

三、不滿於當代之評詩者　齊梁時代，唯美文學如日中天，尤其五言古詩經過數百年之努力，至此已成定型，其貽予詩壇之影響，自非淺鮮。而且當時文事猶操縱在士大夫手中，文人集團林立，文閥與學閥，所在多有。（請參閱本編第五章各節）故評詩風氣雖與時而俱盛，然大抵頌揚之作多，貶抑之詞少，劉繪有意口陳標榜，而美志不遂，蓋由文閥氣燄高張，乃不敢輕攖其鋒，以自詒伊戚也。

> 觀王公搢紳之士，每博論之餘，何嘗不以詩爲口實，隨其嗜欲，商榷不同，淄澠並汎，朱紫相奪，喧議競起，準的無依。近彭城劉士章俊賞之士，疾其淆亂，欲爲當世詩品，口陳標榜，其文未遂，感而作焉。

批評界混亂至此，非大張撻伐，實不足以辨是非，判優劣，否則詩學將永無進步之一日矣。近人許文雨氏持論甚精，其評古直鍾記室詩品箋云：

> 鍾嶸詩品，裁量八代高下，觀瀾索源，獨抒孤懷，信籠圈條貫之書，足以苞舉藝苑者矣。後世詩話家流，徒以瑣屑之辭，阿所私好，求其能嗣響此書者，乃曠世而未見也。夫藝文鼎盛之世，不施以密察之論，則無所準的，訛濫焉辨。郁郁八代，詩囿大啓。後學爲之目炫，矩矱賴有鍾氏，得非論文之幸事歟。（文論講疏附錄二）

以上爲鍾氏著書之旨趣所在，旨趣既明，乃可進窺其內容。茲依據吾師成楚望先生詩品與鍾嶸（見中央月刊三卷十一期）之說，參以管見，略舉二事以申明之。

㈠文學理論

詩品一書價値之高者，在於品第詩人，文學理論尚居其次。雖然，欲知其品第詩人之標準，不可不先明其文學理論，蓋品詩標準須以理論作基礎，否則標準架空，將無以觀其用心所在，而滋生誤會，其庸有當乎。

(1)詩歌起源論　人類所以爲萬物之靈者，以其有七情也。有情而後有感，有感而後有聲，有聲而後有詩。是詩歌之起，乃緣於人類情感之衝動，而人類情感之衝動，又緣於外物之刺激。故鍾氏云：

氣之動物，物之感人，故搖蕩性情，形諸舞詠。照燭三才，輝麗萬有，靈祇待之以致饗，幽微藉之以昭告，動天地，感鬼神，莫近於詩。

氣候之改變，足以影響萬物，萬物之遷化，又足以感動人心，而人心有所感動，則表現於詠歌舞蹈，是上古之世，詩樂舞三者固同出一源也。又云：

若乃春風春鳥，秋月秋蟬，夏雲暑雨，冬月祁寒，斯四候之感諸詩者也。嘉會寄詩以親，離羣託詩以怨。至於楚臣去境，漢妾辭宮，或骨橫朔野，或魂逐飛蓬，或負戈外戍，或殺氣雄邊，塞客衣單，孀閨淚盡。或士有解珮出朝，一去忘返，女有揚蛾入寵，再盼傾國。凡斯種種，感蕩心靈，非陳詩何以展其義，非長歌何以騁其情。故曰『詩可以羣，可以怨』。使窮賤易安，幽居靡悶，莫尙於詩矣。

言人類情感之衝動，除緣於氣候與萬物之變化外，舉凡身世之飄搖，遭際之不偶，亦皆足以激之。無論由於自然，或由於人爲，其受外在事物之刺激則一，而詩歌遂緣是而生矣。朱子詩集傳序亦云：

或有問於余曰：『詩何爲而作也。』余應之曰：『人生而靜，天之性也，感於物而動，性之欲也。夫既有欲矣，則不能無思，既有思矣，則不能無言，既有言矣，則言之所不能盡，而發於咨嗟詠歎之餘者，必有自然之音響節族而不能已焉。此詩之所以作也。』

是故情感實詩歌之源泉，而詩歌又爲文學之先導，皎然可見。

至五言詩之起源，世之論者，略分三派：

一、始於蘇李者　此派以任昉（文章緣起）、鍾嶸、裴子野（雕蟲論）、蕭統（文選）、葉燮（原詩）、沈德潛（說詩晬語）、黃季剛（詩品講疏）爲代表。

二、不始於蘇李者　此派以蘇軾（答劉沔書）、洪邁（容齋隨筆）、翁方綱（梁章鉅文選旁證引）、錢大昕（十駕齋養新錄）爲代表。

三、疑非始於蘇李者　此派以摯虞（文章流別論）、劉勰（文心雕龍明詩篇）爲代表。

聚訟紛紜，不知孰是。以意度之，似第一說較爲可信，第二第三兩說不過懸揣之辭，羌無實據，要難令人折服。鍾氏之說曰：

昔南風之辭，卿雲之頌，厥義敻矣。夏歌曰『鬱陶乎予心』，楚謠云『名余曰正則』，雖詩體未全，然是五言之濫觴也。逮漢李陵，始著五言之目矣。古詩眇邈，人世難詳，推其文體，固是炎漢之制，非衰周之倡也。自王揚枚馬之徒，辭賦競爽，而吟詠靡聞。從李都尉訖班婕妤，將百年間，有婦人焉，一人而已。詩人之風，頓已缺喪。東京二百載中，唯有班固詠史，質木無文。降及建安，曹公父子，篤好斯文，平原兄弟，鬱爲文棟，劉楨王粲，爲其羽翼。次有攀龍託鳳，自致於屬車者，蓋將百計。彬彬之盛，大備於時矣。爾後陵遲衰微，訖於有晉。太康中，三張二陸，兩潘一左，勃爾復興，踵武前王，風流未沫，亦文章之中興也。

中古時代，言五言詩之起源及其流變者，以此爲最詳，其後無論詩家、文學家、文學批評家，莫不奉爲圭臯，其在文學史上之價值，不難推知。黃季剛先生闡發其說云：

> 五言之作，在兩漢則歌謠樂府爲多，而辭人文士猶未肯相率模效。李都尉從戎之士，班婕妤宮闈之流，當其感物興歌，初不殊於謠諺。然風人之旨，感慨之言，竟能擅美當時，垂範來世，推其原始，故亦閭里之聲也。（詩品講疏）

論之至爲深洽，五言肇始之說，不煩言而解矣。

(2)反用典　自齊王儉首創隸事競賽（詳見本編二章二節三目），用典遂爲唯美文學不可或缺之要件，以期保持內容與形式之平衡。蓋用典乃文章修辭之一法，適量用典，不但能使文章搖曳生姿，抑且更能增高其藝術價值。惟用之太過，則有傷文之眞美，當唯美思潮泛濫時期，雖上乘詩人亦不能免於斯累。故鍾氏云：

> 夫屬詞比事，乃爲通談。若乃經國文符，應資博古，撰德駁奏，宜窮往烈，至乎吟詠情性，亦何貴於用事。『思君如流水』，旣是卽目，『高臺多悲風』，亦惟所見，『清晨登隴首』，羌無故實，『明月照積雪』，詎出經史。觀古今勝語，多非補假，皆由直尋。顏延謝莊尤爲繁密，于時化之，故大明泰始中，文章殆同書抄。近任昉王元長等，詞不貴奇，競須新事，爾來作者，寖以成俗。遂乃句無虛語，語無虛字，拘攣補衲，蠹文已甚。但自然英旨，罕值其人。詞既失高，則宜加事義。雖謝天才，且表學問，亦一理乎。

按鍾氏所舉四首白描詩，乃曹植等四人所作，錄之以便觀覽。

◀曹植雜詩：

高臺多悲風，朝日照北林。之子在萬里，江湖迥且深。方舟安可極，離思故難任。孤鴻飛南遊，過庭常哀吟。翹思慕遠人，願欲託遺音。形影忽不見，翩翩傷我心。

▲徐幹雜詩：

浮雲何洋洋，願因通我詞。飄飄不可寄，徙倚徒相思。人離皆復會，君獨無返期。自君之出矣，明鏡暗不治。思君如流水，何有窮已時。

▲謝靈運歲暮詩：

殷憂不能寐，苦此夜難頹。明月照積雪，朔風勁且哀。運往無淹物，年逝覺已催。

▲吳均答柳惲詩：

清晨登隴首，日暮飛狐谷。秋月照層嶺，寒風掃高木。霧露夜侵衣，關山曉催軸。君去欲何之，參差問原路。一見終無緣，懷悲終滿目。

又評顏延之詩云：

宋光祿大夫顏延之。其原出於陸機，尚巧似。體裁綺密，情喻淵深，動無虛散，一句一字，皆致意焉。又喜用古事，彌見拘束，雖乖秀逸，是經綸文雅才。雅才減若人，則蹈於困躓矣。湯惠休曰：『謝詩如芙蓉出水，顏如錯采鏤金。』顏終身病之。

又評任昉詩云：

梁太常任昉。彥昇少年爲詩不工，故世稱沈詩任筆，昉深恨之。晚節愛好既篤，文亦遒變，善銓事理，拓體淵雅，得國士之風，故擢居中品。但昉既博物，動輒用事，所以詩不得奇。少年士子，效其如此，弊矣。

綜覽前文，可知鍾氏乃自然主義（Naturalism）之提倡者，對於詩歌之創作，主張白描的『自然英旨』，而反對過分雕繪與動輒用典的『拘攣補衲』。

自鍾氏反對作詩用典之說出，在詩壇上引起極大震蕩，有表贊成者，有不以爲然者，纏訟千年，至今未已。茲分論之：

一、主張用典者　持此說者，以王世懋李沂爲代表。王氏藝圃擷餘：

今人作詩，必入故事。有持清虛之說者，謂盛唐詩卽景造意，何嘗有此。是則然矣，然未盡古人之變也。兩漢以來，曹子建出，而始爲宏肆，多主情態，此一變也。自此作者多入史語。謝靈運出，而易辭莊語無所不爲用矣。又一變也。杜子美出，而百家稗官，都作雅言，馬勃牛溲，咸成鬱致。於是詩之變極矣。子美而後，而欲令人毀靚妝，張空拳，以當市肆萬人之觀，必不能也。然則古詩雖白描，自六朝間已多用典實，至唐而用事之風尤盛。居今日而言詩，專主清空一派，太羹玄酒，鮮不厭其寡味矣。

李氏秋星閣詩話：

讀書非爲詩也，而學詩不可不讀書。詩須識高，非讀書則識不高，詩須力厚，非讀書則力不厚，詩須學富，非讀書則學不富。昔人謂子美詩無一字無來處，由讀書多也。苟以精神用之於讀書，則識見日益高，力量日益厚，學問日益富，詩之神理乃日益出，詩之精采乃日益煥。何患不能樹幟於騷壇，蜚聲於後世乎。

王氏言詩由古體降至今體，有不能不以隸事為修辭之一助者，確是事實。李氏則强調欲以詩名家者，須以學富為佐，杜律隸事甚多，則得力於學富，而仍不愧為古今第一高手，可見隸事與否，初無關於詩之價值。

二、反對用典者　持此說者，以黃子雲王國維為代表。黃氏野鴻詩的：

自漢以迄中唐，詩家引用典故，多本之於經傳史漢，事事灼然易曉。下逮溫李，力不能運清眞之氣，又度無以取勝，專搜漢魏諸秘書，括其事之冷寂而罕見者，不論其義之當與否，撦剝塡綴於詩中，以誇耀己之學問淵博，俗眼被其炫惑，皆為之卷舌申眉，咄咄嗟賞，師承惟恐或後。二人志慮若此，又安用考厥平生，而後知其邪僻哉。

王氏人間詞話：

大家之作，其言情也必沁人心脾，其寫景也必豁人耳目，其辭脫口而出，無矯揉妝束之態，以其所見者眞，所知者深也。詩詞皆然。持此以衡古今之作者，可無大誤矣。人能於詩詞中不為美刺投贈之篇，不使隸事之句，不用粉飾之字，則於此道已過半矣。以長恨歌之壯采，而所隸之事，共小玉雙成四字，才有餘也。梅村歌行，則非隸事不辦。原注：白居易長恨歌止有『轉教小玉報雙成』句為隸事，至吳偉業之圓圓曲則入手即用鼎湖事，以下隸事句不勝指數。白吳優劣，卽於此見。不獨作詩為然，塡詞家亦不可不知也。

黃氏謂故尋僻奧，自炫浩博者，必難免於點鬼溥之譏，是以善使故事，須如大匠斲輪，略無斧鑿痕跡。至王氏則堅決反對用典，乃純然自然主義之崇拜者。

三、持調和之說者　吳曾祺孫德謙均主調和二派之說。吳氏涵芬樓文談：

是故文之至者，問學不可不勤，見聞不可不廣，而至於字裏行間，卻不專以繁徵博引，爲此中之長技。自古能文之士，固有力破萬卷，博極羣書，而下筆之時，乃不見有一字，此乃融化痕迹，而納之於神味之中，爲文家之上乘。昔之論詩者，以羌無故實爲貴，卽文何獨不然。蓋作文之道，與數典異，數典之長，惟恐其不詳盡，苟一有不及，卽不免譾陋之譏。行文者惟有所棄，而後能有所取，所取愈廣，則其所棄亦愈多，故精華既集，則糟粕自除，臭腐能蠲，則神奇益顯。若論諸體之中，惟有考據一門，不得不以援引舊聞爲事，然其一篇佳處，亦全在斷制數語，古人所謂讀書得間者，此類是也。若不能尋間而入，則其所讀之書，皆死書耳。

孫德謙六朝麗指：

詩品云：『昉既博物，動輒用事，是以詩不得奇。』然則彥昇之詩，失在貪用事，故不能有奇致。吾謂其文亦然，皆由於隸事太多耳。語曰：『文翻空而易奇』，以此言之，文章之妙，不在事事徵實。若事事徵實，易傷板滯。後之爲駢文者，每喜使事而不能行淸空之氣，非善法六朝者也。

二君看法一致，均主張隸事不可太過，蓋深得鍾嶸之旨者也。

(3)斥聲病　自沈約王融諸子倡爲聲病之說，一時士流景慕，蔚然成風，而鍾氏則獨持異議，不爲所惑。其力抨永明聲律之非云：

昔曹劉殆文章之聖，陸謝爲體貳之才，銳精研思，千百年中，而不聞宮商之辨，四聲之論。或謂前達偶然不見，豈其然乎。嘗試言之：古曰詩頌，皆被之金竹，故非調五音，無以諧會。若『置酒高堂上』，『明月照高樓』，爲韻之首。故三祖之詞，文或不工，而韻入歌唱，此重音韻之義也，與世之言宮商異矣。今既不被管絃，亦何取于聲律耶。

謂前賢已重音律。蓋古者詩必入樂，故多協律，今既不被管絃，則無取聲韻。若必欲協律，首須去其拘束，返於自然。故又云：

齊有王元長者，嘗謂余云：『宮商與二儀俱生，自古詞人不知之，惟顏憲子乃云律呂音調，而其實大謬，唯見范曄謝莊頗識之耳。』嘗欲進知音論，未就。王元長創其首，謝朓沈約揚其波。三賢或貴公子孫，幼有文辯，于是士流景慕，務爲精密，襞積細微，專相陵架。故使文多拘忌，傷其眞美。余謂文製，本須諷讀，不可蹇礙，但令清濁通流，口吻調利，斯爲足矣。至平上去入，則余病未能，蜂腰鶴膝，閭里已具。

蓋人爲之聲律既行，則襞積細微，斲喪才性，且使文多拘忌，實增疵累。此乃上承范曄之自然聲律說，而非難沈約之人爲聲律說者也。

或曰，鍾氏微時，嘗求譽於沈約，被拒，其後遂挾嫌以報之。南史文學傳云：

鍾嶸嘗求譽於沈約，約拒之。及約卒，嶸品古今詩爲評，言其優劣云：『觀休文衆製，五言最優。齊永明中，相王愛文，王元長等皆宗附約。於時謝朓未遒，江淹才盡，范雲名級又微，故稱獨步。故當辭密於范，意淺於江。』蓋追宿憾，以此報約也。

按南史喜採小說家言，所言未可盡信。惟四庫提要乃云：

史稱嶸嘗求譽於沈約，約弗爲奬借，故嶸怨之，列約中品。案約詩列之中品，未爲排抑。惟序中深詆聲律之學，謂蜂腰鶴膝，僕病未能，雙聲疊韻，里俗已具。是則攻擊約說，顯然可見，言亦不盡無因也。

則又言之鑿鑿，其或然歟。

(4) 薄玄風　晉自永嘉以降，莊老盛行，玄風彌漫，詩歌最受影響，幾成佛經中之偈語，所謂情韻，所謂滋味，皆已蕩然不復存在。鍾氏乃慨乎言之曰：

永嘉時，貴黃老，稍尙虛談。于時篇什，理過其辭，淡乎寡味。爰及江表，微波尙傳，孫綽許詢桓庾諸公，詩皆平典似道德論，建安風力盡矣。先是郭景純用儁上之才，變創其體，劉越石仗淸剛之氣，贊成厥美，然彼衆我寡，未能動俗。

又曰：

永嘉以來，淸虛在俗。王武子輩詩，貴道家之言。爰洎江表，玄風尙備。眞長仲祖桓庾諸公猶相襲，世稱孫許彌善恬淡之詞。

風雅道喪，迨麗無聞，蓋未有甚於東晉者，宜乎鍾氏之薄之也。雖然，黃老乃自然主義者，鍾氏固提倡自然主義，似若自相矛盾，惟哲學上之自然主義，並非文學上之自然主義，二者截然有別。鍾氏非薄黃老，並非黃老之自然哲學，而是非薄因『貴黃老，尚虛談』所形成之『理過其辭，淡乎寡味』之玄言詩，此種玄言詩違反自然，非詩之正宗，其尤甚者，則直類野狐禪矣。

(5)重情思　前在詩歌起源論中，鍾氏以爲詩歌之產生，乃緣於人類情感遭受外物之激刺，此則其重情之一證。鍾氏鄙薄玄言詩，則以玄言詩無深情以絡之，此亦其重情之一證。鍾氏品詩但限五言，實以五言乃『指事造形，窮情寫物，最爲詳切者』，此又其重情之一證。鍾氏重情而外，又主張以思爲輔，惟情思交融之作，方能滋味醰醰，令人讚歎。評張華詩云：

晉司空張華。其原出於王粲。其體華豔，興託不奇，巧用文字，格爲姸冶。雖名高曩代，而疏亮之士，猶恨其兒女情多，風雲氣少。謝康樂云：『張公雖復千篇，猶一體耳。』今置之中品，疑弱，處之下科，恨少，在季孟之間耳。

所謂『兒女情多，風雲氣少』，嗤其有情無思，流爲姸冶，非傑構也。

(6)貴比興　詩之作法有三：曰賦，曰比，曰興。鍾氏論詩，輕賦而重比興，乃以比興之味深而賦之義直也。

故詩有三義焉，一曰興，二曰比，三曰賦。文已盡而意有餘，興也。因物喻志，比也。直書其事，寓言寫物，賦也。弘斯三義，酌而用之，幹之以風力，潤之以丹采，使味之者無極，聞之者動心，是詩之至也。若專用比興，患在意深，意深則辭躓。若但用賦體，患在意浮，意浮則文散。嬉成流移，文無止泊，有蕪漫之累矣。

按鄭衆周禮春官大師注云：『比者，比方於物也。興者，託事於物也。』是知比興乃出於聯想，比者明喻，興者暗喻，皆間接表現情志或描寫事物之修辭法，與吾國重含蓄之民族性正相合，故爲鍾氏所推重。

二　鍾嶸詩品(2)

◀品第詩人▶

(一)品第詩人

詩品品第詩人，雖未標明體例，然細繹全書，固隱然可見，歸納之約得五端：

(1)祇限五言　詩經爲詩之濫觴，其文句二言至八言皆備，而以四言爲最多，故謂先秦爲四言詩之時代可也。迤及梁代，雖四言、五言、六言、七言、三七雜言、五七雜言、三五七雜言、不定雜言等紛然並陳，語其主流，則非五言體莫屬，蓋四言已告式微，七言猶未成熟，自餘各體不過聊備一格而已。故詩品所錄，祇限五言。鍾氏述其理由云：

夫四言文約意廣，取效風騷，便可多得，每苦文繁而意少，故世罕習焉。五言居文辭之要，是衆作之有滋味者也，故云會於流俗，豈不以指事造形，窮情寫物，最爲詳切者耶。

此處明白指出四言詩之缺點有三：

一、四言文約意廣，祇須仿效國風離騷，便可從事創作。

二、四言太促，甚難達意，往往不能免於文繁意少之弊。

三、四言習之者不多，未能形成一派。

而五言詩則自漢魏以來，風行已久，爲衆作之最有滋味者，且本身所具備之藝術性優於四言，無論鑑賞批評，均極便利。又云：

陳思贈弟，仲宣七哀，公幹思友，阮籍詠懷，子卿雙鳧，叔夜雙鸞，茂先寒夕，平叔衣單，安仁倦暑，景陽苦雨，靈運鄴中，士衡擬古，越石感亂，景純詠仙，王微風月，謝客山泉，叔源離宴，鮑照戍邊，太沖詠史，顏延入洛，陶公詠貧之製，惠連擣衣之作，斯皆五言之警策者也。所以謂篇章之珠澤，文采之鄧林。

此則暗示世之才士，難兼衆美，雖鄧林魁父，亦但工其一體耳。即以曹氏父子而論，曹操以一代霸才，爲詩則但工四言，五言非其所長，故鍾氏置之於下品。曹植負繡虎之譽，亦僅以五言名世，四言如責躬應詔等篇，則遠出乃翁之下。此蓋才有所偏，非詩體之不可孳乳也。曹安云：『東坡詞如詩，少游詩如詞。』（讕言長語）陳師道云：『詩文各有體，韓以文爲詩，杜以詩爲文，故不工耳。』（後山詩話）斯言諒矣。

(2)不錄存者　以今存典籍觀之，不錄存者之例，以評詩言，實昉於鍾氏詩品，以選文言，則昉於蕭氏文選，後來文家，大都準此。鍾氏云：

其人既往，其文克定，今所寓言，不錄存者。

蓋論人品藝，必俟蓋棺而後論定，亦可免於標榜之嫌。

(3)三品升降　班固撰九品論人之表，陳羣定九品官人之法，皆不免於機械瑣細之譏。沈約亦有裁量工拙之言，其宋書謝靈運傳論云：

若夫敷衽論心，商榷前藻，工拙之數，如有可言。

惟止於筆談而已。其以銳利之眼光，綜覽千載之詩什，嚴分三品，無稍寬假者，鍾氏實爲第一人焉。

嶸今所錄，止乎五言。雖然，網羅今古，詞文殆集，輕欲辨彰清濁，掎摭病利，凡百二十人。預此宗流者，便稱才子。至斯三品升降，差非定制，方申變裁，請寄知者耳。

按鍾氏所品第者，凡一百二十二人（序言凡百二十人者舉其成數也），計上品十一人，中品三十九人，下品七十二人。今依次將其姓名、淵源、代表作品，列表於後：

㈢鍾嶸品第詩人一覽表

品第	時代	作者姓名	字號	淵源	代表作品
上品	漢	古詩		國風	
		李陵	少卿	楚辭	與蘇武三首
		班姬		李陵	怨歌行
	魏	曹植	子建	國風	七哀詩・贈白馬王彪・雜詩
		劉楨	公幹	古詩	公讌・雜詩・贈從弟
		王粲	仲宣	李陵	詠史・七哀詩

晉	阮　籍	嗣宗	小　雅	詠懷八十二首
	陸　機	士衡	曹　植	招隱・擬古・爲顧彥先贈婦
	潘　岳	安仁	王　粲	悼亡・河陽縣作・在懷縣作
	張　協	景陽	王　粲	詠史・雜詩
	左　思	太沖	劉　楨	詠史・招隱
宋	謝靈運		曹　植	晚出西堂・登池上樓・擬魏太子鄴中集
中品				
漢	秦　嘉	士會		留郡贈婦
	徐　淑			答秦嘉
魏	曹　丕	子桓	李　陵	雜詩
	何　晏	平叔		擬古
	應　璩	休璉	曹　丕	百一詩
晉	嵇　康	叔夜	曹　丕	幽憤・酒會
	張　華	茂先	王　粲	答何劭・情詩・雜詩

孫楚	子荊	王粲	征西官屬送於陟陽侯作
王讚	正長		雜詩
張翰	季鷹		雜詩
潘尼	正叔		迎大駕
陸雲	士龍		爲顧彥先贈婦・答兄機
石崇	季倫		王明君辭
曹攄	顏遠		感舊
何劭	敬祖		贈張華・雜詩・遊仙
劉琨	越石	王粲	重贈盧諶・扶風歌
盧諶	子諒	王粲	答魏子悌・時興・覽古
郭璞	景純	潘岳	遊仙
袁宏	彥伯		詠史
郭泰機			答傅咸・乞食・移居
顧愷之	長康		拜桓武墓

宋	謝世基			詩佚
	顧邁			詩佚
	戴凱			詩佚
	陶潛	淵明	應璩	歸園田居・飲酒・擬古・雜詩
	顏延之	延年	陸機	五君詠・北使洛・秋胡行
	謝瞻	宣遠	張華	答靈運・九日從宋公戲馬臺集送孔令
	謝混	叔源	張華	遊西池
	袁淑	陽源	張華	傚古
	王微	景玄	張華	雜詩
	王僧達		張華	答顏延年・和琅邪王仿古
	謝惠連			秋懷・擣衣
	鮑照	明遠	張華・張協	詠史・還里道中作
齊	謝朓	玄暉	謝混	新亭渚別范零陵・晚登三山還望京邑
	江淹	文通	王微・謝朓	望荊山・雜體詩

	梁	范雲	彥龍		有所思・別詩・贈張徐州謖
	梁	丘遲	希範		旦發漁浦潭
	梁	任昉	彥昇		出郡傳舍哭范僕射
	梁	沈約	休文		宿東園・早發定山
下品	漢	班固	孟堅		詠史
	漢	酈炎	文勝		見志
	漢	趙壹	元叔		疾邪
	魏	曹操	孟德		苦寒行・卻東西門行
	魏	曹叡	元仲		長歌行・種瓜篇
	魏	曹彪	朱虎		詩佚
	魏	徐幹	偉長		室思・雜詩
	魏	阮瑀	元瑜		駕出北郭門行
	晉	歐陽建	堅石		臨終
	晉	應璩			

嵇含	君道		悅晴
阮侃	德如		答嵇康
嵇紹	延祖		贈石季倫
棗據	道彥		雜詩
張載	孟陽		七哀
傅玄	休奕		雜詩・明月篇
傅咸	長虞		贈何劭王濟
繆襲	熙伯		挽歌
夏侯湛	孝若		詩佚
王濟	武子		詩佚
杜預	元凱		詩佚
孫綽	興公		秋日
許詢	玄度		竹扇
戴逵	安道		詩佚

殷仲文	仲文		南州桓公九井作
宋			
傅亮	季友		奉迎大駕道路賦詩
何長瑜			詩佚
羊璿之	曜璠		詩佚
范曄	蔚宗		樂遊應詔
劉駿	休龍		登覆舟山
劉鑠	休文		白紵曲・擬行行重行行
劉宏	休度		詩佚
謝莊	希逸		遊豫章西觀洪崖井・北宅秘圖
蘇寶生			詩佚
陵修之			詩佚
任曇緒			詩佚
戴法興			詩佚
區惠恭			雙枕

齊

惠休上人			怨詩行
道猷上人			陵峯採藥觸興爲詩
釋寶月			估客樂
蕭道成	紹伯		群鶴詠
張永	景雲		詩佚
王儉	仲寶		春日家園
謝超宗		顏延之	詩佚
丘靈鞠		顏延之	詩佚
劉祥	顯徵	顏延之	詩佚
檀超	悅祖	顏延之	詩佚
鍾憲		顏延之	詩佚
顏則		顏延之	詩佚
顧則心		顏延之	詩佚
毛伯成			詩佚

吳邁遠			飛來雙白鵠・古意贈今人・長相思
許瑤之			詠楠榴枕
鮑令暉			擬客從遠方來・題書後寄行人
韓蘭英			詩佚
張融	思光		別詩
孔稚珪	德璋		遊太平山・白馬篇
王融	元長		寒晚敬和何徵君點
劉繪	士章		有所思
江祏	弘業		詩佚
王屮	簡棲		詩佚
卞彬	士蔚		詩佚
卞錄			詩佚
袁嘏			詩佚
張欣泰	義亨		詩佚

梁		
范縝	子眞	詩佚
陸厥	韓卿	奉答内兄希叔
虞羲	士光	詠霍將軍北伐
江洪		詠荷
鮑行卿		詩佚
孫察		詩佚

鍾氏品詩之標準尺度有三，玆申而明之：

一、以五言詩爲限，五言以外各體，縱有名章美製，悉在屏除之列。故曹操以四言詩高視六代，但仍屈居下科。

二、以自然爲原則，以雅正爲極致。李陵班姬慨歎身世，其詩悉以血淚凝成者，合於自然主義之原則，故均置之上品。曹植劉楨陸機左思謝靈運擇源國風，稟承溫柔敦厚之教，爲詩之正統，故亦均列於上品。蓋自然爲雅正之原則，雅正乃自然之極致，鍾氏既崇尚自然，故其論詩以雅正爲主，亦勢所必然也。（本段採吾師成楚望先生之說）

三、以文質兼備爲美，以情韻深長爲上。曹植詩『骨氣奇高，詞采華茂，情兼雅怨，體被文質。』張協詩『詞采葱蒨，音韻鏗鏘，使人味之，亹亹不倦。』二家詩均合於此一標準，故高居上科，餘若王粲阮籍潘岳三賢之作，亦罔不如是。

品詩之尺度既明，然後反觀前表升降詩人之次第，其淵識孤懷，自能全了。否則必致橫生枝節，深滋誤會也。如王世貞藝苑巵言云：

吾覽鍾記室詩品，折衷情文，裁量事代，可謂允矣，詞亦奕奕發之。第所推源出於何者，恐未盡然。邁凱昉約，濫居中品，至魏文不列乎上，曹公屈第乎下，尤爲不公，少損連城之價。

蘭莊詩話云：

鍾嶸品陶潛詩：『文體省靜，殆無長語，篤意眞古，辭興婉愜，古今隱逸詩人之宗也。』可謂知言矣，而寘之中品。其上品十一人，如王粲阮籍輩，顧右於潛耶。論者謂嶸洞悉元理，曲臻雅致，標揚極界，以示法程，自唐而上莫及也。吾獨惑於處潛焉。

王士禛漁洋詩話云：

鍾嶸詩品，余少時深喜之，今始知其踳謬不少。嶸以三品銓敍作者，自譬諸九品論人，七略裁士，乃以劉楨與陳思并稱，以爲文章之聖。夫楨之視植，豈但斥鷃之與鯤鵬耶。又置曹孟德下品，而楨與王粲反居上品，他如上品之陸機潘岳，宜在中品，中品之劉琨、郭璞、陶潛、鮑照、謝朓、江淹，下品之魏武，宜在上品，下品之徐幹、謝莊、王融、帛道猷、湯惠休，宜在中品，而位置顚錯，黑白淆譌，千秋定論，謂之何哉。建安諸子，偉長實勝公幹，而嶸譏其『以莛扣鐘』，乖反彌甚，至以陶潛出于應璩，郭璞出于潘岳，鮑照出于二張，尤陋矣，又不足深辨也。

可謂衆口喧騰，羣目震駭，必欲翻千古之案而後快者然，此皆不能詳究其品詩尺度有以致之，甚矣哉解人之難索也。夫嚴定等倫，敢於自任，乃負責之表現，遠非彼鄉愿批評家所能及，文學創作所以能日新其業者，非賴此種批評精神之弘揚耶。今特擧爭論最多之陶潛爲例，以進窺鍾氏之用心所在。

鍾氏之於陶潛，景仰備至。其評語云：

宋徵士陶潛。其原出於應璩，又協左思風力。文體省淨，殆無長語。篤意眞古，辭興婉愜，每觀其文，想其人德，世嘆其質直。至如『歡言酌春酒』，『日暮天無雲』，風華淸靡，豈直爲田家語耶。古今隱逸詩人之宗也。

推許至此，寧能復加。雖然，景仰爲一事，評詩又爲一事，不宜混爲一談。西諺云：『吾愛吾師，吾更愛眞理。』『吾愛吾師』爲感情之作用，『吾更愛眞理』則爲理智之萌發。鍾氏深知感情背後之理智恆爲最高文學創作之隱括，故評陶詩，完全訴諸理智，而不訴諸感情。中外第一流文學批評論家，無不如是，不獨鍾氏也。鍾氏所以置陶詩於中品者，殆有三故，請言其詳：

一、鍾氏生丁唯美文學全盛之日，耳之所濡，目之所接，無一而非唯美之作，時日既久，遂不免爲之移氣移體。故其品鑑詩藝，雖以自然主義爲核心，畢竟仍受時代限制，不能完全跳出唯美文學之範疇。陶公之作，與唯美條件相去懸絕，自難見重於充滿唯美思想之文學批評家。

二、鍾氏品鑑標準，固兼重文質，惟當二者均達一定水準時，則以詞華絢爛爲優。（此亦六朝文評家之持論標準）陶詩中風華淸靡如『歡言酌春酒』、『日暮天無雲』之句，究居少數，其餘自不免爲田家語，是其關鍵又在質木無文。夫以田家語入詩，在唐宋人眼中，自具甚高價值。（唐詩有田園一派與其他各派分庭而抗詳見本編第六朝人門閥觀念既重三章三節），文柄又操在世族手中（詳見本編五章三節），以一曾任短期縣令，旋卽歸耕於廬山下之農夫，既無地位，而其作風沖淡閒遠，復與時尚相違，如此而欲邀貴族文人之一盼，良非易易。故北齊陽休之評其詞采未優（見靖節先生集陶澍集注引陶集序錄），言外之意，或以素朴太過爲病。而劉勰撰文心，抑揚詩人，無慮百數，亦竟無片辭隻字相及。蕭統序其集曰：

其文章不羣，詞采精拔，跌蕩昭章，獨起衆類，抑揚爽朗，莫之與京。橫素波而傍流，干靑雲而直上。語時事則指而可想，論懷抱則曠而且眞。加以貞志不休，安道苦節，不以躬耕爲恥，不以無財爲病，自非大賢篤志，與道汙隆，孰能如此者乎。余愛嗜其文，不能釋手，尚想其德，恨不同時，故更加搜求，粗爲區目。

雖致敬慕之忱，然文選所錄陶作，僅及九首，持較王粲之十四首，曹植之三十九首，阮籍之十九首，潘岳之二十二首，陸機之百餘首，左思之十五首，謝靈運之四十三首（以上均詩品列於上科者），相去誠不可以道里計矣。駱鴻凱文選學云：

楚辭別有專集，故選僅拔取其尤。鮑謝採錄不遺，淵明猶有未備，此自爾時士論趨嚮如此。所以記室評詩，淵明夷之中品，而隱侯宋書謝靈運傳論暢言文變，亦獨遺淵明而弗及也。（義例第二）

綜觀衆說，陶公之被列中品，確爲一時風會所限，未爲排抑也。

三、對南朝詩藝著藍篳啓疆之功，具有極大之影響力者，爲曹植陸機謝靈運。陶公於此曾無貢獻，且反其道而行，其不爲齊梁人所喜也必矣。設鍾氏位陶公於上科，使與曹陸謝三君比肩，則其將何以自解，又將何以杜悠悠之口。

總上所述，陶公以田園爲詩材，去平典之作未遠，律以齊梁人之鑑賞標準，其不降爲下品，與曹操爲伍，已屬幸事。故鍾氏置之中品，且譽爲古今隱逸詩人之宗，誠多之也。後人囿於成見，昧於凡例，而又未能體會鍾氏所處之時代環境，徒爲是丹非素之論，不亦可以已乎。

(4)追溯源流　鍾氏品詩，動曰某源出某，某憲章某，某祖襲某，皆揣其聲辭而批判之結論，因歸納爲國風、小雅、楚辭三派，其振葉尋根、觀海索源之苦心，灼然可見。今總其大較而表列之。（見七〇七頁）

觀此表，可得而言者有三：

一、强調上品詩人皆淵源有自。如論阮籍云：

晉步兵阮籍。其原出於小雅。無雕蟲之巧。而詠懷之作，可以陶性靈，發幽思，言在耳目之內，情寄八荒之表，洋洋乎會於風雅，使人忘其鄙近，自致遠大，頗多感慨之詞。厥旨淵放，歸趣難求。顏延年注解，怯言其志。

論謝靈運云：

宋臨川太守謝靈運。其原出於陳思，雜有景陽之體。故尚巧似，而逸蕩過之，頗以繁富爲累。嶸謂若人興多才高，寓目輒書，內無乏思，外無遺物，其繁富宜哉。然名章迥句，處處間起，麗典新聲，絡

㊴詩品五言詩作家源流表

- (一)國風
  - 古詩(上)——劉楨(上)——左思(上)
  - 曹植(上)
    - 陸機(上)——顏延之(中)
      - 謝超宗(下)
      - 丘靈鞠(下)
      - 劉祥(下)
      - 檀超(下)
      - 鍾憲(下)
      - 顏則(下)
      - 顧則心(下)
    - 謝靈運(上)
- (二)小雅——阮籍(上)
- (三)楚辭——李陵(上)
  - 班姬(上)
  - 王粲(上)
    - 潘岳(上)——郭璞(中)
    - 張華(中)
      - 謝瞻(中)
      - 謝混(中)——謝朓(中)
      - 袁淑(中)
      - 王微(中)
      - 王僧達(中)——江淹(中)
      - 鮑照(中)
    - 張協(上)——鮑照(中)——沈約(中)
      - 王融(下)
      - 劉繪(下)
    - 劉琨(中)
    - 盧諶(中)
  - 曹丕(中)
    - 應璩(中)——陶潛(中)
    - 嵇康(中)

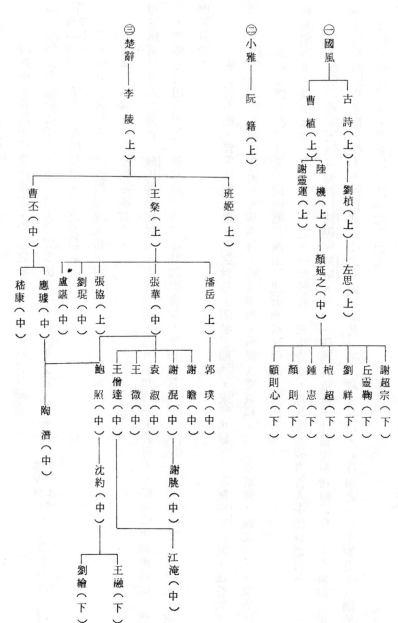

繹奔會。譬猶青松之拔灌木，白玉之映塵沙，未足貶其高潔也。

而中品詩人率能取法乎上，下品詩人亦能取法乎中。取法乎上者，得乎其中但亦有得乎其上者，取法乎中者，得乎其下但亦有得乎其中者，頗能示人以初學入手之要領。

二、所論三宗源流，非純爲臆說。如品謝朓云：

朓極與余論詩，感激頓挫過其文。

謝朓爲當時詩人之秀者，鍾氏嘗與之討論，卽此一端，已可推知詩品未殺青前，必與時流鄭重商榷，然後定案，非師心自用者可比。故其論同時之謝朓源出謝混，沈約憲章鮑照，卞彬追慕袁宏，當可採信。又論郭泰機等有云：

晉處士郭泰機，晉常侍顧愷之，宋謝世基，宋參軍顧邁，宋參軍戴凱。泰機寒女之製，孤怨宜恨，長康能以二韻答四首之美，世基橫海，顧邁鴻飛，戴凱人實貧羸，而才章富健。觀此五子，文雖不多，氣調警拔。吾許其進，則鮑照江淹未足逮止。越居中品，僉曰宜哉。

其謹愼將事，廣徵衆議，又可於此見之。一臠旣嘗，鼎味立知，特其所根據者吾人不能詳悉耳。

三、旣明白標示五言詩淵源於詩經與楚辭，又一一敍述其流派，此種先河後海之作法，不啻爲後進指出一條明確的學詩途徑，使人人得以就其性之所近，師其一派，攻讀其詩，終身用之，有不能盡。是則鍾氏所以沾漑文苑藝圃者，又不僅品詩一端而已矣。

※　※　※

天下之事，固無絕對之美，亦無絕對之惡，鍾氏綆汲八代，獨抒孤懷，爲吾國文學批評界樹立典範，雖意未全愜，而藍篳維艱，勢難盡善，後人毀譽交加，乃必然之事也。譽之者曰：

古人論詩，研究體源，鍾記室謂李陵出于楚辭，陳王出于國風，劉楨出于古詩，王粲出于李陵，莫不應若宮商，辨同蒼素。（錢謙益與遵王書）

詩品之於論詩，視文心雕龍之於論文，皆專門名家勒爲成書之初祖也。文心體大而慮周，詩品思深而意遠，蓋文心籠罩羣言，而詩品深從六藝溯流別也。（原注：如云某人之詩，其源出於某家之類，最爲有本之學，其法出於劉向父子。）論詩論文而知溯流別，則可以探源經籍，而進窺天地之純，古人之大體矣。此意非後世詩話家流所能喻也。（文史通義詩話篇）

鍾嶸詩品謂淵明詩其源出於應璩，又協左思風力，葉少蘊嘗辨之矣。愚按太沖詩渾樸，與靖節略相類，又太沖常用魚、虞二韻，靖節亦常用之，其聲氣又相類。應璩有百一詩，亦用此韻，中有云：『前者隳官去，有人適我閭，田家無所有，酌酒焚枯魚。』又三叟詩簡樸無文，中具問答，亦與靖節口語相近，嶸蓋得之於驪黃間耳。（許學夷詩源辨體）

其言皆深有見地，不可誣也。至毀之者則曰：

魏晉間人詩，大抵專工一體，如侍宴、從軍之類。故後來相與祖習者，亦但因其所長取之耳。謝靈運擬鄴中七子與江淹雜擬是也。梁鍾嶸作詩品，皆云某人詩出於某人，亦以此。然論陶淵明乃以爲出於應璩，此語不知其所據。應璩詩不多見，惟文選載其百一詩一篇，所謂『下流不可處，君子愼厥初』

者，與陶詩了不相類。五臣注引文章錄云：『曹爽用事，多違法度，璩作此詩，以刺在位，意若百分有補於一者。』淵明正以脫略世故，超然物外爲意，顧區區在位者，何足累其心哉。且此老何嘗有意欲以詩自名，而追取一人而模放之，此乃當時文士與世進取競進而爭長者所爲，何期此老之淺，蓋嶸之陋也。（葉夢得石林詩話）

茂先詩，詩品謂其『兒女情多，風雲氣少』，此亦不盡然。總之筆力不高，少凌空矯捷之致。安仁詩品，又在士衡之下。鍾嶸評左詩，謂『野於陸機，而深於潘岳』，此不知太沖者也。太沖胸次高曠，而筆力又復雄邁，陶冶漢魏，自製偉詞，故是一代作手，豈潘陸輩所能比埒。郭璞游仙詩，本有託而言，坎壈詠懷，其本旨也。鍾嶸貶其少列仙之趣，謬矣。陶淵明以名臣之後，際易代之時，欲言難言，時時寄託，不獨詠荆軻一章也。六朝第一流人物，其詩有不獨步千古者耶。鍾嶸謂其原出於應璩，成何議論。（沈德潛說詩晬語）

夫詩人身價非一成不變者，往往伴隨時代風尙而升降焉。唐宋以還，自然主義日盛，陶公地位自亦驟高，葉沈二君所抨擊者，大要不出於廻護陶公，使其陵駕六朝之上而已。平情而論，詩品一書，究未盡美盡善，其待後世修正改造者尙多。雖然，當鍾氏之時，而有鍾氏之作，終不可謂非卓犖不羣之士也。

第九章　魏晉南北朝之文學思想（四）

第一節　蕭梁時代㈤

一　蕭統與文選⑴

蕭統之文學理論

蕭梁享國雖淺，而文學理論家輩出，撰述宏富，紛然雜陳，要而歸之，略分三派：一曰守舊派，鍾嶸、裴子野、劉之遴（梁書劉之遴傳：之遴好屬文，多學古體，與河東裴子野、沛國劉顯常共討論書籍，因爲交好。）等屬之。二曰趨新派，蕭綱、蕭子顯、徐陵等屬之。三曰折衷派，劉勰、蕭統、劉孝綽等屬之。折衷云者，謂調和於新舊之間，而不爲已甚。此派以劉勰開其先，蕭統主其盟，劉孝綽等則其羽翼者也。

統字德施，武帝長子，世稱昭明太子。少有文譽，引納才學之士，賞愛無倦。恒自討論篇籍，或與學士商榷古今，間則繼以文章著述，率以爲常。于時東宮有書幾三萬卷，名才並集，文學之盛，晉宋以來，未之有也。著有文集二十卷，又撰古今典誥文言爲正序十卷，五言詩之善者爲文章英華二十卷，文選三十卷。

昭明生值南齊末葉，於時東昏失德，屠戮大行，王公貴族授首闕下者，踵相接。（請參閱本編一章三節三目及三章三節三目）昭明雖未能親見，然耳之所聞，已足驚心。逮年事益長，輒感於福禍無常，哀樂難憑，雖貴爲帝胄，亦莫能外之，於是自然主義思想遂隱然勃發，而時時流露於篇什之中焉。

夫自衒自媒者，士女之醜行，不忮不求者，明達之用心。是以聖人韜光，賢人遁世，其故何也。含德之至，莫踰於道，親己之切，無重於身。故道存而身安，道亡而身害。處百齡之內，居一世之中，倏忽比之白駒，寄寓謂之逆旅，宜乎與大塊而榮枯，隨中和而任放，豈能戚戚勞於憂畏，汲汲役于人間。齊謳趙舞之娛，八珍九鼎之食，結駟連鑣之遊，侈袂執圭之貴，樂則樂矣，憂則隨之。何倚伏之難量，亦慶弔之相及。智者賢人居之，甚履薄冰，愚夫貪士競此，若泄尾閭。玉之在山，以見珍而招破，蘭之生谷，雖無人而猶芳。莊周垂釣於濠，伯成躬耕於野，或貨海東之藥草，或紡江南之落毛。譬彼鴛雛，豈競鳶鴟之肉，猶斯雜縣，寧勞文仲之牲。至如子常甯喜之倫，蘇秦衞鞅之匹，死之而不疑，甘之而不悔。主父偃言：『生不五鼎食，死卽五鼎烹。』卒如其言，亦可痛矣。陶淵明集序

人類生命，既如駒隙之俄遷，世間利祿，又如腐鼠之無味，惟有極力提高精神生活，庶幾不爲外物所奴役。

性愛山水，於玄圃穿築，更立亭館，與朝士名素者遊其中。嘗泛舟後池，番禺侯軌盛稱『此中宜奏女樂』。太子不答，詠左思招隱詩曰：『何必絲與竹，山水有清音。』侯慚而止。出宮二十餘年，不畜聲樂。少時，敕賜太樂女妓一部，略非所好。梁書本傳

絲竹女樂，固能滿足耳目一時之欲，事後依然有空虛寂寞之感，猶未若縱情山水之爲得也。

或日因春陽，其物韶麗，樹花發，鶯鳴和，春泉生，暄風至，陶嘉月而嬉游，藉芳草而眺矚。或朱炎受謝，白藏紀時，玉露夕流，金風多扇，悟秋山之心，登高而遠託。或夏條可結，倦於邑而屬詞，多雪

千里，覩紛霏而興詠。……不如子晉，而事似洛濱之游，多愧子桓，而興同漳川之賞。漾舟玄圃，必集應阮之儔，徐輪博望，亦招龍淵之侶。校覈仁義，源本山川，旨酒盈罍，嘉肴益俎。曜靈既隱，繼之以朗月，高舂既夕，申之以淸夜。（答湘東王求文集及詩苑英華書）

蓋經常投入大自然之懷抱，藉芳草，悟秋心，方能使襟懷日益高潔，人生日益優美，而終則上達於列仙渾然忘我，與天地同遊之理想境界。其對大自然之崇拜，與夫對神仙世界之嚮往，有非常人所能企及者。

昭明太子愛文學士，常與筠及劉孝綽陸倕到洽殷芸等遊宴玄圃，太子獨執筠袖撫孝綽肩而言曰：『所謂左把浮丘袖，右拍洪崖肩。』（梁書王筠傳）

惟其胸次高曠，才識深美，乃逐漸由對大自然之崇拜轉而對純文學之崇拜，故其文學理論獨能折衷諸家，模範百世也。今試分別言之：

㈠文學進化論

昭明上承葛洪今必勝古之說（請參閱本編六章五節一目），以為文學一事，恆隨時代進步之需要而日新，由質趨文，由樸趨麗。

式觀元始，眇覿玄風，冬穴夏巢之時，茹毛飲血之世，世質民淳，斯文未作。逮乎伏羲氏之王天下也，始畫八卦，造書契，以代結繩之政，由是文籍生焉。易曰：『觀乎天文，以察時變，觀乎人文，以化成天下。』文之時義遠矣哉。

若夫椎輪為大輅之始，大輅寧有椎輪之質，增冰為積水所成，積水曾微增冰之凛。何哉，蓋踵其事而

增華，變其本而加厲。物既有之，文亦宜然，隨時變改，難可詳悉。（文選序）

言文字肇興，僅具實用價值，其後人文日繁，而載文之工具日便，外內表裏，遂相資而彌盛，由摛詞淳素變爲麗藻繽紛，由實用價值轉入藝術價值。此則以變動的歷史眼光投射於文學發展之軌跡上，而作點、線、面之綜合觀察，遂成千秋定論。劉勰亦有此種觀念，其文心雕龍通變篇云：

黃唐淳而質，虞夏質而辨，商周麗而雅，楚漢侈而豔，魏晉淺而綺，宋初訛而新。

又贊云：

文律運周，日新其業，變則其久，通則不乏。趨時必果，乘機無怯，望今制奇，參古定法。

或曰，昭明嘗敬禮劉勰（事見梁書文學傳），文學理論不免受其啓發，其或然歟。

㈡緣情說

一篇美的文章，必有眞情以絡之，此自陸機以後文學批評家之一致看法也。昭明亦云：

詩者，蓋志之所之也，情動於中而形於言。（文選序）

又云：

其文章不羣，辭彩精拔，跌宕昭彰，獨超衆類，抑揚爽朗，莫之與京，橫素波而傍流，干青雲而直上，語時事則指而可想，論懷抱則曠而且眞。（陶淵明集序）

頗能探究文章之本，蓋文藝創作乃所以抒情，必有其情者始克有其文，無其情而勉强爲之，直若無源之水，無根之木，其枯涸可立而待也。昭明又謂惟『綜緝辭采，錯比文華，事出沈思，義歸翰藻』之作，乃得稱爲美文。故文章之美者，除內秉眞誠之情，自然流露以出外，仍須有思想、詞華以佐之。西哲亨德（Theodore W. Hunt）亦云：

文學爲貫徹想像、感情（feelings）、興趣、思想之文字表現，而使一般人易於理解，並引起其興味於無形中者也。（文學原理及問題）

是則感情乃文學之基本動力，中西學者所見，大致相同也。

㈢文學封域論

文學有廣狹二義：舉凡經史子集，以至語錄小說，而具有文學之形式者，皆是文學，此文學之廣義者也。惟巧思內運，詞華外現，而具有藝術美之作品，始可稱爲文學，此文學之狹義者也。昭明論文，取其狹義。

若夫姬公之籍，孔父之書，與日月俱懸，鬼神爭奧，孝敬之准式，人倫之師友，豈可重以芟夷，加之剪截。老莊之作，管孟之流，蓋以立意爲宗，不以能文爲本，今之所撰，又以略諸。若賢人之美辭，忠臣之抗直，謀夫之話，辨士之端，冰釋泉涌，金相玉振。所謂坐狙丘，議稷下，仲連之卻秦軍，食其之下齊國，留侯之發八難，曲逆之吐六奇，蓋乃事美一時，語流千載，概見墳籍，旁出子史。若斯之流，又亦繁博，雖傳之簡牘，而事異篇章，今之所集，亦所不取。至於記事之史，繫年之書，所以褒貶是非，紀別同異，方之篇翰，亦已不同。若其讚論之綜緝辭采，

序述之錯比文華，事出於沈思，義歸乎翰藻，故與夫篇什，雜而集之。（文選序）

此則以純藝術性之觀點，嚴定文學之封域。蓋自建安以前，文學寄居儒家之籬下，固無獨立可言。建安以後，雖已逐漸蔚爲大國，而世人觀念，多取廣義，內涵無所不包，實屬大而無當。昭明有鑒於此，以爲非嚴定其封域，不足以順應洶湧而至之唯美思潮，亦卽非嚴律其繩尺，不足以饜當世重文相感之心。其封域爲何，卽作品須具備『綜緝辭采，錯比文華，事出沈思，義歸翰藻』諸條件者，始可稱之爲文學。（按此雖昭明選史特例，實則全書之通例也）故經子史應屏除於文學範疇之外，以其不合於上述條件也。（惟史傳中之讚論序述除外）蓋周孔之經，所以明道，老莊百家，重在立意，馬班諸史，偏於記事，皆利用文字作表達工具，故此等文字，祗能視爲經史百家之文，而非文人之文。文人之文，以文爲主，匠心默運，機杼別出，專意經營，並無外在之束縛，卽今人所謂純粹爲文學而文學者也。阮元闡述其說云：

昭明所選，名之曰文，蓋必文而後選也，非文則不選也。經也，子也，史也，皆不可專名之爲文也。故昭明文選序後三段，特明其不選之故，必沈思翰藻，始名之爲文，始以入選也。或曰：昭明必以沈思翰藻爲文，於古有徵乎。曰：事當求其始。凡以言語著之簡策，不必以文爲本者，皆經也，史也，子也。言必有文，專名之曰文者，自孔子易文言始。傳曰：『言之無文，行之不遠』，故古人言貴有文。孔子文言，實爲萬世文章之祖，此篇奇偶相生，音韻相和，如青白之成文，如咸韶之合節，非清言質說者比也，非振筆縱書者比也，非佶屈澀語者比也。是故昭明以爲經也，史也，子也，非可專名之爲文也，專名爲文，必沈思翰藻而後可也。自唐宋韓蘇諸大家以奇偶相生之文爲八代之衰而矯之，於是昭明所不選者，反皆爲諸家所取。故其所著非經卽子，非子卽史，求其合於昭明序所謂文者鮮矣，合於班孟堅兩都賦序所謂文章者更鮮矣。其不合之處，蓋分於奇偶之間。經子史多奇而少偶，故唐宋八家不尙偶。文選多偶而少奇，故昭明不尙奇。如必以比偶非文之古者而卑之，則孔子自名其言曰文者，一篇之中偶句凡四十有八，韻語凡三十有五，豈可以爲非文之正體而卑之乎。（書梁昭明太子文選序後）

〇見文筆考

章太炎先生駁之曰：

昭明之序文選也，其於史籍則云不同篇翰，其於諸子則云不以能文爲貴。此爲裒次總集，自成一家，體例適然，非不易之定論也。抱朴子百家曰：『陜見之徒，區區執一，惑詩賦瑣碎之文，而忽子論深美之言。眞僞顚倒，玉石混殽。同廣樂於桑間，均龍章於素質。』斯可以箴矣。且沈思孰若莊周荀卿，翰藻孰若呂氏淮南，總集不摭九流之篇，格於科律，固不應爲之詞。誠以文筆區分，文選所集，無韻者猥衆，豈獨諸子，若云文貴其彣耶，不知賈生過秦，魏文典論，同在諸子，何以獨堪入錄。有韻文中既錄漢祖大風之曲，卽古詩十九首亦皆入選，而漢晉樂府反有慭遺，是其於韻文也，亦不以節奏低卬爲主，獨取文采斐然，足耀觀覽，又失韻文之本矣。是故昭明之說，本無以自立者也。（文學總略〇見國故論衡）

按二說各有精義，蓋仁智所見，不能盡同也。今不暇多辯，但舉史記漢書之公孫弘等傳贊以備商略：

史記：

太史公曰：公孫弘行義雖脩，然亦遇時。漢興八十餘年矣，上方鄉文學，招俊乂，以廣儒墨，弘爲舉首。主父偃當路，諸公皆譽之，及名敗身誅，士爭言其惡。悲夫。

漢書：

贊曰：公孫弘、卜式、兒寬皆以鴻漸之翼困於燕爵，遠迹羊豕之間，非遇其時，焉能致此位乎。是時，漢興六十餘載，海內艾安，府庫充實，而四夷未賓，制度多闕。上方欲用文武，求之如弗及，始以蒲輪迎枚生，見主父而歎息。羣士慕嚮，異人並出。卜式拔於芻牧，弘羊擢於賈豎，衞青奮於奴僕，日磾出於降虜，斯亦曩時版築飯牛之朋已。漢之得人，於茲爲盛，儒雅則公孫弘、董仲舒、兒寬，篤行則石建、石慶，質直則汲黯、卜式，推賢則韓安國、鄭當時，定令則趙禹、張湯，文章則司馬遷、相如，滑稽則東方朔、枚皋，應對則嚴助、朱買臣，曆數則唐都、洛下閎，協律則李延年，運籌則桑弘羊，奉使則張騫、蘇武，將率則衞青、霍去病，受遺則霍光、金日磾，其餘不可勝紀。是以興造功業，制度遺文，後世莫及。孝宣承統，纂修洪業，亦講論六藝，招選茂異，而蕭望之、梁丘賀、夏侯勝，韋玄成、嚴彭祖、尹更始以儒術進，劉向、王褒以文章顯，將相則張安世、趙充國、魏相、丙吉、于定國、杜延年，治民則黃霸、王成、龔遂、鄭弘、召信臣、韓延壽、尹翁歸、趙廣漢、嚴延年、張敞之屬，皆有功迹見述於世。參其名臣，亦其次也。

前者略無藻采，昭明屏於美術文學之外，後者詞華爛然，故選之。許文雨文論講疏云：『案文辭加綜緝錯比之功者，卽劉勰所謂麗辭。謂事出沈思，則非振筆縱書，義歸翰藻，則非淸言質說。』所謂『辭采』『文華』『麗辭』『翰藻』，均屬美術文學之條件，亦卽文字經過美學（Aesthetics）之處理者也。所謂『沈思』，即創作文藝之想像力，想像力豐富之作品，始可言美，始可言美術價值。昭明選文宗旨固不外乎是，其中心思想亦不外乎是。其價值在此，而後人爭議之焦點亦在此。

㈣文質和諧論

昭明既大力提倡美術文學，並精選周秦以來一千餘年之美文，以沾益後生。惟美之極致，或將流於淫靡（如宮體詩是），或將專重外形（如後人所謂『選派』），皆非其所以選文之初衷，故又發為文質和諧之論。

夫文典則累野，麗則傷浮，能麗而不浮，典而不野，文質彬彬，有君子之致。吾嘗欲為之，但恨未逮耳。（答湘東王求文集及詩苑英華書）

意謂摛辭華麗並非文章之病，惟華而有實，麗不傷浮，始臻佳妙。易言之，必形式與內容調劑得中，始能臻於文質彬彬之最高境界。觀其文學理想，蓋以美妙人生為內涵，卓越藝術為外形者也。

㈤文德論

昭明論文，既主文質相劑，故過與不及，均非所宜。而專以描寫肉慾為能事之色情文學，尤嚴拒於千里之外。

關雎麟趾，正始之道著，桑閒濮上，亡國之音表。（文選序）

所作陶淵明集序，於陶公為人，深致傾慕，於陶公文章，亦推崇備至，獨於其閑情一賦，頗有微辭。

余愛嗜其文，不能釋手，尚想其德，恨不同時，故加搜校，粗為區目。白璧微瑕，惟在閑情一賦，揚雄所謂勸百而諷一者，卒無諷諫，何足搖其筆端，惜哉無是可也。

按昭明所謂白璧微瑕，蓋指其中間一段描寫情愛部分，玆全錄之：

初張衡作定情賦，蔡邕作靜情賦，檢逸辭而宗澹泊，始則蕩以思慮，而終歸閑正，將以抑流宕之邪心，諒有助於諷諫。綴文之士，奕代繼作，並因觸類，廣其辭義。余園閭多暇，復染翰爲之，雖文妙不足，庶不謬作者之意乎。按以上序文

夫何瓌逸之令姿，獨曠世以秀羣。表傾城之豔色，期有德於傳聞。佩鳴玉以比潔，齊幽蘭以爭芬。淡柔情於俗內，負雅志於高雲。悲晨曦之易夕，感人生之長勤。同一盡於百年，何歡寡而愁殷。褰朱幃而正坐，汎清瑟以自欣。送纖指之餘好，攘皓袖之繽紛。瞬美目以流眄，含言笑而不分。曲調將半，景落西軒。悲商叩林，白雲依山。仰睇天路，俯促鳴絃。神儀嫵媚，舉止詳妍。激清音以感余，願接膝以交言。欲自往以結誓，懼冒禮之爲𠍴。待鳳鳥以致辭，恐他人之我先。意惶惑而靡寧，魂須臾而九遷。

願在衣而爲領，承華首之餘芳，悲羅襟之宵離，怨秋夜之未央。

願在裳而爲帶，束窈窕之纖身，嗟溫涼之異氣，或脫故而服新。

願在髮而爲澤，刷玄鬢於頹肩，悲佳人之屢沐，從白水以枯煎。

願在眉而爲黛，隨瞻視以閒揚，悲脂粉之尙鮮，或取毀於華妝。

願在莞而爲席，安弱體於三秋，悲文茵之代御，方經年而見求。

願在絲而爲履，附素足以周旋，悲行止之有節，空委棄於牀前。

願在晝而爲影，常依形而西東，悲高樹之多蔭，慨有時而不同。願在夜而爲燭，照玉容於兩楹，悲扶桑之舒光，奄滅景而藏明。願在竹而爲扇，含淒飇於柔握，悲白露之晨零，顧襟袖以緬邈。願在木而爲桐，作膝上之鳴琴，悲樂極以哀來，終推我而輟音。考所願而必違，徒契契以苦心。擁勞情而罔訴，步容與於南林。栖木蘭之遺露，翳青松之餘陰。儻行行之有覿，交欣懼於中襟。竟寂寞而無見，獨悁想以空尋。斂輕裾以復路，瞻夕陽而流歎。步徙倚以忘趣，色慘悽而矜顏。葉燮燮以去條，氣淒淒而就寒。日負影以偕沒，月媚景於雲端。鳥悽聲以孤歸，獸索偶而不還。悼當年之晚暮，恨茲歲之欲殫。思宵夢以從之，神飄颻而不安。若憑舟之失櫂，譬緣崖而無攀。於時畢昴盈軒，北風淒淒。炯炯不寐，衆念徘徊。起攝帶以伺晨，繁霜粲於素階。雞斂翅而未鳴，笛流遠以清哀。始妙密以閑和，終寥亮而藏摧。意夫人之在茲，託行雲以送懷。行雲逝而無語，時奄冉而就過。徒勤思以自悲，終阻山而帶河。迎清風以祛累，寄弱志於歸波。尤蔓草之爲會，誦邵南之餘歌。坦萬慮以存誠，憩遙情於八遐。（閑情賦並序○靖節先生集）

此篇描繪美人之高潔，陳訴戀情之深功，好色而不淫，怨悱而不亂，乃離騷後難得一見之創格。其撰作緣由，現雖無從探究，但觀其寄託遙深，情意宛轉，則可斷爲一篇象徵主義（symbolism）之作品，未可以等閒兒女之情目之也。昭明乃承襲自漢尊毛詩爲經典以後文章與道德混爲一談之觀念，以爲此篇足損陶公高致，或亦春秋責備賢者之意乎。惟蘇軾則深不以為然，其題文選云：「淵明作閑情賦，所謂『國風好色而不淫』者，正使不及周南，與屈宋所陳何異，而統大譏之，此乃小兒强作解事也。」（志林）

韓淲駁之云：「東坡謂梁昭明不取淵明閑情賦，以為小兒强解事。閑情一賦雖可以見淵明所寓，然昭明不取亦未足以損淵明之高致。東坡以昭明為强解事，予以東坡為强生事。」（澗泉日記）

除指斥蘇氏外，於陶公昭明均未作左右袒，甚具卓識。明清二代，爭訟益繁，歸納其說，要不出正反折衷三派，茲迻載一二，以為談辯之助焉。

(1)贊同昭明者

㈠明郭子章豫章情話：

陶彭澤閑情賦，蕭昭明云：「白璧微瑕，惟閑情一賦。」東坡曰：「淵明作閑情賦，所謂「國風好色而不淫」，正使不及周南，與屈宋所陳何異，而統大譏之，此乃小兒强作解事者。」昭明責備之意，望陶以聖賢，而東坡止以屈宋望陶，屈猶可言，宋則非陶所願學者。東坡一生不喜文選，故不喜昭明。

㈡明楊愼升庵詩話：

陶淵明閑情賦『瞬美目以流盼，含言笑而不分』，曲盡麗情，深入冶態。裴硎傳奇、元氏會眞，又瞠乎其後矣。所謂詞人之賦麗以淫也。

㈢清方東樹續昭昧詹言：

昔人謂正人不宜作豔詩，此說甚正，賀裳駮之非也。如淵明閑情賦，可以不作。後世循之，直是輕薄淫褻，最誤子弟。

㈣清劉光第詩擬議：

有狐詩之子無裳、無服、無帶，情思繚繞，往復迫切，與陶淵明閑情賦中九願字云云，正復不異。陶賦自序云：『始則蕩以思慮，而終歸閑正。』此詩則蕩而不能自持矣。

㈤清邱煒萲五百石洞天揮麈：

『閑情作賦太無聊，有好何須九願饒。我願將身化長帶，一生牢繫美人腰。』舊曾於友人案頭見是詩，署曰書靖節閑情賦後。

(2)贊同陶公者

㈠明何孟春註陶靖節集：

賦情始楚宋玉、漢司馬相如，而平子伯喈繼之為定靜之辭。而魏則陳琳阮瑀作止欲賦，王粲作閑邪賦，應瑒作正情賦，曹植作靜思賦，晉張華作永懷賦，此靖節所謂奕世繼作，並固觸類，廣其辭義者也。

㈡明張自烈輯箋註陶淵明集：

按昭明序云：『白璧微瑕，惟在閑情一賦。』愚謂昭明識見淺陋，終未窺淵明萬一。盲者得鏡，用以蓋卮，固不足怪。

此賦託寄深遠，合淵明首尾詩文思之，自得其旨。如東坡所云，尚未脫梁昭明窠臼。或云此賦爲睠懷故主作，或又云續之輩雖居廬山，每從州將游，淵明思同調之人而不可得，故託此以送懷。如東坡所云與屈宋何異，又安見非小兒强作解事者，索解人不易得如此。

觀淵明序云：『諒有助於諷諫』，『庶不謬作者之意』，此二語頗示己志。覽者妄爲揣度，遺其初旨，眞可悼歎。

㊂清毛先舒詩辯坻總論：

世目情語爲傷雅，動矜高蒼，此殆非眞曉者。若閑情一賦，見擯昭明，『十五王昌』，取呵北海。聲響之徒借爲辭柄，總是未徹風騷源委耳。

㊃清邱嘉穗東山草堂陶詩箋：

閑者防閑之義，與閒字不同。其賦中『願在衣而爲領』十段，正脫胎同聲歌中『莞蕈衾幬』等語意。而吳兢樂府題解所謂『喻當時七君子事君之心』，是也。詩曰：『云誰之思，西方美人。』朱子謂『託言以指西周之盛王』，如離騷『恐美人之遲暮』，亦以美人目其君也。此賦正用此體。昭明太子指爲白璧微瑕，固爲不知公者，卽東坡以爲國風好色而不好淫，亦不知其比託之深遠也。

㊄清孫人龍纂輯陶公詩評註初學讀本：

古以美人比君子，公亦猶此旨耳。昭明以『白璧微瑕』議此賦，似可不必。意本風騷，自極高雅，所謂發乎情，止乎禮義者，非歟。逐層生發，情致纏綿，終歸閑正，何云卒無諷諫耶。

㊅清陳沆詩比興箋：

閑情賦，淵明之擬騷。從來擬騷之作，見於楚詞集注者，無非靈均之重儓，獨淵明此賦，比興雖同，而無一語之似，眞得擬古之神。東坡云：『晉無文，惟淵明歸去來辭一篇而已。』予亦曰：晉無文，惟淵明閑情一賦而已。乃昭明謂爲白璧之瑕，不但與所選宋玉諸賦自相刺謬，且以閑情爲好色，則離騷美人香草，湘靈二姚，鴆鳥爲媒，亦將斥爲綺詞乎，國風關雎亦當刪汰乎。固哉昭明之爲詩，宜東坡一生不喜文選也。

㊆清劉光蕡陶淵明閑情賦註：

此篇乃淵明悟道之言，較歸去來辭、桃花源記、五柳先生傳尤精粹。昭明取五柳先生傳訾此爲瑕，何也。讀書不可泥於句下，所謂詩無達詁是也。苟執詞以求之，十五國風之詞，可存者僅矣。太史公謂『國風好色而不淫』，以曰離騷，淵明此篇亦卽其意。身處亂世，甘於貧賤，宗國之覆，既不忍見，而又無如之何，故託爲閑情。其所賦之詞以爲學人之求道也可，以爲忠臣之戀主也可，卽以爲自悲身世以思聖帝明王也亦無不可。

㊇陳衍石遺室論文：

其序陶淵明集，指其閑情一賦，以爲白璧微瑕，乃於高唐、神女、好色、洛神諸賦，則無不選入，此何說哉。且題曰閑情，乃言防閑情之所至也，何所用其疵點乎。後世選家不選，殆自謂所選皆有關人心世道之文，合於立德立功之旨。乃歸有光寒花葬誌，自寫與妻婢調笑情狀，頗不莊雅，而姚惜抱選入古文辭類纂，曾滌生選入經史百家雜鈔，謂之何哉。

⑶不爲左右袒者

清吳觀文批校陶淵明集陶淵明集序批語：

至於淵明閑情一賦，其自序曰：『雖文妙不足，庶不謬作者之意。』所謂作者之意，即上張蔡兩賦，所謂『檢逸辭而宗澹泊，始則蕩以思慮，而終歸閑正。將以抑流宕之邪心，諒有助於諷諫』云爾也。予細玩其賦，如『願在衣而爲領』等語，何等流宕，而終結之曰：『尤蔓草之爲會，誦邵南之餘歌。坦萬慮以存誠，憩遙情於八遐。』則終歸閑正矣。作者之意若曰：吾如是之蕩以思慮，而終無益也，則不如『坦萬慮以存誠』而已，此豈非有助于諷諫乎。而昭明乃謂其卒無諷諫，其論亦已過矣。雖然，昭明之論閑情賦則爲過當，而其言『卒無諷諫，何必搖其筆端』二語，要自爲作文之正論也。予觀後世之學義山詩者，徒習其浮靡流宕之詞，而失其旨，不能終歸閑正。予嘗謂孔子若作，則此等詩皆當入删詩之例，惟其謬於作者之意也，使得聞卒無諷諫二語，當亦廢然返矣。然則昭明之論豈可以其過當而盡非之哉。

㈥文體論

文體莫備於梁朝，亦莫嚴於梁朝。昭明選文，獨具隻眼，七代文體，甄錄略盡，凡分體三十有八，持較文心，名目雖小有出入，大體實適相符合。茲造表比較之，以明其異同。

㈣文選與文心雕龍文體分類異同表

文選	文心	文選	文心	文選	文心	文選	文心
①賦	賦	⑬彈事	奏啓	㉕符命	封禪	㊲弔文	哀弔
②詩	詩・樂府	⑭牋	書記	㉖史論	論說	㊳祭文	哀弔
③騷	（騷）	⑮奏記	奏啓	㉗史述贊	頌讚	○	史傳
④七	雜文	⑯書	書記	㉘論	論說	○	諸子
⑤詔	詔策	⑰移	檄移	㉙連珠	雜文	○	諧隱
⑥册	詔策	⑱檄	檄移	㉚箴	銘箴	○	議對
⑦令	詔策	⑲對問	雜文	㉛銘	銘箴		
⑧教	詔策	⑳設論	雜文	㉜誄	誄碑		
⑨文	詔策	㉑辭	（騷）	㉝哀	哀弔		
⑩表	章表	㉒序	論說	㉞碑文	誄碑		
⑪上書	奏啓	㉓頌	頌讚	㉟墓誌	誄碑		
⑫啓	奏啓	㉔贊	頌讚	㊱行狀	○		

觀此表知文心所有而文選所無者凡四：一曰史傳，二曰諸子，三曰諧隱，四曰議對。此四體者，皆非沈思翰藻之作，不符昭明之選文宗旨，故予以排除。此外，賦又分爲十五子目，詩又分爲二十三子目，亦皆他書所

無者。此則昭明區分文體之特色，蓋集衆家之大成者也。按文選成於衆手，可能參與編纂者，有劉孝綽、王筠、殷芸、到洽、徐勉、到沆、張率、王規、殷鈞、王錫、張緬、張纘、陸襄、何思澄、劉苞、謝舉、劉杳等（據南史梁書各本傳所作之推測），均屬一時之選，昭明必與之商酌再三，相互辯難，思之至慎，計之至熟，然後出之。其非師心自用，貿然決定，可以斷言。至其分類所以如此細密者，實以梁初文風特盛，作者蔚起，文體日益繁夥，內容日益複雜，非有精密之畫分，不足以應時代之需要，事實具在，無待喋喋矣。

惟後世不慊意此種分類法者甚多，蘇軾恨其『編次無法，去取失當。』（題文選）姚鼐譏爲『分體碎雜，立名可笑。』（古文辭類纂序目）蓋責其乖離瑣細，不能執簡馭繁也。孫德謙亦云：

> 六朝以前，文章無有選本，昭明文選，固後世選家之所宗也。惟選文當以體裁爲主，昭明之選，其例誠善，宜爲姚鉉而下，遞相師祖。但每類之中，所用子目，如賦之曰志、曰情，不免爲細已甚，卽賦爲六義附庸，今先賦後詩，識者譏之，是也。（六朝麗指）

以先賦後詩，不明本源責之，固極有見。然賦在兩漢，已以附庸蔚爲大國，至梁代更與五言詩、駢體文並稱文藝界之三大主流。故孰先孰後，實無關宏旨，不必深論。姚永樸則云：

> 欲學文章，必先辨門類，門者其綱也，類者其目也。總集古以文選爲美備，故王厚齋困學紀聞云：『李善精於文選，爲注解，因以講授，謂之文選學。』少陵有詩云：『續兒誦文選。』又訓其子云：『熟精文選理。』蓋選學自成家。陸放翁老學庵筆記亦云：『宋初此書盛行，士爲之語曰，文選爛，秀才半。』然其中錄文既繁，分類復瑣。蘇子瞻題之云：『恨其編次無法，去取失當。』亦不可謂盡

誣。蓋文有名異而實同者，此種只當括而歸之一類中，如『騷』『七』『難』『對問』『設論』『辭』之類，皆詞賦也。『表』『上書』『彈事』，皆奏議也。『箋』『啓』『奏記』『書』，皆書牘也。『詔』『册』『令』『敎』『檄』『移』，皆詔令也。『序』及諸史論贊，皆序跋也。『頌』『贊』『符命』，同出褒揚。『誄』『哀』『祭』『弔』，並歸傷悼。此等昭明皆一一分之，徒亂學者之耳目。（文學研究法門類）

更具體指出其分類缺失所在。以上皆文學家之觀點，或因立場不同（如二姚皆桐城派鉅子），持論遂異。今特迻錄史學家章學誠之評論，以資參較。

賦先於詩，騷別於賦。賦有問答發端，誤爲賦序，前人之議文選，猶其顯然者也。若夫封禪美新典引，皆頌也。稱符命以頌功德，而別類其體爲符命，則王子淵以聖主得賢臣而頌嘉會，亦當別類其體爲主臣矣。班固次韻，乃漢書之自序也。其云述高帝紀第一，述陳項傳第一者，所以自序撰書之本意，史遷有作於先，故已退居於述爾。今於史論之外，別出一體爲史述贊，則遷書自序，所謂作五帝紀第一，作伯夷傳第一者，又當別出一體爲史作贊矣。漢武詔策賢良，卽策問也，今以出於帝制，遂於策問之外，別名曰詔，然則制策之對，當離諸策而別名爲表矣。賈誼過秦，蓋賈子之篇目也。因陸機辨亡之論，規仿過秦，遂援左思『著論準過秦』之說，而標體爲論矣。魏文典論，蓋猶桓子新論、王充論衡之以論名書耳，論文，其篇目也，今與六代辨亡諸篇，同次於論。然則昭明自序所謂老莊之作，管孟之流，立意爲宗，不以能文爲本，其例不收諸子篇次者，豈以有取斯文，卽可裁篇題論，而改子爲集乎。七林之文，皆設問也。今以枚生發問有七，而遂標爲七，則九歌九章九辯，亦可標爲九乎。難蜀父老亦設問也，今以篇題爲難，而別爲難體，則客難當與同編，而解嘲當別爲嘲體，賓戲當別爲戲體矣。文選者，辭章之圭臬，集部之準繩，而淆亂蕪穢，不可殫詰。文史通義詩教篇

嚴詞抨擊，無稍寬假，幾令瓣香文選者無從置喙。雖然，文體分類之難有三：一曰素材不全，二曰標準不定，三曰抉別不精。自古至今，尚無一部令人滿意之選本，其故在此。夫前修未密，後出轉精，乃學術進步之必然現象，若文選導總集之先河，先哲嘔心瀝血之作，復賴此而存，分類偶有瑕疵，亦未足深怪也，況其識見且在前代諸家之上乎。

二　蕭統與文選(2)

▲文選得失評議▼

總集之興，源自詩書，詩三百篇，周詩之總集也，書百篇，周以前文之總集也。然此二書，漢儒均列之於經，固不可以純文學目之。劉歆雖有七略之著，文章之集，似粗具條理，惟彼旨在校讎，初非爲文體之彙類也。逮建安以後，詞藝勃興，衆家之集，日以滋廣，於是纂總集者紛起。若杜預之善文，摯虞之文章流別集，謝混之文章流別本，孔寧之續文章流別，劉義慶之集林，孔逭之文苑，沈約之集鈔，其他散見於隋唐志書者，不可勝數。多者或一二百卷，少者亦十餘卷，惜諸書並亡，莫知其詳，自宋以來，目錄學家遂以文選爲總集之冠。其是非得失，亦有可得而言者。

㈠選文標準

文選乃流傳至今最古之純文學總集，其價值之高，自無待言。四庫提要總集類序云：

> 文籍日興，散無統紀，於是總集作焉。一則網羅放佚，使零章殘什，並有所歸。一則刪汰繁蕪，使莠稗咸除，菁華畢出。是固文章之衡鑑，著作之淵藪矣。

此兩種作用，文選當之，可以無愧。綜覽全書，其甄錄標準，歸納之蓋有四焉。

(1)不錄經子史　昭明編纂文選，旨在提倡純文學，經子史書非不可貴，然其性質與純文學相去甚遠，故一概不錄。（惟史傳中之讚論序述例外）

(2)專錄沈思翰藻之作　昭明編纂文選，非以提倡純文學爲已足，其最後目標，則在維護美術文學。沈思翰藻乃美術文學之首要條件，凡合於此一條件者，悉加取錄。

(3)不錄生存　文選一書，牢籠七代，凡得百三十餘家，惟時人之作，概不錄入，此昭明之創例也。晁公武郡齋讀書志云：『竇常謂統著文選，以何遜在世，不錄其文。蓋其人既往，而後其文克定，故所錄皆前人作也。』蓋時人之作，一以未經論定，二爲避恩怨之嫌，實不宜妄加褒貶。劉勰鍾嶸詳論才士，皆闕當代，亦屬此意。

(4)詳近略遠　文選所選之文，上起成周，下終梁世，凡更七代，其中以魏晉宋齊梁爲多，兩漢稍略，嬴秦更略，周則卜商詩序屈原離騷而外，無他策焉。孫德謙六朝麗指云：

> 至其自序，以明經史諸子不入選輯，或謂昭明所選，乃是必文而後選，誠哉是言。吾謂登選之文，雖甄錄楚詞與子夏詩序，上起成周，其實偏重六朝，何以知之，試觀令載任彥昇宣德皇后令一首，教載

傅季友爲宋公修張良廟敎修楚元王廟敎二首，策秀才文則祇有王元長與彥昇兩家，以及啓類、彈事類、墓誌、行狀、祭文諸類，彥昇爲多，其餘卽沈約顏延之謝惠連王僧達數人之文，豈非以六朝爲主乎。不然，自啓以下，古人詎無作此體者。近世之論駢文，有所謂選體，蓋亦詔人以學六朝乎。

蓋昭明選文，以沈思翰藻爲主，周秦兩漢之文，大都經子史，略無辭華之美，故所錄甚少。宋齊之世，唯美文學大盛，故所錄特多。何屺瞻讀書記亦云：

此書於嬴劉二代，聊示椎輪，當求諸史集。建安以降，大同以前，衆論之所推服，時士之所鑽仰，蓋無遺憾焉。

其甄錄原則，詳近略遠，蓋可知已。

㈡作家與作品

甄錄之標準既明，乃可進言作家及其作品。文選所錄作者凡一百三十人，計周四人，秦一人，西漢十八人，東漢二十一人，魏十二人，蜀一人，吳一人，西晉三十一人，東晉十四人，宋十二人，齊五人，梁十人。玆將此一百三十家作者及其作品，表列如次，以備考覽。

㈣文選作者與作品一覽表（此表據駱鴻凱文選學而又粗加補充改正）

朝代	作者姓名	字號	作品篇名
周	卜商	子夏	毛詩序

	屈原	靈均	離騷經・九歌六首・九章一首・卜居・漁父
	宋玉		風賦・高唐賦・神女賦・登徒子好色賦・九辯五首・招魂・對楚王問
	荊軻		歌一首
秦	李斯		上秦始皇書
西漢	劉邦		歌一首
	劉徹		詔一首　賢良詔・秋風辭
	賈誼		服鳥賦・過秦論・弔屈原文
	劉安	淮南小山	招隱士
	韋孟		諷諫詩
	枚乘	叔	七發八首・奏書諫吳王濞・重諫舉兵
	鄒陽		上書吳王・於獄中上書自明
	司馬相如	長卿	子虛賦・上林賦・長門賦・上疏諫獵・喻巴蜀檄・難蜀父老・封禪文
	東方朔	曼倩	答客難・非有先生論
	司馬遷	子長	報任少卿書

	李陵	少卿	與蘇武詩三首・答蘇武書
	蘇武	子卿	詩四首
	孔安國	子國	尚書序
	楊惲	子幼	報孫會宗書
	王褒	子淵	洞簫賦・聖主得賢臣頌・四子講德論
	揚雄	子雲	甘泉賦・羽獵賦・長楊賦・解嘲・趙充國頌・劇秦美新論
	劉歆	子駿	移書讓太常博士
	班姬		怨歌行
東漢	班彪	叔皮	北征賦・王命論
	朱浮	叔元	與彭寵書
	班固	孟堅	兩都賦・幽通賦・答賓戲・典引・漢書公孫弘傳贊・漢書述高祖紀贊・述成紀贊・述韓彭英盧吳傳贊・封燕然山銘
	傅毅	武仲	舞賦
	張衡	平子	西京賦・東京賦・南都賦・思玄賦・歸田賦・四愁詩四首
	崔瑗	子玉	座右銘

馬融	季長	長笛賦
史岑	孝山	出師頌
王延壽	文考	魯靈光殿賦
蔡邕	伯喈	郭林宗碑文・陳仲弓碑文
孔融	文舉	薦禰衡表・與曹公論盛孝章書
禰衡	正平	鸚鵡賦
潘勗	元茂	魏王九錫文
阮瑀	元瑜	爲曹公作書與孫權
劉楨	公幹	公讌詩・贈五官中郎將四首・贈徐幹・贈從弟三首・雜詩
陳琳	孔璋	答東阿王牋・爲曹洪與魏文帝書・爲袁紹檄豫州・爲曹公檄吳將校部曲文
應瑒	德璉	侍五官中郎將建章臺集詩
楊修	德祖	答臨淄侯牋
王粲	仲宣	登樓賦・公讌詩・詠史詩・七哀詩二首・贈蔡子篤・贈士孫文始・贈文叔良・從軍詩五首・雜詩
繁欽	休伯	與魏文帝牋

	班昭	惠姬	東征賦
古詞	佚名		古樂府三首・古詩十九首
魏	曹操	孟德	樂府二首
	曹丕	子桓	芙蓉池作・樂府二首・雜詩二首・與朝歌令吳質書・與吳質書・與鍾大理書・典論論文
	曹植	子建	洛神賦・上責躬詩・應詔・公讌詩・送應氏詩二首・三良詩・七哀詩・贈徐幹・贈丁儀・贈王粲・又贈丁儀王粲・贈白馬王彪・贈丁廙・樂府四首・朔風詩・雜詩六首・情詩・七啓八首・求自試表・求通親表・與楊德祖書・與吳季重書・王仲宣誄
	吳質	季重	答魏太子牋・在元城與魏太子牋・答東阿王書
	繆襲	熙伯	挽歌
	應璩	休璉	百一詩・與滿公琰書・與侍郎曹長思書・與廣川長岑文瑜書・與從弟君苗君胄書
	李康	蕭遠	運命論
	曹冏	元首	六代論
	何晏	平叔	景福殿賦
	嵇康	叔夜	琴賦・幽憤詩・贈秀才入軍五首・雜詩・與山巨源絕交書・養生論

	阮籍	嗣宗	詠懷詩十七首・爲鄭沖勸晉王牋・奏記詣蔣公
	鍾會	士季	檄蜀文
蜀	諸葛亮	孔明	出師表
吳	韋昭	弘嗣	博弈論
西晉	應貞	吉甫	晉武帝華林園集詩
	傅玄	休奕	雜詩
	羊祜	叔子	讓開府表
	皇甫謐	士安	三都賦序
	趙至	景眞	與嵇茂齊書
	杜預	元凱	春秋經傳集解序
	棗據	道彦	雜詩
	成公綏	子安	嘯賦
	向秀	子期	思舊賦
	劉伶	伯倫	酒德頌

夏侯湛	孝若	東方朔畫像贊
傅咸	長虞	贈何劭王濟
孫楚	子荊	征西官屬送於陟陽侯作詩・爲石仲容與孫皓書
張華	茂先	鷦鷯賦・勵志詩・答何劭二首・雜詩・情詩二首・女史箴
潘岳	安仁	藉田賦・射雉賦・西征賦・秋興賦・閒居賦・懷舊賦・寡婦賦・笙賦・關中詩・金谷集作詩・悼亡詩三首・爲賈謐作贈陸機・河陽縣作・在懷縣作二首・楊荊州誄・楊仲武誄・夏侯常侍誄・馬汧督誄・哀永逝文
何劭	敬祖	游仙詩・贈張華・雜詩
石崇	季倫	王明君辭・思歸引序
張載	孟陽	七哀詩二首・擬四愁詩・劍閣銘
陸機	士衡	歎逝賦・文賦・皇太子讌玄圃宣猷堂有令賦詩・招隱詩・贈馮文羆遷斥丘令詩・答賈謐詩・於承明作與士龍・贈尚書郎顧彥先二首・贈交阯太守顧公眞・贈從兄車騎・答張士然詩・爲顧彥先贈婦二首・贈馮文羆・又贈弟士龍・赴洛二首・赴洛道中作二首・爲吳王郎中時從梁陳作・樂府十七首・挽歌三首・園葵詩・擬古詩十二首・謝平原內史表・豪士賦序・漢高祖功臣頌・辨亡論・五等諸侯論・演連珠五十首・弔魏武帝文

朝代	作者	字	作品
	陸雲	士龍	大將軍讌會被命作詩・爲顧彥先贈婦二首・答兄機・答張士然
	司馬彪	紹統	贈山濤
	張協	景陽	詠史・雜詩・七命八首
	潘尼	正叔	贈陸機出爲吳王郎中令・贈河陽詩・贈侍御史王元貺・迎大駕
	左思	太沖	三都賦序・蜀都賦・吳都賦・魏都賦・詠史詩八首・招隱詩二首・雜詩
	張悛	士然	爲吳令謝詢求爲諸孫置守塚人表
	李密	令伯	陳情表
	曹攄	顏遠	思友人詩・感舊詩
	王讚	正長	雜詩
	歐陽建	堅石	臨終詩
	郭泰機		答傅咸
	木華	玄虛	海賦
東晉	劉琨	越石	答盧諶・重贈盧諶・扶風歌・勸進表
	郭璞	景純	江賦・游仙詩七首

	庾亮	元規	讓中書令表
	盧諶	子諒	覽古・贈劉琨・贈崔溫・答魏子悌・時興詩
	袁宏	彥伯	三國名臣序贊
	干寶	令升	晉武帝革命論・晉紀總論
	桓溫	玄子	薦譙元彥表
	孫綽	興公	天台山賦
	束皙	廣微	補亡詩六首
	張翰	季鷹	雜詩
	殷仲文	仲文	南州桓公九井作・自解表
	謝混	叔源	游西池
	王康琚		反招隱
	陶潛	淵明	始作鎮軍參軍經曲阿作・辛丑歲七月赴假還江陵夜行塗口作・挽歌・雜詩二首・詠貧士・讀山海經・擬古詩・歸去來
宋	謝瞻	宣遠	九日從宋公戲馬臺送孔令・王撫軍庾西陽集別作詩・張子房詩・答靈運・於安城答靈運
	傅亮	季友	為宋公修張良廟教・修楚元王廟教・為宋公至洛陽謁五陵表・為宋公求加贈劉前將軍表

謝靈運		述祖德詩二首・九日從宋公戲馬臺送孔令・隣里相送方山・從游京口北固應詔・晚出西射堂・登池上樓・游南亭・游赤石進帆海・石壁精舍還湖中・登石門最高頂・於南山往北山經湖中瞻眺・從斤竹澗越嶺溪行・廬陵王墓下作・還舊園作見顏范二中書・登臨海嶠與從弟惠連・酬從弟惠連・初發都・過始寧墅・富春渚・七里瀨・發江中孤嶼・初去郡・初發石首城・道路憶山中・入彭蠡湖三首。入華子岡是麻源第三谷・樂府・南樓中望所遲客・田南樹園激流植援・齋中讀書・石門新營所住四面高山廻谿石瀨茂林修竹・擬魏太子鄴中集詩八首
謝惠連		雪賦・泛湖出樓中玩月・秋懷・西陵遇風獻康樂・七月七日夜詠牛女・擣衣・祭古冢文
范曄	蔚宗	樂游應詔・後漢書皇后紀論・二十八將論・宦者傳論・逸民傳論・後漢光武紀贊
袁淑	陽源	倣白馬篇・倣古詩
顏延之	延年	赭白馬賦・應詔曲水讌詩・皇太子釋奠會詩・秋胡詩・五君詠五首・應詔觀北湖田收・車駕幸京口侍遊蒜山作・車駕幸京口三月三日侍遊曲阿後湖詩・拜陵廟作・贈王太常・夏夜呈從兄散騎車長沙・直東宮答鄭尚書・和謝監靈運・北使洛・還至梁城作・始安郡還都與張湘州登巴陵城樓作・宋郊祀歌二首・三月三日曲水詩序・陽給事誄・陶徵士誄・宋文元皇后哀策文・祭屈原文
謝莊	希逸	月賦・宋孝武宣貴妃誄
鮑照	明遠	蕪城賦・舞鶴賦・詠史・行藥至城東橋・還都道中作・樂府八首・數詩・翫月城西門廨中・擬古詩三首・學劉公幹體・代君子有所思

	劉鑠	休玄	擬古詩二首
	王僧達		答顏延年・和琅邪王依古・祭顏光祿文
	王微	景玄	雜詩
齊	王儉	仲寶	褚淵碑文
	王融	元長	永明九年策秀才文五首・永明十一年策秀才文五首・三月三日曲水詩序
	謝朓	玄暉	新亭渚別范零陵・游東田・同謝諮議銅雀臺・郡內高齋閑坐答呂法曹・在郡臥病呈沈尚書・暫使下都夜發新林至京邑贈西府同僚・詶王晉安・之宣城出新林浦向板橋。敬亭山・休沐重還道中・晚登三山還望京邑・京路夜發・鼓吹曲・始出尚書省・直中書省・觀潮雨・郡內登望・和伏武昌登孫權故城・和王著作八公山詩・和徐都曹詩。和王主簿怨情・拜中軍記室辭隨王牋・齊敬皇后哀策文
	陸厥	韓卿	奉答內兄希叔・中山王孺子妾歌
	孔稚珪	德璋	北山移文
梁	范雲	彥龍	贈張徐州・古意贈王中書・效古詩
	江淹	文通	恨賦・別賦・從建平王登廬山香鑪峯・望荊山・雜體詩三十首・詣建平王上書
	任昉	彥昇	出郡傳舍哭范僕射・贈郭桐廬・爲宣德皇后勸進梁公令・天監三年策秀才文三首・爲齊明帝讓宣城郡公表・爲范尚書讓吏部封侯第一表・

		爲蕭揚州薦士表・爲褚諮議蓁讓代兄襲封表・爲范始興作求立太宰碑表・奉答勅示七夕詩啓・爲卞彬謝修卞貞忠墓啓・上蕭太傅固辭奪禮啓・奏彈曹景宗・奏彈劉整・到大司馬記室牋・爲百辟勸進今上牋・王文憲集序・劉先生夫人墓誌・齊竟陵文宣王行狀
丘遲	希範	侍讌樂遊苑送張徐州應詔・旦發漁浦潭・與陳伯之書
沈約	休文	應詔樂遊餞呂僧珍・別范安成・鍾山詩應西陽王教・宿東園・遊沈道士館・早發定山・新安江水至清淺深見底貽京邑游好・和謝宣城詩・應王中丞思遠詠月・冬節後至丞相第詣世子車中作・直學省愁臥・詠湖中鴈・三月三日率爾成篇・奏彈王源・宋書謝靈運傳論・恩倖傳論・齊安陸昭王碑文
王屮	簡棲	頭陀寺碑文
虞羲	子陽	詠霍將軍北伐
劉峻	孝標	重答劉秣陵沼書・辨命論・廣絕交論
陸倕	佐公	石闕銘・新刻漏銘
徐悱	敬業	古意酬到長史溉登琅邪城

按古樂府三首，昭明不著撰人名氏。李善注云：『言古詩，不知作者姓名。』古詩十九首亦然。李善注云：『並云古詩，蓋不知作者，或云枚乘，疑不能明也。詩云「驅車上東門」，又云「遊戲宛與洛」，此則辭兼東都，非盡是乘明矣。』細味詩辭，殆兩漢無名氏之作，非出於一人，亦非成於一時也。聞人倓古詩箋云：『

昭明以失其姓名，統名爲古詩，從昭明爲允。』其言誠是。

㈢爭論焦點

文選作者有僞託者，昭明以其文傳誦已久，循例甄錄，如司馬相如長門賦，李陵與蘇武詩、答蘇武書，孔安國尙書序，趙至與嵇茂齊書等，不意竟滋後人疑竇，而交相攻難。又未選之文有宜取者，如屈原遠遊、天問，揚雄蜀都賦，王羲之蘭亭集序，江淹故鄉江上二詩等，前賢多謂棄置失當，有可議者。茲選二首爲例：

【例一】李陵答蘇武書

李陵答蘇武書，世多疑爲贋品。茲迻載三家之說於後：

劉知幾史通雜說篇：

李陵集有與蘇武書，辭采壯麗，音調流靡，觀其文體，不類西漢人，殆後來所爲，假稱陵作也。遷史缺而不載，良有以焉。編於李集中，斯爲謬矣。

蘇軾答劉沔書：

梁蕭統文選，世以爲工，以軾觀之，拙於文而陋於識者，莫統若也。宋玉賦高唐神女，其初略陳所夢之因，如子虛亡是公相與問答，皆賦矣，而統謂之『敍』，此與兒童之見何異。李陵蘇武贈別長安，而詩有『江漢』之語。及陵與武書，辭句儇淺，正齊梁間小兒所擬作，決非西漢文，而統不悟，劉子玄獨知之。識眞者少，蓋從古所病也。

梁章鉅文選旁證引翁方綱之說：

李陵答蘇武書，後人謂非陵作，又云馬遷代作。今按其文，排蕩感慨，與西京風氣迥別，是固不待言。抑又有說者，中間一段，敍戰事極詳，按武在匈奴十九年，常與陵往來，其敗其降，先後原委，豈有不洞然胸中者，乃必待前書未盡，始復暢所懷乎。陵在匈奴，雖痛漢之負己，然觀其與武飲酒，自謂罪通於天，及置酒賀武，惟自痛不能類武。比立政等至匈奴招陵，陵止以再辱爲懼，未有它語，豈在匈奴時反無一語及漢之過，而於書中必相責望耶。且陵卽怨漢，不過及武帝一身，與諸帝何與，而乃稱引韓彭諸往事，雖當盛怒，然亦曾臣漢，何至絕棄一至於此乎。揣陵之心，其將欲以此速子卿之禍歟。況漢之族陵家，本以陵教單于爲兵備漢故耳，非因其降也。今謂厚誅陵以不死，亦與本事相乖。此時田千秋爲丞相，桑宏羊爲御史大夫，霍子孟上官少叔用事，霍與上官故善陵，烏睹所謂『妨功害能之臣，盡爲萬戶侯，親戚貪佞之類，悉爲廊廟宰』者哉。況武與陵稱夙善，楊惲以南山詩句貽孫會宗，遂至大戮，而會宗亦坐免官，今連篇怨望，萬里相贈，其誰不知。幼主在上，可爲寒心，武獨不一思乎。是此書必不作於西漢，若作於西漢時，吾知子卿得書，且投之水火，泯其踪跡，必不待至今日矣。第前後布置，於當日情事，段段取用，此正作者善以假爲眞處。故自昭明選後，鮮不以爲陵作，而卒難欺諸千百年後也。至以此爲司馬代之辨白，此又非也。子長於陵事，於任益州一書，痛自稱述，不必再爲剖白。況被刑以後，此事亦不復深言，作李陵傳，艸艸點次便止，今復撰此書，其意何居，將示時人乎，則一之爲甚，不得復自招尤。將示後人乎，取擬筆之書，貽之千百年後，信不信未可知，何益之有。或云六朝高手所爲，想是明眼也。則此書非李氏所作，已無疑義。惟蘇軾斷爲齊梁小兒所作，蓋亦未之思也。以常理推測之，若果爲齊梁人所僞造，則昭明絕不至於懵然不知。何焯義門讀書記言此『似亦建安才人所作』，似較合理。太平御覽四八九引此書，謂出李陵別傳。按別傳之體，盛行於魏晉間，三國志裴注及世說劉注徵引最多，亦未可據以爲信。另藝文類聚三十載李陵與蘇武書，內容與本文頗有出入。又文選李注屢引李陵答蘇武書，且均不見於以上二文，可知當時僞作者甚衆，至唐時猶多殘存者。梁氏文選旁證又引林茂春云：『唐人省試諸題，有李都尉重陽日得蘇屬國書。』由此可以推知自建安以後，作文以蘇李事跡爲題材者，可能爲數不少。

【例二】王羲之蘭亭集序

王氏蘭亭集序乃家弦戶誦之作，而文選不收，其爲搜羅不及，抑爲體例謹嚴，今已不得而知。惟後之論者，相踵不絕，歸納其說，可分正反折衷三派：

孫梅四六叢話引三柳軒雜識：

世謂蘭亭不入選，以絲竹管絃爲病，天朗氣清，不當於春時言。陵陽韓子蒼云，春多氣昏，是時天氣清明，故可書，如杜子美六月風日冷之義。絲竹管絃四字乃班孟堅西漢中語。梁以前古文不在選中者尚多，何特此序耶。

又引嫻眞子：

蘭亭序在南朝，文章少其倫比。或曰，絲即是絃，竹即是管，今疊四字，故遺之。然此四字乃出張禹傳，云：『身居大第，後堂理絲竹管絃。』始知右軍有所本也。且文選中出蘭亭下者多矣，此蓋昭明之誤耳。

陳衍石遺室論文：

六朝間散文之絕無僅有者，不過王右軍陶靖節之作數篇。而右軍蘭亭序，昭明文選及後世諸選本皆不收，論者以爲篇中連用『絲竹管絃』四字，絲竹卽管絃爲重複。然此四字，實本漢書張禹傳，傳云：『後堂理絲竹管絃』，前人已據而辯之，又引莊子我無糧、我無食爲證矣。其實昭明文選，多可訾議，佳篇遺漏者甚多，不足爲憑。

晉代承魏何晏王衍諸人風尚，競務清談，大概老莊宗旨。右軍雅志高尚，稱疾去郡，誓於父母墓前，與東土人士窮名山，泛蒼海，優游無事，弋釣爲娛，宜其所言，於老莊玄旨，變本加厲矣。而此序臨河興感，知一死生爲虛誕，齊彭殤爲妄作，卽仲尼樂行憂違，在川上而有逝者如斯之歎也。世人薰心富貴，顚倒得失，宜其不足以知此。昭明舍右軍而采顏延年王元長二作，則偏重駢麗之故，與平淮西碑舍昌黎而取段文昌者，命意略同也。

謂蘭亭集序中『絲竹管絃』、『天朗氣清』二句並非疵累，前者出漢書張禹傳，後者爲江南春季實景。蓋極力爲王氏辯護者。

喬松年蘿藦亭雜記：

六朝談名理，以老莊爲宗，貴於齊死生，忘得喪。王逸少蘭亭序謂『一死生爲虛誕，齊彭殤爲妄作』，有惜時悲逝之意，非彼時之所貴也，故文選棄而不取。

章太炎國學略說文學略說：

晉人作文，好爲迅速，蘭亭序醉後之作，文不加點，卽其例也。昭明文選，則以沉思翰藻爲主。蘭亭速成，乖於沉思，文采不艷，又異翰藻。是故屏而弗錄。

喬氏謂右軍有惜時悲逝之意，與南朝玄學思想相悖，甚有見地。章氏則謂右軍此作，不合昭明『沈思翰藻』之選文宗旨，亦至精審。此則爲昭明辯解者。

王勉夫野客叢書：

遯齋閒覽云：『季父虛中謂王右軍蘭亭序以天朗氣清，自是秋景，以此不入選。余亦謂絲竹管絃亦重複。』僕謂不然。絲竹管絃本出前漢張禹傳。而三春之際，天氣肅清，見蔡邕終南山賦。熙春寒往，微雨新晴，六合清朗，見潘安仁閒居賦。仲春令月，時和氣清，見張平子歸田賦。安可謂春間無天朗氣清之時。右軍此筆，蓋直述一時眞率之會趣耳。然則斯文之不入選，良由搜羅之不及，非故遺之也。

此則歸咎於搜羅不及，非有意遺之，爲雙方作調人，允爲折衷之論。

(四)文選之評價

文選與文心雕龍爲唯美文學之兩部要籍，文選乃選錄唯美文學作品之總集，文心則評騭唯美文學作家之得失，其影響於後世文學者深矣。他勿具論，卽以文體分類一端言之，乾嘉以來，辨析文體之風甚熾，要而歸之，約分三派：一曰駢文派，一曰散文派，一曰駢散合一派。無論何派，均崇奉蕭劉二氏爲宗主，論點亦自不能出於二書畛畦之外，觀下表所列，可以知也。

近代文體分類師承表

文選——孫梅・阮元——駢文派

（文選、文心雕龍）——姚鼐・曾國藩——散文派

文心雕龍——李兆洛・章炳麟——駢散合一派

二書雖同爲中國文學之瓌寶，然千餘年來，非議文心者少，而抨擊文選者多。非議文心之作，無關本書，茲專論抨擊文選者。

抨擊文選者，以劉申受章太炎徐英三氏爲代表。劉氏八代文苑敍錄云：

文選綴緝，有三善焉。體例謹嚴，芟翦不加經史，一也。蒐羅廣博，奧隱不墜浮沈，二也。笙簧六籍，鼓吹百家，後有明哲，罕出範圍，三也。若乃類聚乖舛，棄置失當，亦有可議者焉。靈均遠遊天問，開詞賦之宗。文通故鄉江上，採騷歌之韻。長卿凌雲之氣，枚叔梁園之才，子雲蜀都，太沖斯仿。武皇悼逝，黃門是規。明遠遊思，徽音宋玉。張融賦海，表裏玄虛。郊祀不采漢志，僅及延年。

樂府止涉五言，未遑曲調。册令勸進之作，視獎亂爲故常，詩序史論之收，顯違例而彌陋。七發命七，章辨幾可以九名，王褒對問，非韻安得以頌列。雄風高唐，義存諷諫，焉止狀景言情。服鳥集舍，志明死生，非誇博物多識。臨終百一，徒受嗤於後人，僞孔擬蘇，炫別裁於玄鑒。下略

章氏文學總略云：

文選序云：『謀夫之話，辯士之端，雖傳之簡牘，而事異篇章。』此則語言文字之分也。然選例亦不一致，依史所載，荆卿易水，漢祖大風，皆臨時觸興而作，豈嘗先屬草稿，亦與出話何異，而文選固錄之矣。至於辭命，則有草創潤色之功，蘇張陳說，度亦先有篇章。文選錄易水大風二歌，而獨汰去辯說，亦自相鉏吾矣。士衡文賦云：『說煒曄而譎誑。』是亦列爲文之一種，要於修辭立誠有不至爾。

徐氏文選類例正失云：

他如選錄之失，尤多可異。自流別不傳，而文選爲總集之祖，羅辭苑之精英，爲藝林之玄圃。至今窺兩漢六朝之文者，莫不奉爲圭臬，資彼挹注。而選錄諸文，但取盈卷，或求備格，蕪穢濫存者，難可悉數，約略舉示，可得言焉。孫綽天台賦成，語范榮期曰：『卿試擲地，當作金石聲。』一時傲誕之語，恐亦未必自信，卽今觀之，了無佳處，以次仲宣明遠，儗非其倫，昭明怵於盛名，濫登之耳。王褒洞簫之賦，通體平淺，馬融長笛之頌，徒爲詞費，聊備一格，云何准式。安仁爲賈謐贈陸機詩，潘詩之下者。靈運山水之詩，故是千秋絕藝，至其樂府諸題，乃謝詩之糟粕。而會行吟一篇，乃居然入

錄。又擬魏太子鄴中集八首，俱無可稱，而一一采之，優劣去取，亦何繆歟。彥昇宣德皇后令，大媿任筆，不當在選，徒欲侈陳乃考功德，何焯譏之，實爲知言。劉孝標重答劉秣陵沼書，書失而序存，卽以序爲書，尤爲大謬。陳琳檄吳之文，凡冗庸沓，比於討曹之檄，疑出二手。選家論文，宜有去取，而玉石俱存，斯爲濫矣。

高唐神女諸賦，以問答發端，子虛上林效之，蕭氏乃以玉曰唯唯以上爲序，此蘇軾所以譏其不識古人體製也。劉歆移書讓太常博士，揚雄解嘲諸篇，並節錄漢書數語，題之爲序，此又不知而妄作者已。（曾國藩經史百家雜鈔尚承其誤）

文選一書，上下九代（周秦兩漢魏晉宋齊梁），裒然巨觀，昭示千古，而義例體類，其失如彼，選錄之濫，又復如此，蘇軾斥爲齊梁小兒之爲，夫豈妄哉。

三氏所論，皆針對昭明分體之誤與甄選之失而痛加指斥者，雖不免於責求全備之心過切，要多爲文選中不可諱言之缺憾。此則操選政者最易貽人口實之處，推之其他選集，亦莫不皆然，固不獨文選一書已也。

雖然，隋侯之珠，不能無垢，荆山之玉，不能無瑕，珍如珠玉，且猶如此，況高下由人之文章乎。曹植與楊德祖書云：

昔尼父之文辭，與人通流，至於制春秋，游夏之徒乃不能措一辭。過此而言不病者，吾未之見也。

此雖指著述而言，而選文之事，亦庶幾焉。文選之缺失，誠有如上舉諸家所評者，然自李唐來，幾於家家弦誦不絕，載筆之士，無不奉爲圭臬，其衣被詞人，固非一代，此豈非瑕不掩瑜之明證耶。歷代文家爲文稱頌之者，更僕難終，其中以孫梅之四六叢話卷一所言最富代表性。孫氏首先說明文選之價值云：

文之為言，合天人以炳耀，選之為道，從精義以入神。選而不文，非他山之瑜瑾，文而非選，豈麗製之淵林。若乃懸衡百代，揚搉羣言，進退師於一心，總持及乎千載，吾於昭明氏見之矣。夫一言以知，鬷蔑知人難矣，未若知言之難也。後世必有子雲，知言難矣，未若知文之尤難也。更二難以課最，包載籍以為程，著述以來，僅有斯作。夫陶冶墳素者本於學，筦攝人文者係乎才，南華非出僻書，左史焉知問遠，少見多怪，膚受淺中，學不博者，固未足以論文。又或識鮮通變，質本下中，辨鼎得贗，買璞誤鼠，才不高者，亦無以枋選。同時俊彥，希望苑於青冥，千古斯文，感高樓之風雨。

謂『著述以來，僅有斯作』，衡諸事實，確非過譽。繼謂『揆厥所長，大體有五』。一曰識見之宏通。

曰通識。五經紛綸，而通釋訓詁者有爾雅，諸史肸蠁，而通述紀傳者有史記。選之為書，上始姬宗，下迄梁代，千餘年間，藝文備矣。質文升降之故，風雅正變之由，雲開日下，接迹於簡編，漢妾楚臣，連衡於辭翰。其長一也。

此言文選之輯藝文，與爾雅之釋訓詁，史記之述紀傳，鼎峙而三。又精選八代名作，使人了然於質文升降、風雅正變之源流，此則其最大成功處。二曰博綜之可貴。

曰博綜。自昔文家，尤多派別，文志表江左之盛，典論詮鄴下之賢。選之所收，或人登一二首，或集載數十篇，詩筆不必兼長，淄澠不必盡合。詠懷擬古，以富有爭奇，玄虛簡棲，以單行示貴。其長二也。

此言昭明絕無門戶之見，凡屬美文，必加甄錄。各種體裁，各種派別，粲然明備。三曰辨體之精微。

曰辨體。風水遭而斐亹作，心聲發而典要存，敬禮工爲小文，長卿長於典册，體之不圖，文於何有。分區別類，旣備之於篇，溯委窮源，復辨之於序。勿爲翰林主人所嗤，匪供兔園册子之用。其長三也。

此言文體繁夥，鮮能備善，文士所擅，多偏一體，而昭明法眼獨具，所選錄者，多屬各家代表之作。四曰伐材之捷便。

曰伐材。文字英華，散在四部，窺豹則已陋，祭獺則無工。惟沈博絕麗之文，多左右采獲之助。王孫驛使，雅故相仍，天雞蹲鴟，繽紛入用。是猶陸海探珍，鄧林擷秀也。其長四也。

此言書籍浩浩，要在愼擇，而昭明所選，多沈博絕麗之文，足供學者饋貧之用，伐材之捷便，無踰於此。五曰鎔範之愜當。

曰鎔範。文筆之富，浩如淵海，斷制之精，運於鑪錘。使漢京以往，弭抑而受裁，正始以還，激昻而競響。雖褉序不收，少卿爲作，各有指歸，非爲謬妄。謂小兒強解事，此論未公，變學究爲秀才，其功實倍。其長五也。

此言昭明選政之公，取捨之當，鎔範苦心，具見於此。學者苟能寢饋其中，博通其致，信可以驅遣華藻，雍容壇坫，又豈止變學究爲秀才已耶。

綜上以觀，雖間有溢美之辭，要多爲持平之論。一斑旣見，全豹可知，自餘各家所讚，固無庸一一臚舉。

三　劉孝綽昭明太子集序

劉孝綽本名冉，彭城人，幼有神童之目，爲任昉所知。天監中，爲太子洗馬，掌東宮管記。時昭明太子好士愛文，孝綽與殷芸陸倕王筠到洽等，同見賓禮。昭明文章繁富，羣才咸欲撰錄，昭明獨使孝綽集而序之，其爲昭明所重如此。

在昭明太子之文學集團中請參閱本編五章三節，影響昭明文學思想最深者，當推劉勰徐勉劉孝綽三人。劉勰天監中任東宮通事舍人，深被昭明愛接，二人文論，多相契合。徐勉則領太子中庶子，實兼師傅之任，其『質不傷文，麗而有體』王僧孺詹事徐府君集序○見藝文類聚五十五之文章作風，似若爲昭明文質理論印證。而劉孝綽昭明太子集序云：

> 竊以屬文之體，鮮能周備，長卿徒善，既累爲遲，少孺雖疾，俳優而已。子淵淫靡，若女工之蠹，子雲侈靡，異詩人之則。孔璋詞賦，曹祖勸其修今，伯喈答贈，摯虞知其頗古。孟堅之頌，尚有似贊之譏，士衡之碑，猶聞類賦之貶。深乎文者，兼而善之，能使典而不野，遠而不放，麗而不淫，約而不儉，獨擅衆美，斯文在斯。

亦主文質相劑，不可偏倚，與昭明所論，如出一轍。是知文質和諧之作，同爲四人所喜愛。梁初唯美文學作品猶能保持雍容典麗之風格者，四人維護之功，不可沒也。

第二節　蕭梁時代㈥

一　蕭綱之文學至上論

蕭綱與蕭統雖篤於友于，而文學思想則同中有異，異中有同。二人均爲唯美文學之狂熱愛好者，終身致力於美文之創作與批評，是其相同處。蕭統之於文藝創作，主張典麗高雅，不爲泰甚，過與不及，皆非所宜，是唯美文學之正統派（Orthodox）。而蕭綱則疾呼文學高於一切，於典麗之外，復益以放蕩，堅決主張文藝與德行應析軌而行，不可合一，是唯美文學之浪漫派（Romanticism）。

綱字世纘，昭明同母弟，大通三年，立爲太子，太清三年，卽帝位，是爲簡文帝，在位二年，爲侯景所弑。著有文集一百卷，雜著六百餘卷，自古皇家撰述，未有若是其多者。姚思廉稱其『幼年聰睿，令問夙標，天才縱逸，冠於今古』梁書本紀論，誠非過譽。

簡文生值唯美文學全盛之世，漸染既深，遂爲默化，敬禮文士，率出以至誠，以是士多歸之。梁書本紀云：

> 引納文學之士，賞接無倦，恆討論篇籍，繼以文章。

又庾肩吾傳云：

> 初，太宗在藩，雅好文章士，時肩吾與東海徐摛，吳郡陸杲，彭城劉遵、劉孝儀，儀弟孝威，同被賞接。及居東宮，又開文德省，置學士，肩吾子信、摛子陵、吳郡張長公、北地傅弘、東海鮑至等充其

選。

南史庾肩吾傳亦云：

初爲晉安王國常侍，王每徙鎭，肩吾常隨府。在雍州被命與劉孝威、江伯搖、孔敬通、申子悅、徐防、徐摛、王囿、孔鑠、鮑至等十人抄撰衆籍，豐其果饌，號高齋學士。

按庾肩吾徐摛父子均爲宮體詩（猶唐之香奩體詩）之高手，而其餘諸子亦多是一代風流人物，其思想言行（尤其是文學思想與文學創作）影響於簡文者，當可推而知之。

簡文之著作雖多，而文學見解則散無統紀，零章殘什，全豹難窺。玆尋檢漢魏六朝百三家集、全梁文、藝文類聚所輯錄者，歸納整理，略分六端論之。

㈠文學至上論

文學在建安以前，爲載道與實用之工具，初無獨立可言。自曹丕典論論文出，乃逐漸以附庸蔚爲大國，晉葛洪抱朴子出，則又陵駕道德之上，宋文宋明二帝且以政治力量，使之與儒學、玄學等平列，至簡文猶不以爲足，更刻意提高其地位。其答張纘謝示集書云：

綱好文章，於今二十五載矣。竊嘗論之，日月參辰，火龍黼黻，尚且著於玄象，章乎人事，而況文辭可止，詠歌可輟乎。不爲壯夫，揚雄實小言破道，非謂君子，曹植亦小辯破言，論之科刑，罪在不赦。

又昭明太子集序云：

竊以文之爲義，大矣遠矣。故孔稱性道，堯曰欽明，武有來商之功，虞有格苗之德。故易曰：『觀乎天文，以察時變，觀乎人文，以化成天下。』是以含精吐景，六衞九光之度，方珠喻龍，南樞北陵之采，此之謂天文。文籍生，書契作，詠歌起，賦頌興，成孝敬於人倫，移風俗於王政，道緜乎八極，理浹乎九垓，贊動神明，雍熙鍾石，此之謂人文。若夫體天經而總文緯，揭日月而諧律呂者，其在茲乎。

自是文學遂高於一切，而惟我獨尊矣。簡文居儲君之位二十年，此論既發，幾同功令，一般才穎之士，未有不競相附和，以博取厚祿者，唯美文學至梁代達於登峯造極之域，此實其最大關鍵所在。

(二)文學唯美論

簡文既高唱文學至上之論，故非至美至麗之作品，不足以陵駕一切學術，饜服人心。而欲使作品臻於至美至麗，舍特重藻飾，實別無他途可出，蓋以內容取勝難，以形式取勝易故也。於是凡作品不合於美之標準者，皆所宜譏。其與湘東王書云：

又時有效謝康樂裴鴻臚文者，亦頗有惑焉。何者，謝客吐言天拔，出於自然，時有不拘，是其糟粕，裴氏乃是良史之才，了無篇什之美。是爲學謝則不屆其精華，但得其冗長，師裴則蔑絕其所長，惟得其所短。謝故巧不可階，裴亦質不宜慕。故胸馳臆斷之侶，好名忘實之類，方分肉於仁獸，逞郤克於邯鄲，入鮑忘臭，効尤致禍。決羽謝生，豈三千之可及，伏膺裴氏，懼兩唐之不傳。

謝靈運才高藝精，刻畫山水，極盡巧密之能事。無其才藝而但工效顰者，往往遺其精華而拾其糟粕，僞體庸音，美於何有。至裴子野則殫精惇史，所重者質，既乏麗藻，豈宜多慕。故其文中又深致慨歎曰：

故玉徽金銑，反爲拙目所嗤，巴人下里，更合郢中之聽。陽春高而不和，妙聲絕而不尋，竟不精討錙銖，覈量文質，有異巧心，終愧妍手。是以握瑜懷玉之士，瞻鄭邦而知退，章甫翠履之人，望閩鄉而歎息。詩既若此，筆又如之。徒以煙墨不言，受其驅染，紙札無情，任其搖襞。甚矣哉，文之橫流，一至於此。

其攻擊守舊派（裴子野爲守舊派之健將詳見本編八章三節）之理論，而鼓吹鄭邦文學，可謂不遺餘力。按鄭邦文學爲宮體詩之始祖，而宮體詩又爲唯美文學主流之一，乃情與欲混合之特種文學。是知餘杭章君所謂『簡文變古，志在桑中』（國學總略論衡文），誠非厚誣。要之，宮體詩所以大放異采於梁陳之世，簡文實不無推轂之力焉。

㈢緣情說

簡文論文，固極力强調外形雕飾之重要，而於內在之情思，亦未嘗忽略。蓋辭藻乃作品之骨肉，情思則作品之靈魂，棄情思而一味文飾，正猶雕塑之美人，又何貴乎。故簡文主張美的文學，必須『思』『辭』並重，內外兼顧。

詩者，思也，辭也。發慮在心謂之思，言見其懷抱者也。在辭爲詩，在樂爲歌，其本一也。（朱彝尊經義考引）

夫物象之慘舒，四序之乘除，所以激發情思者深矣。何況慧業文人，靈珠在抱，外感既多，內情斯洩。故或獨對西風，狂搔短髮，或薄遊江畔，空弔青衫。陳王錦箋，盡成血草，江郎彩筆，慣放淚花者，非緣景生情，發爲吟詠者耶。是以陸機文賦云：

悲落葉於勁秋，嘉柔條於芳春。

鍾嶸詩品序云：

氣之動物，物之感人，故搖蕩性情，形諸舞詠。……若乃春風春鳥，秋月秋蟬，夏雲暑雨，冬月祁寒，斯四候之感諸詩者也。

而簡文答張纘謝示集書亦云：

至如春庭落景，轉蕙承風，秋雨且晴，檐梧初下。浮雲生野，明月入樓，時命親賓，乍動嚴駕。車渠屢酌，鸚鵡驟傾，伊昔三邊，久留四戰。胡霧連天，征旗拂日，時聞塢笛，遙聽塞笳。或鄉思悽然，或雄心憤薄。是以沉吟短翰，補綴庸音，寓目寫心，因事而作。

惟是情思之深者，莫若女子，尤其是高樓思婦，深宮怨后。蓋此等女子類都婚姻破滅，空閨獨守，其情故較常人尤爲纏綿，尤爲悱惻也。

垂示三首，風雲吐於行間，珠玉生於字裏，跨躡曹左，含超潘陸。雙鬢向光，風流已絕，九梁插花，步搖爲古。高樓懷怨，結眉表色，長門下泣，破粉成痕。復有影裏細腰，令與眞類，鏡中好面，還將畫等。此皆性情卓絕，親致英奇。故知吹簫入秦，方識來鳳之巧，鳴瑟向趙，始覩駐雲之曲。手持口誦，喜荷交并也。（答新渝侯和詩書）

將描繪女子情態之詩，譽爲『性情卓絕，新致英奇』，而讚歎不已，以至『手持口誦，喜荷交并』。其中心所傾慕之作品，當可推而知之，而其鼓扇宮體詩之心理因素，亦可推而知之，蓋宮體詩固莫能外乎情也。

(四)文學放蕩論

六朝文學批評家論文學與道德之作甚多，要而言之，可分二派：(一)承襲儒家傳統觀念者。此派以曹丕劉勰蕭統爲代表。(二)修正儒家傳統觀念者。此派以葛洪蕭綱爲代表。曹丕典論論文云：

觀古今文人，類不護細行，鮮能以名節自立。

蕭統陶淵明集序云：

嘗謂有能觀淵明之文者，馳競之情遣，鄙吝之意祛，貪夫可以廉，懦夫可以立，豈止仁義可蹈，抑乃爵祿可辭，不必傍游泰華，遠求柱史，此亦有助于風敎也。

此乃主張文學高於道德，至低限度亦須二者並重。(劉勰之論請參閱本編八章二節)葛洪抱朴子尚博篇云：

文章之與德行，猶十尺之與一丈，謂之餘事，未之前聞。……文章雖爲德行之弟，未可呼爲餘事也。

簡文誡當陽公大心書云：

汝年時尚幼，所闕者學，可久可大，其惟學歟。所以孔丘言：『吾嘗終日不食，終夜不寢，以思，無益，不如學也。』若使面牆而立，沐猴而冠，吾所不取。立身之道，與文章異，立身先須謹重，文章且須放蕩。

前者祇是修正儒家文章爲道德附庸之觀念，謂道德爲粗，文章爲精而已，二者猶是兄弟關係。此則直謂二者了不相涉，根本否定此一傳統觀念。

按此乃訓誡兒子之書，而非尋常應酬之作，不可曲解其意。所謂『立身須謹重』者，言立身處世須嚴守道德規範，不可有踰閑蕩檢之事，此猶是承襲儒家重德觀念，未嘗立異。所謂『文章須放蕩』者，言文章所以吟詠情志，抒寫性靈，不必有載道致用之觀念，更不必受陳規舊矩之束縛，縱橫馳騁，變古翻新，而勇向唯美與浪漫之路邁進。吾所謂簡文乃唯美文學之浪漫派者以此。雖然，無論中外古今，文學宗派甚多，祇有作品工拙之分，絕無宗派優劣之別。吾人固不可以簡文提倡浪漫文學，遂集矢而攻之，亦不可以其不合儒家之創作規範，遂並懷疑其人品。史稱其仁厚寬宏，實有人君之懿，臨終題壁自序云：

有梁正士蘭陵蕭世纘，立身行道，終始如一，風雨如晦，雞鳴不已。弗欺暗室，豈況三光，數至於此，命也如何。（梁書本紀）

皆句句實言，可以復按。故終簡文一生，除宮體詩傷於輕豔外，略無遺行，而世多薄之，蓋亦未之思也。

㈤文學新變論

變古翻新爲簡文創作文藝、批評文藝之最高理想，亦爲其終身所追求之目標，凡作品合於此一理想者，皆推崇備至，讚歎不已。玆以永明諸子等爲例：

齊永明中，文士王融謝朓沈約文章始用四聲，以爲新變，至是轉拘聲韻，彌尙麗靡，復踰於往時。（梁書庾肩吾傳）

謝朓沈約共同提倡聲律論，脫離前人創作之窠臼，乃變古翻新之急先鋒，貽與後世影響甚大，遂爲簡文所激賞。

至如近世謝朓沈約之詩，任昉陸倕之筆，斯實文章之冠冕，述作之楷模。張士簡之賦，周升逸之辯，

亦成佳手，難可復遇。（與湘東王書）

至任陸張周四人，皆屬一朝上選，當亦在景仰之列。

摛幼好學，及長，徧覽經史，屬文好爲新變，不拘舊體。晉安王綱出戍石頭，武帝謂周捨曰：『爲我求一人，文學俱長，兼有行者，欲令與晉安游處。』捨曰：『臣外弟徐摛，形質陋小，若不勝衣，而堪此選。』帝曰：『必有仲宣之才，亦不簡貌。』乃以摛爲侍讀。大通初，王總戎北侵，以摛兼寧蠻府長史，參贊戎政，教命軍書，多自摛出。王入爲皇太子，轉家令，兼管記，尋帶領直。摛文體既別，春坊盡學之，『宮體』之號，自斯而始。（南史徐摛傳）

徐摛屬文好爲新變，不拘舊體，又爲宮體詩之創始者（按宮體詩之眞正創始者應推鮑照惟當時尚無宮體之名耳），故簡文對之優禮有加，不次拔擢。傳云：上好是物，下必有甚。此則其最佳左證焉。

與新變背道而馳者爲模擬，梁代有一部分文士追摹謝靈運裴子野之風甚盛，嘗引起簡文之反感。（已見前論）又有一部分文士師法經典，尤爲簡文所痛斥。

比見京師文體，懦鈍殊常，競學浮疎，爭爲闡緩。玄冬脩夜，思所不得，既殊比興，正背風騷。若夫六典三禮，所施則有地，吉凶嘉賓，用之則有所。未聞吟詠情性，反擬內則之篇，操筆寫志，更摹酒誥之作。遲遲春日，翻學歸藏，湛湛江水，遂同大傳。

吾既拙於爲文，不敢輕有掎摭。但以當世之作，歷方古之才人，遠則揚馬曹王，近則潘陸顏謝，而觀其遺辭用心，了不相似。若以今文爲是，則古文爲非，若昔賢可稱，則今體宜棄。俱爲盍各，則未之

敢許。（與湘東王書）

指陳仿古之弊，洞若觀火，揆其用心，無非在挽其頹風而已。蓋風格乃因人而殊，思路亦人異其趣，文學之美者，無一而非得自創作，自古未有專事規摹而能卓然成家者，此簡文所以深惡之也。清儒顧炎武氏推闡其說云：

近代文章之病全在摹倣。卽使逼肖古人，已非極詣。況遺其神理而得其皮毛者乎。且古人作文，時有利鈍。梁簡文與湘東王書云：『今人有效謝康樂裴鴻臚文者，學謝則不屆其精華，但得其冗長。學裴則蔑棄其所長，惟得其所短。』宋蘇子瞻云：『今人學杜甫詩，得其粗俗而已。』金元裕之詩云：『少陵自有連城璧，爭奈微之識碔砆。』夫文章一道，猶儒者之末事，乃欲如陸士衡所謂『謝朝華於已披，啓夕秀于未振者』，今且未見其人。進此而窺著述之林，益難之矣。（日知錄文人摹仿之病條）

又云：

三百篇之不能不降而楚辭，楚辭之不能不降而漢魏，漢魏之不能不降而六朝，六朝之不能不降而唐也，勢也。用一代之體，則必似一代之文，而後爲合格。

詩文之所以代變，有不得不變者。一代之文，沿襲已久，不容人人皆道此語，今且數千百年矣，而猶取古人之陳言，一一而摹倣之，以是爲詩可乎。故不似則失其所以爲詩，似則失其所以爲我，李杜之詩，所以獨高於唐人者，以其未嘗不似，而未嘗似也。知此者，可與言詩也已矣。（同上詩體代降條）

或曰，仿古爲習文之初階，且可以助創作，猶之書家之臨池，畫家之素描，乃必經之程序，不可輕言廢棄。

傳不云乎：『始駕者反之，車在馬前。』（禮記學記）雖聖人亦不諱言摹仿，況凡人耶。斯言亦極有見地，然董其昌氏論書曰：

其始必與古人合，其後必與古人離。（畫禪室隨筆）

姚鼐氏論文曰：

學古人必始而迷悶，苦毫無似處，久而能似之，又久而自得，不復似之。（惜抱尺牘）

則二氏所重者，在於由模擬而變化，由變化而創新，與劉勰通變之論遙相映合。（詳見本編八章二節）王闓運湘綺樓論文於此亦有精闢之見解，要其所歸，亦貴變化也。

文有時代而無家數，今所以不及古者，習慣使之然也。韓退之遂云非三代兩漢之書不敢觀，如是僅得爲擬古之文，及其應世，事蹟人地，全非古所有，則失其故步，而反不如時手駕輕就熟也。明人號爲復古，全無古色，卽退之文，亦豈有一句似子長揚雄耶。故知學古當漸漬於古，先作論事理短篇，務使成章，取古人成作，處處臨摹，如仿書然，一字一句，必求其似，如此者，家信帳記，皆可摹古，然後稍記事，先取今事與古書類者，比而作之，再取今事與古事遠者，比而附之，終取今事爲古所絕無者，改而文之。如是非十餘年之專功，不能到也。詩則有家數，易摹擬，其難亦在於變化，於全篇摹擬中能自運一兩句，久之可一兩聯，久之可一兩行，則自成家數矣。

近人駱鴻凱氏獨標新諦，頗能發前賢未發之義，錄之以資比觀。

夫文貴自出心裁，獨標新穎，謝朝華之已披，啓夕秀於未振，焉取規摹仿效，致來因襲之譏。然寫花鳥，繪煙嵐，則誠有不盡爾者。蓋物色古今所同，遠視黃山，氣成葱翠，適當秋日，草盡萎黃，古有此景，今亦無以異也。是故古人之作，雖已泄宇宙之祕，窮化工之妙，清辭麗句，膾炙文林。然後賢有作，倘能即勢會奇，因方借巧，妙得規摹變化之訣，自成化腐爲新之功。又況意之爲用，其出不窮，同敍一景，而以悲愉各異，則後者初非襲前。如『落日照大旗，馬鳴風蕭蕭』杜甫後出塞，與『蕭蕭馬鳴，悠悠旆旌』詩大雅角弓篇，一敍愁慘之象，一狀整暇之容，語同而用意別，特作者臨文，偶然湊合，非相襲也。同賦一物，而比興不同，則諸作各擅其勝。如同一詠蟬，虞世南『居高聲自遠，端不藉秋風』，是清華人語。駱賓王『露重飛難進，風多響自沈』，是患難人語。李商隱『本以高難飽，徒勞恨費聲』，是牢騷人語。此因比興之不同，而各據勝境也。由此觀之，雨滴空階，月照積雪，亭皐葉下，池塘草生，凡諸美景，雖至不可紀極之世，言之亦無害爲佳構。李文饒所謂『文章譬諸日月，雖終古常見，而光景常新』，不其然哉。黃氏文心雕龍札記附錄物色篇評語

※　※　※　※

簡文之學術著作，爲歷代帝王之冠，文藝創作之富，求諸六代，亦罕有其比。惟其勤於創作，故其文學思想多藉作品以表出之，吾人今日所能知者，不過上述諸端而已。其貽與後世之影響最大者，莫若緣情說與宮體詩，唐宋二代香奩派高手多承其說而效其體，且有推陳出新、變本加厲之勢焉。其文學唯美論則爲唐代唯美派詩人全盤接受，在唐代詩壇中，各派雖互有消長，而歷時最久，勢力最大，與國祚共興亡者，實非唯美派莫屬，則簡文鼓吹之功，不可沒也。其文學新變論則促使唐詩體製之變古與內容之翻新，唐詩體製之

多，形式之美，既非六朝人所能夢見，而內容之新，思力之奇，尤非六朝人所能想像。故謂唐人爲簡文文學新變論之實踐者與完成者，固無不當也。

二　徐陵與玉臺新詠

梁代文壇，約分三派：一曰守舊派，二曰趨新派，三曰折衷派。詳見本章第一節代表其文學見解之著作，守舊派有裴子野之雕蟲論、鍾嶸之詩品，折衷派有劉勰之文心、蕭統之文選，趨新派則有徐陵之玉臺新詠、蕭繹之金樓子。莫不獨標眞諦，高張奇彩，遂使當時文學界充滿蓬勃之朝氣，呈現曠古未有之壯觀，其衣被詞人，沾溉來葉者，至今猶未有已焉，嗚乎盛矣。

玉臺新詠編纂之動機，據劉肅大唐新語所載，趨新派之主盟者蕭綱爲太子時，好作豔詩，境內化之，晚年欲改作，追之不及，乃令徐陵撰是書，以大其體。果如所言，則是書乃就歷代香豔詩中，刪汰繁蕪，使莠稗咸除，菁華畢出者也。今觀其入選之作，幾無一而非麗製綺篇，持較文選，雖旨趣不同，取捨各別，而其爲唯美文學全盛時代之代表作則一。四庫總目總集類玉臺新詠提要云：

是書作於梁時，故簡文稱皇太子，元帝稱湘東王，今本題陳尚書左僕射太子少傅東海徐陵撰，殆後人之所追改。如劉勰文心雕龍，本作於齊，而題梁通事舍人耳。其梁武帝書諡書國號，邵陵王等並書名，亦出於追改也。其書前八卷爲自漢至梁五言詩，第九卷爲歌行，第十卷爲五言二韻之詩，雖皆取綺羅脂粉之詞，而去古未遠，猶有講於溫柔敦厚之遺，未可概以淫豔斥之。

謂是書成於梁代，所取詩率豔而不淫，極爲有見，足以解後人之紛爭矣。

至是書甄錄標準，集中雖未明言，然細加推究，可歸納之爲四端：

一、體製以五言爲主　五言詩爲六朝詩之骨幹，亦與駢文、俳賦並稱六朝唯美文學之三大主流，故玉臺所錄，五言體居十之八九，三言、四言、七言、雜言各體僅居十之一二，而六言體則獨付闕如。不寧惟是，其第十卷且專錄五言二韻之詩，率舉三首爲證。

竹葉響南窗，月光照東壁，誰知夜獨覺，枕前雙淚滴。（何遜秋閨怨）

北斗闌干去，夜夜心獨傷，月輝橫射枕，燈光半隱牀。（蕭綱夜夜曲）

斂容送君別，一斂無開時，只應待相見，還將笑解眉。（王臺卿南浦別佳人）

無論體貌風格，幾與唐人五絕無異。是知唐人五絕實脫胎於此，惟聲調稍作調整，使之更爲諧美耳。

二、內容以綺豔爲宗　玉臺選詩，與文選異趣，文選重雅正，貴文質彬彬，而玉臺則重綺豔，貴搖蕩性靈。故文選所不錄者，玉臺則多錄之。徐陵玉臺新詠序云：

往世名篇，當今巧製，分諸麟閣，散在鴻都，不藉篇章，無由披覽。於是然脂暝寫，弄墨晨書，撰錄豔歌，凡爲十卷，曾無參於雅頌，亦靡濫於風人，涇渭之間，若斯而已。

二書宗尚不同，於斯概見。度徐陵之意，或有意爲宮體張目歟。蓋自晉宋以來，吳歌西曲，風行江左，才穎之士，好其聲辭，競效其體，孫綽作碧玉歌，王獻之作桃葉歌，至鮑照湯惠休而臻極盛，迤及梁代，綺豔尤甚，遂成宮體。劉師培中古文學史宋齊梁陳文學概略云：

宮體之名，雖始于梁，然側豔之詞，起源自昔，晉宋樂府，如桃葉歌、碧玉歌、白紵詞、白銅鞮歌，均以淫豔哀音，被于江左，迄于蕭齊，流風益盛。其以此體施于五言詩者，亦始晉宋之間，後有鮑照，前則惠休。特至于梁代，其體尤昌。南史簡文紀謂：『帝辭藻豔發，然傷于輕靡，時號宮體。』徐摛傳亦謂：『屬文好爲新變，文體既別，春坊盡學之，宮體之號，自斯而始。』蓋當此之時，文士所作雖多豔詞，然尤以豔麗著者，實惟摛及庾肩吾，嗣則庾信徐陵承其遺緒，而文體特爲南北所崇，

此則大同以後文體之一變也。

則宮體本非始於簡文，簡文不過力揚其波而已。按簡文所以鼓扇豔詩者，蓋欲寄託其精神生活於文苑藝圃之中，初無傷倫敗德之意。其誡子書有云：『立身先須謹重，文章且須放蕩。』意謂立身之道與文學創作有別，創作放蕩之文學，固無損於人品，鼓扇豔麗之詩歌，亦無傷於風教，以視耽情聲色、追逐貨利者，其境界高尚多矣。於是遂敕令徐陵甄選歷代詩歌之尤綺豔者，以供諷誦，亦所以爲提高精神生活之一助焉耳。徐陵少染父風，特好豔辭，時方供職東宮，奉命撰斯一集，故所錄多爲綺豔之詩歌，以擴大宮體之內容。

三、存沒兼收　古來司衡文、選文之政者，率不評錄生存之作，文心如此，詩品如此，文選亦復如此，蓋其人既往，其文克定，已成文壇通例。而玉臺集則不然，當時文人如梁武帝、簡文帝、邵陵王蕭綸、湘東王蕭繹、武陵王蕭紀、庾肩吾、王筠、劉孝綽、劉孝儀、劉孝威、庾信、鮑泉、何思澄、何遜、王僧孺、徐勉、徐悱、王訓、劉遵、劉邈、劉令嫺、張率、徐君倩等之作，均加采錄，甚至編者自作，亦收四首，此固難免標榜之嫌，然從另一角度觀之，徐氏或受葛洪今必勝古思想之影響，遂以爲時人所作，未必遜於古人

，此種文學進化之觀念，亦不無可取也。茲就集中率舉四首纏綿婉媚之作，以資比觀。而古樸今華、質文代變之軌跡，亦昭然可尋。

(一)晉楊方合歡詩

獨坐空室中，愁有數千端。悲響荅愁歎，哀涕應苦言。
彷徨四顧望，白日入西山。不覩佳人來，但見飛鳥還。
飛鳥亦何樂，夕宿自作羣。

(二)晉曹毗夜聽擣衣

寒興御紈素，佳人理衣襟。冬夜清且永，皓月照堂陰。
纖手疊輕素，朗杵叩鳴砧。清風流繁節，回飆灑微吟。
嗟此往運速，悼彼幽滯心。二物感余懷，豈但聲與音。

(三)梁蕭綱美人晨妝

北窗向朝鏡，錦帳復斜縈。嬌羞不肯出，猶言妝未成。
散黛隨眉廣，燕脂逐臉生。試將持出衆，定得可憐名。

(四)梁徐陵奉和詠舞

十五屬平陽，因來入建章。主家能教舞，城中巧畫妝。
低鬟向綺席，舉袖拂花黃。燭送窗邊影，衫傳篋裏香。

當關好留客，故作舞衣長。

綜觀上擧四詩，無論鑄句、鍊字、選聲、配色，以至描寫心理之微妙，刻畫景物之巧似，梁人均遠在晉人之上，固無怪其篤於自信，不避嫌疑也。

四、雅俗並列　文選選詩，以沈思翰藻爲主，故非典贍高華之作，實難見收。玉臺選詩，則以流連哀思爲主，故雖通俗平易之什，亦不避忌。蓋玉臺爲供一般宮女諷誦而作，初無特定之使命。其序云：

至如青牛帳裏，餘曲未終，朱鳥窗前，新妝已竟。方當開茲縹帙，散此縚繩，永對玩於書帷，長循環於纖手。豈如鄧學春秋，儒者之功難習，竇傳黃老，金丹之術不成。固勝西蜀豪家，託情窮於魯殿，東儲甲觀，流詠止於洞簫。變彼諸姬，聊同棄日，猗與彤管，麗矣香奩。

故高篇雅製，采錄固多。

張衡同聲歌：

邂逅承際會，得充君後房。情好新交接，恐慄若探湯。
不才勉自竭，賤妾職所當。綢繆主中饋，奉禮助烝嘗。
思爲莞蒻席，在下蔽匡牀。願爲羅衾幬，在上衞風霜。
灑掃清枕席，鞮芬以狄香。重戶結金扃，高下華鐙光。
衣解巾粉御，列國陳枕張。素女爲我師，儀態盈萬方。
衆夫所稀見，天老敎軒皇。樂莫斯夜樂，沒齒焉可忘。

陶潛擬古：

日暮天無雲，春風扇微和。佳人美清夜，達曙酣且歌。歌竟長歎息，持此感人多。明明雲間月，灼灼葉中花。豈無一時好，不久當如何。

而俗什俚章，亦收入不少。

漢時童謠歌：

城中好高髻，四方高一尺，城中好大眉，四方眉半額。城中好廣袖，四方用匹帛。

晉惠帝時童謠歌：

鄴中女子莫千妖，前至三月抱胡腰。

古絕句四首：

藁砧今何在，山上復有山。何當大刀頭，破鏡飛上天。

日暮秋雲陰，江水清且深。何用通音信，蓮花玳瑁簪。

菟絲從長風，根莖無斷絕。無情尚不離，有情安可別。

南山一樹桂，上有雙鴛鴦。千年長交頸，歡愛不相忘。

按徐陵與庾信並稱駢體文之二大宗師，竟能分其餘力，關注民間歌謠，爲中國通俗文學開創新紀元，從而促使一般文士對於通俗文學之新認識，其見解新穎，觀念進步，良可佩也。吾人於此可得一簡單結論曰，昭明文選乃代表貴族階級之廟堂文學，而玉臺新詠則代表平民階級之普羅文學（proletarian literature）或黃封面文學（yellow - covered literature）。

五、須富有音樂性　徐氏極重視詩歌之音樂性，在自序中嘗數數言之，蓋其本意在强調協律度曲故也。如云：

弟兄協律，自小學歌，少長河陽，由來能舞。琵琶新曲，無待石崇，箜篌雜引，非因曹植。傳鼓瑟於楊家，得吹簫於秦女。

又云：

陪游馺娑，騁纖腰於結風，長樂鴛鴦，奏新聲於度曲。

又云：

三星未夕，不事懷衾，五日猶賒，誰能理曲。

其於歷代樂府與民歌采錄特多者，亦無非欲促使詩歌與音樂之合一，以二者原係同出一源也。

以上所論，雖為玉臺甄詩之標準，實則徐陵之文學觀念亦可於此見之。其文學觀念可以一言蔽之曰，提倡緣情的、綺麗的香奩文學。使人類永遠生活在綺麗的有情世界之中，其意至美，其心至善也。惟後人以其悉取綺羅脂粉之詞，有害於風教，遂競相譏呵。劉克莊後村詩話云：『如沈休文六憶之類，其褻慢有甚於香奩花間者。』（論玉臺新詠）按玉臺載沈約六憶詩四首，迻錄於下：

憶來時，灼灼上階墀，勤勤敍別離，慊慊道相思，相看常不足，相見乃忘飢。
憶坐時，點點羅帳前，或歌四五曲，或弄兩三弦，笑時應無比，嗔時更可憐。
憶食時，臨盤動容色，欲坐復羞坐，欲食復羞食，含哺如不飢，擎甌似無力。
憶眠時，人眠彊未眠，解羅不待勸，就枕更須牽，復恐傍人見，嬌羞在燭前。

第四首確是蕩檢之作，有失敦厚，劉氏所云，誠非厚誣。惟集中類此者並不多見，未可毛擧碎篇，以偏概全也。

要之，玉臺一書，乃純文學之總集，亦梁代趨新派之代表作，趨新派作家之共同特徵有二：一曰感情熱烈，二曰風格浪漫。明乎此，則於是書微末之瑕，可以無譏矣，況其價值猶有可說者乎。綜其價值之大者，約有四端：

一、作風雅之羽翼　是書所錄，俱爲婉麗風流之辭，其未涉及男女之事或全篇不寫佳人者，百不一二見。然類能發乎情，止乎禮義，無悖於溫柔敦厚之旨，非後世樂府所能及。徐氏自序云：

撰錄豔歌，凡爲十卷，曾無參於雅頌，亦靡濫於風人，涇渭之間，若斯而已。

諷玩全集，信乎不謬。故陳玉父氏極稱之曰：

夫詩者，情之發也，征戍之勞苦，室家之怨思，動於中而形於言，先王不能禁也。豈惟不能禁，且逆探其情而著之，東山杕杜之詩是矣。若其他變風化雅，謂『豈無膏沐，誰適爲容』，『終朝采綠，不盈一掬』之類，以此集揆之，語意未大異也。……其措詞託興高古，要非後世樂府所能及，自唐花間集

已不足道，而況近代挾邪之說，號爲以筆墨動淫者乎。（玉臺新詠後敍）

二、補篇章之闕佚　六朝戰亂相尋，篇章亡佚者，未易悉數。篇章具在，而作者姓名無從稽考者，更不知凡幾。雖以文選樓諸君之淹雅，亦未能一一恢復其眞貌。玉臺於此，則有蒐補闕佚之功焉。陳玉父氏云：

自漢魏以來，作者皆在焉，多蕭統文選所不載，覽者可以覩歷世文章盛衰之變云。（同上）

四庫提要亦云：

其中如曹植棄婦篇、庾信七夕詩，今本集皆失載，據此可補闕佚。又如馮惟訥詩紀載蘇伯玉妻盤中詩作漢人，據此知爲晉代。梅鼎祚詩乘載蘇武妻答外詩，據此知爲魏文帝作。古詩西北有高樓等九首，文選無名氏，據此知爲枚乘作。飲馬長城窟行，文選亦無名氏，據此知爲蔡邕作。

其在輯佚學、目錄學上之價值，均可於此徵之。

三、爲五言詩總集之權輿　五言歌詩，自建安而盛，行於六代，自唐以後，體製益繁，選錄益衆，而溯源星宿，當以玉臺爲最古，七代名家麗製，多賴以保存，是固五言之衡鑑，著作之淵藪矣。

四、尊重婦女文學　自漢班姬徐淑以還，閨秀詞人，往往間出，第其作品多未能受到應有之尊重，以致千百年來，文壇上陽盛陰衰之偏枯現象，歷久不變，憾孰甚焉。逮鍾嶸品第前代詩人，位班姬於上科，與曹劉潘陸諸大家並列，世人觀念，始驟然大改，而閨閣詩人之地位亦隨之而提高。雖然，徐陵猶不以此爲已足，用特精選自漢至梁描述婦女精神生活與感情生活之詩篇，以及江南地方男女互相悅慕之歌謠，都爲一集，庶使深宮美人，民間匹婦，能有一分不帶任何政治色彩，不含任何教化功能，眞正爲自己所喜愛之精神食糧。且於集中廣錄歷代才媛之作，瑤章麗曲，網羅殆盡，使世人重新認識婦女對文學之貢獻，其用心誠有足多者。茲將集中所錄閨閣詩人及其作品表列如下：

㈣玉臺新詠閨閣詩人及其作品一覽表

朝代	姓名	篇名
漢	班姬	怨詩一首
	烏孫公主	歌詩一首
	徐淑	答夫秦嘉詩一首
魏	甄皇后	塘上行一首
	劉勳妻王氏	雜詩二首
晉	周夫人	贈車騎一首
	李夫人	與夫賈充連句三首
	桃葉	答玉團扇歌三首
	蘇伯玉妻	盤中詩一首
宋	鮑令暉	雜詩六首・寄行人一首
	孟珠	丹陽孟珠歌一首
齊	蘇小小	錢塘蘇小歌一首
	范靖婦	詠步搖花等四首
梁	劉令嫻	答外二首・雜詩一首・光宅寺等三首
	范靜婦	王昭君歎二首・映水曲一首
	王淑英妻劉氏	雜詩一首・附答一首・暮寒絕句一首

此外，徐氏又於自序中極力稱揚女子之優點。其列敍歷代之佳麗云：

凌雲概日，由余之所未窺，萬戶千門，張衡之所曾賦。周王璧臺之上，漢帝金屋之中，玉樹以珊瑚作枝，珠簾以玳瑁爲柙，其中有麗人焉。其人也，五陵豪族，充選掖庭，四姓良家，馳名永巷。亦有潁川新市，河間觀津，本號嬌娥，曾名巧笑。楚王宮內，無不推其細腰，魏國佳人，俱言訝其纖手。閱詩敦禮，非直東鄰之自媒，婉約風流，無異西施之被教。

讚女子歌舞之美云：

弟兄協律，自小學歌，少長河陽，由來能舞。琵琶新曲，無待石崇，箜篌雜引，非因曹植。傳鼓瑟於楊家，得吹簫於秦女。至若寵聞長樂，陳后知而不平，畫出天仙，閼氏覽而遙妒。且如東鄰巧笑，來侍寢於更衣，西子微顰，將橫陳於甲帳。陪游馺娑，騁纖腰於結風，長樂鴛鴦，奏新聲於度曲。

讚女子裝飾之美云：

妝鳴蟬之薄鬢，照墮馬之垂鬟。反插金鈿，橫抽寶樹。南都石黛，最發雙蛾，北地燕脂，偏開兩靨。

讚女子體貌之美云：

亦有嶺上僊童，分丸魏帝，腰中寶鳳，授曆軒轅。金星與婺女爭華，麝月共嫦娥競爽。驚鸞冶袖，時飄韓掾之香，飛燕長裾，宜結陳王之佩。雖非圖畫，入甘泉而不分，言異神僊，戲陽臺而無別。眞可謂傾國傾城，無對無雙者也。

讚女子才情之美云：

加以天情開朗，逸思雕華，妙解文章，尤工詩賦。琉璃硯匣，終日隨身，翡翠筆牀，無時離手。清文滿篋，非惟芍藥之花，新製連篇，寧止蒲萄之樹。九日登高，時有緣情之作，萬年公主，非無誄德之辭。其佳麗也如彼，其才情也如此。

刻畫女子之心思則云：

既而椒房宛轉，柘館陰岑，絳鶴晨嚴，銅蠡晝靜。三星未夕，不事懷衾，五日猶賒，誰能理曲。優游少託，寂寞多閑。厭長樂之疏鐘，勞中宮之緩箭。輕身無力，怯南陽之擣衣，生長深宮，笑扶風之織錦。雖復投壺玉女，爲歡盡於百驍，爭博齊姬，心賞窮於六箸。無怡神於暇景，惟屬意於新詩。可得代彼萱蘇，微蠲愁疾。

其刻意發掘婦女之才華，提高婦女之地位，尊重婦女之人權（Right of man），均已灼然具見於此。故曰，徐陵與鍾嶸實吾國女權運動之先驅也。

第三節　蕭梁時代㈦

一　蕭子顯南齊書文學傳論

在梁朝趨新派鉅子中，以史學擅一代高名，復以宮體詩馳譽文苑者，要以蕭子顯爲最著。子顯字景陽，蘭陵人，齊豫章王蕭嶷第八子，中大通時，累官至吏部尚書，著有後漢書一百卷，南齊書六十卷，普通北伐記五卷，貴儉傳三十卷，惜多散亡，僅南齊書列入正史耳。

蕭氏才華卓茂，獨秀羣倫，於殫精惇史外，又時以豔詩與簡文相應和，簡文極敬重之，遂爲其文學集團中之健將。梁書本傳云：

子顯性凝簡，頗負其才氣。及掌選，見九流賓客，不與交言，但舉扇一撝而已，衣冠竊恨之。然太宗素重其爲人，在東宮時，每引與促宴。子顯嘗起更衣，太宗謂坐客曰：『嘗聞異人間出，今日始知是蕭尚書。』其見重如此。

由於氣味相接，二人之文學主張自亦趨於一致，均以『新』『變』爲其最高理想。惟蕭氏所重者史學，於文學不甚詳談，故其文學理論僅見於南齊書文學傳論及自序（載梁書本傳）兩篇。今綜其大凡，條舉而論述之。

㈠文學起源論

六朝人論文學之起源者，約分三派：

一、唯心派　謂文學起源乃緣於人類情感之勃發。持此說者以沈約爲代表。其宋書謝靈運傳云：『歌詠所興，宜自生民始。』此蓋本於卜商之關雎序與陸機之緣情說而加詳者。

二、唯物派　謂文學起源乃緣於外物之感應。持此說者以鍾嶸爲代表。其詩品序云：『若乃春風春鳥，秋月秋蟬，夏雲暑雨，冬月祁寒，斯四候之感諸詩者也。』

三、心物二元派　謂文學起源乃緣於情感之勃發與外物之感應。持此說者以劉勰爲代表。其文心雕龍明詩篇云：『人稟七情，應物斯感，感物吟志，莫非自然。』又情采篇云：『五情發而爲辭章，神理之數也。』又物色篇云：『春秋代序，陰陽慘舒，物色之動，心亦搖焉。』（請參閱本編八章一節一目）

蕭子顯所論，屬第三派。其南齊書文學傳論云：

文章者，蓋情性之風標，神明之律呂也。蘊思含毫，遊心內運，放言落紙，氣韻天成。莫不稟以生靈，遷乎愛嗜，機見殊門，賞悟紛雜。

謂文學之興起，完全在表現性情，與沈約之說相符。惟蕭氏特別强調個人，不含任何美刺功能，亦不帶任何政治色彩，則似與西方浪漫思想相通。自序云：

若乃登高目極，臨水送歸，風動春朝，月明秋夜，早雁初鶯，開花落葉，有來斯應，每不能已也。

謂文辭之產生，恆受四時景物之激刺，復與鍾嶸之說相符。知蕭氏乃主張心物二元說者。簡文與陳叔寶並受其影響，亦暢談感物與緣情之密不可分。

簡文答張纘謝示集書：

至如春庭落景，轉蕙承風，秋雨且晴，檐梧初下，浮雲生野，明月入樓。時命親賓，乍動嚴駕，車渠屢酌，鸚鵡驟傾。伊昔三邊，久留四戰，胡霧連天，征旗拂日，時聞塢笛，遙聽塞笳，或鄉思悽然，或雄心憤薄。是以沈吟短翰，補綴庸音，寓目寫心，因事而作。

陳叔寶與詹事江總書：

吾監撫之暇，事隙之辰，頗用譚笑，娛情琴樽，間作雅篇豔什，迭互鋒起。每清風朗月，美景良辰，對羣山之參差，望巨波之滉瀁，或翫新花，時觀落葉，既聽春鳥，又聆秋鴈，未嘗不促膝舉觴，連情發藻，且代琢磨，間以嘲謔，俱怡耳目，並留情致。

可見緣景生情，發爲吟詠，實爲六朝作家之普徧看法，而藝術至上之純文學觀念，亦至此而完全奠定。此則蕭氏對中國文學之最大貢獻所在。

(二)文學批評論

蕭氏以爲無論鑑賞文學、批評文學，均須客觀，而忌主觀。其論前代衡文之作云：

若子桓之品藻人才，仲治之區判文體，陸機辨於文賦，李充論於翰林，張眎摘句褒貶，顏延圖寫情興，各任懷抱，共爲權衡。（南齊書文學傳論）

所謂『各任懷抱』，卽出諸主觀之批評，未爲得之。所見與劉勰鍾嶸略同，惜其專心致力史傳，未能有類乎文心詩品之作耳。

(三)文學新變論

文學貴新尚變，爲南朝文士之共同觀念。見之於創作者，有顏延之江淹徐摛等。（請參閱本編二章二節）發之爲理論者，則有劉勰蕭綱（請參閱本編八章二節及九章二節）蕭子顯等。蓋墨守舊規，代代相襲，終非創作正途也。蕭氏南齊書文學傳論云：

屬文之道，事出神思，感召無象，變化不窮。俱五聲之音響，而出言異句，等萬物之情狀，而下筆殊形。吟詠規範，本之雅什，流分條散，各以言區。

所謂『出言異句』、『下筆殊形』，意卽創作詞藝，須力求變化，不可拘泥。屬文之道，思想欲新，辭句亦自須求新，西洋修辭學中有所謂戒套語（Cliche）者，意亦同此。可見陳腔爛調爲人人所厭惡，固無間於中西也。又云：

> 習玩爲理，事久則瀆，在乎文章，彌患凡舊。若無新變，不能代雄。

此蕭氏之文學進化論也。意謂專事模擬，徒知因襲者，必不能突破前人之成就，則此等作品，又有何價值可言。是凡第一流作家，皆知變古翻新，不相祖述。

> 建安一體，典論短長互出，潘陸齊名，機岳之文永異。江左風味，盛道家之言，郭璞學其靈變，許詢極其名理，仲文玄氣，猶不盡除，謝混情新，得名未盛。顏謝竝起，乃各擅奇，休鮑後出，咸亦標世。朱藍共妍，不相祖述。同上

惟是變古翻新，非一蹴可幾，更非徒託空言所能奏功。而須先具文才，復以學力濟之，方能有成。

> 若夫委自天機，參之史傳，應思悱來，勿先構聚。言尚易了，文憎過意，吐石含金，滋潤婉切。雜以風謠，輕脣利吻，不雅不俗，獨中胸懷。輪扁斲輪，言之未盡，文人談士，罕或兼工。非唯識有不周，道實相妨，談家所習，理勝其辭，就此求文，終然翳奪。故兼之者鮮矣。同上

惜學者各有所短，鮮能備善，爲可歎耳。此外，蕭氏又以史學家之眼光，列舉各體文之尤工者，以實其說。

> 若陳思代馬羣章，王粲飛鸞諸製，四言之美，前超後絕。少卿離辭，五言才骨，難與爭鶩。桂林湘水，平子之華篇，飛館玉池，魏文之麗篆，七言之作，非此誰先。卿雲巨麗，升堂冠冕，張左恢廓，

登高不繼，賦貴披陳，未或加矣。顯宗之述傅毅，簡文之摛彥伯，分言制句，多得頌體。裴頠內侍，元規鳳池，子章以來，章表之選。孫綽之碑，嗣伯喈之後，謝莊之誄，起安仁之塵，顏延楊瓚，自比馬督，以多稱貴，歸莊為允。王褒僮約，束晳發蒙，滑稽之流，亦可奇瑋。五言之製，獨秀衆品。同上

各體名作所以能超前絕後者，幾無一而非在新變上用功夫。此說同符簡文，特較具體耳。

四南齊作家優劣論

蕭氏以史學家之實證精神與批評家之客觀態度，於暢論前代作家在變古翻新上曾有重大貢獻而外，復將南齊作家區爲三派，高下抑揚之間，不難窺其大旨所在。

今之文章，作者雖衆，總而爲論，略有三體：一則啓心閑繹，託辭華曠，雖存巧綺，終致迂回。宜登公宴，本非准的。而疎慢闡緩，膏肓之病，典正可採，酷不入情。此體之源，出靈運而成也。次則緝事比類，非對不發，博物可嘉，職成拘制。或全借古語，用申今情，崎嶇牽引，直爲偶說。唯覩事例，頓失清采。此則傅咸五經，應璩指事，雖不全似，可以類從。次則發唱驚挺，操調險急，雕藻淫豔，傾炫心魂。亦猶五色之有紅紫，八音之有鄭衞。斯鮑照之遺烈也。

謂規撫謝靈運者爲一體，屬藝術派。追摹傅咸應璩者爲一體，屬數典派。踵襲鮑照者爲一體，屬浪漫派。玆申論之。

一、藝術派　謝靈運刻畫山水，喜用雙聲疊韻，以增加作品之音響效果。請參閱本編二章二節二目惟雙疊字若使用踰量，則一音拗口，必致展轉不斷，聲韻煩沓，莫此為甚，此謝詩所以有『疏慢闡緩』之病也。余別有詳說請參閱本編七章三節二目其次，謝客描繪景物，往往寓目輒書，自難免有繁富之累。故鍾嶸評之曰：

宋臨川太守謝靈運。其原出於陳思，雜有景陽之體。故尚巧似，而逸蕩過之，頗以繁富為累。嶸謂若人興多才高，寓目輒書，內無乏思，外無遺物，其繁富宜哉。然名章迥句，處處間起，麗典新聲，絡繹奔會。譬青松之拔灌木，白玉之映塵沙，未足貶其高潔也。

才高如謝客者，猶不免有白璧之玷，況學之者乎，又況不善學之者乎。復次，謝客所傾注者，乃山水之情，而非兒女之情，與宮體詩偏重兒女之情者殊科，故其詩至梁初，已漸趨式微，逮『宮體所傳，且變朝野』南史梁簡文帝紀論以後，其『酷不入情』之山水詩更無人問津矣。

二、數典派　應璩傅咸為詩，往往牽引古語，借表今情，自是天下嚮風，競相則效，至齊之王儉而臻於全盛。請參閱本編二章二節三目用典太過，則翻成拘制，有傷文之眞美，宜為蕭氏所譏。

三、浪漫派　永嘉亂後，吳歌西曲，流行民間，深為士大夫所喜，追摹之者，相繼不絕，其體遂盛。晉書樂志云：

吳歌雜曲，並出江南，東晉以來，稍有增廣。其始皆徒歌，既而被之管絃。蓋自永嘉渡江之後，下及梁陳，咸都建業，吳聲歌曲，起於此也。

逮鮑照既出，大量製作，影響所及，江左風靡，樂府一體，遂駸駸然有與五言詩同流並泛之勢焉。然其託體既卑，正統派詩人多目爲委巷歌謠，而力加排抑，觀王僧虔表奏宋順帝請正雅樂一事可知也。

> 今之清商，實由銅爵，三祖風流，遺音盈耳，京洛相高，江左彌貴。諒以金石干羽，事絕私室，桑、濮、鄭、衞，訓隔紳冕，中庸和雅，莫復於斯。而情變聽移，稍復銷落，十數年閒，亡者將半。自頃家競新哇，人尚謠俗，務在噍殺，不顧音紀，流宕無崖，未知所極，排斥正曲，崇長煩淫。士有等差，無故不可去樂，禮有攸序，長幼不可共聞。故喧醜之制，日盛於廛里，風味之響，獨盡於衣冠。宜命有司，務懃功課，緝理遺逸，迭相開曉，所經漏忘，悉加補綴。曲全者祿厚，藝妙者位優。利以動之，則人思刻厲。反本還源，庶可跂踵。（南齊書王僧虔傳）

然潮流所趨，終莫能挽，至梁初遂一變而爲宮體。而蕭氏乃宮體之高手，於鮑詩自不能不略加迴護，所謂『五色之有紅紫，八音之有鄭衞』，並非貶詞，祇是强調文壇上不能缺少浪漫一派而已。雖然，鮑詩仍不能免於『淫豔』之譏，此蕭氏批評精神之所以爲世所重也。

※　※　※

要之，蕭氏雖以史學名，然由於酷愛文藝，乃大張撻伐，徹底破除傳統功利主義、實用主義之陳腐思想，而刻意提倡純文學（正史中南齊書首用『文學傳』之名），且予純文學以最高評價。去其枷鎖，還我自由，詠物抒情，隨心所欲。所謂『文章蓋情性之風標，神明之律呂』，『放言落紙，氣韻天成』云云，非文學之最佳界說耶，非即今人觀念中之文學耶。其生平位置，定之於此，殆無可疑也。

二　蕭繹之文筆論

在梁代文壇三派中，思想複雜，漫無定準，無派可屬者，厥惟蕭繹。繹字世誠，武帝第七子，初封湘東王，承聖元年，卽位於江陵，三年，西魏入寇，陷江陵，被俘遇害。著有孝經義疏、內典博要、金樓子等六百餘卷，與簡文相埒，自古皇家著述，亦罕有及之者。

孝元性不好聲色，頗有高名，尤酷愛文學，與當時學者裴子野、劉顯、蕭子雲、張纘爲布衣之交，且引爲知己。才穎之士如到溉、王籍、臧嚴、劉杳、顧協、蕭介、劉之遴、宗懍、孔奐、徐陵、陰鏗、顏之推、庾肩吾、劉孝綽等均先後歸附之，詩文賞析，盛極一時。簡文嘗致書推許之曰：

> 文章未墜，必有英絕，領袖之者，非弟而誰。每欲論之，無可與語，思吾子建，一共商搉。辯茲清濁，使如涇渭，論茲月旦，類彼汝南。朱丹既定，雌黃有別，使夫懷鼠知慚，濫等自恥。譬斯袁紹，畏見子將，同彼盜牛，遙羞王烈。（與湘東王書）

以文壇領袖相期，孝元實足以當之。然在濟濟文士中，意見紛歧，派別滋多，守舊派如裴子野、劉顯、張纘、劉之遴、孔奐等，趨新派如徐陵、庾肩吾等，折衷派如顏之推等，均能影響其文學創作與文學理論。茲分論之。

㈠文筆論

文筆之說，溯源至遠，而著文討論之者，則始於宋之顏延之范曄二人。（請參閱本編七章一節）其後劉勰於文心雕龍總術篇中，續作修正，至蕭繹始集其大成。其金樓子立言篇云：

古之學者有二，今之學者有四。夫子門徒，轉相師受，通聖人之經者謂之儒。屈原、宋玉、枚乘、長卿之徒，止於辭賦，則謂之文。今之儒博窮子史，但能識其事，不能通其理者謂之學。至如不便爲詩如閻纂，善爲章奏如伯松，若此之流，汎謂之筆。吟詠風謠，流連哀思者謂之文。

孝元將古代學者分爲『儒』與『文』兩類，未予置評。而將今之學者分爲四類，即將古代之『儒』『文』又各分爲兩類，合之爲『儒』『學』『文』『筆』四類。自來言文筆之分者，莫詳於此，亦莫嚴於此。孝元評四者之得失云：

而學者（按此學者當作儒者）率多不便屬辭，守其章句，遲於通變，質於心用。學者不能定禮樂之是非，辨經教之宗旨，徒能揚榷前言，抵掌多識，然而挹源知流，亦足可貴。筆，退則非謂成篇，進則不云取義，神其巧惠，筆端而已。至如文者，惟須綺縠紛披，宮徵靡曼，脣吻遒會，情靈搖蕩。而古之文筆，今之文筆，其源又異。（同上）

言儒者拙於屬辭，學者昧於經義，筆則以單篇達意而已，屬應用範圍，不得謂之文，而文則不僅以達意爲能事，亦不在應用範圍之內。所謂『綺縠紛披』，藻采之說也。『宮徵靡曼，脣吻遒會』，聲調之說也。『情靈搖蕩』，感情之說也。夫有文采，協聲律，而富感情，可爲畢文學之能事矣，亦即今日所稱之純文學也。至所云『古之文筆，今之文筆，其源又異』者，蓋東漢以後，文筆對擧（請參閱本編七章一節），不過通用與不通用之別而已。惟自顏延之以後，有以文采爲文，無文采爲筆，亦有以韻文爲文，無韻文爲筆，又有以具聲調之美者爲文，無聲調之美者爲筆。紛然淆亂，準的無依，孝元此論，始確定文之界域，故云今之文筆，源與古異也。其爲純文學所下之定義，可謂簡要而嚴格，後人多目之爲狹義之文學者，其故在此。

按孝元所謂文，實指駢文而言。其基本觀念，在於確認駢文爲文學之正宗，散文（即筆）祇堪作著述之用，固不得謂之文。此則唯美文學發展至最高峯後，必然產生之理論，不足怪也。蓋駢文至六朝，而後美之質素始畢具，重以作者繁興，揚風扢雅，美文於焉稱盛。然進化之跡，由簡趨繁，乃屬恆理。駢文盛而駢散文之分亦益著（案古代之文駢散不分），於是美文稱文，而散文稱筆，判若涇渭，不可強同。觀文心雕龍總術篇可知也。

今之常言，有文有筆，以爲無韻者筆也，有韻者文也。

昭明選文，且變理論爲行動，其所甄錄者，必『綜緝辭采，錯比文華，事出於沈思，義歸乎翰藻』之作，而屏除經史子，以其爲筆也。唐時猶沿用不改，如昌黎韓氏之古文，時人稱之爲筆，白居易與元九書亦有『各纂詩筆』之語。逮清乾嘉之際，阮元據孔子之周易文言以論文，堅決主張必協音成韻，修辭用偶，乃得命之曰文，否則祇能謂之言，謂之語。此殆針對唐宋古文八家及桐城派排斥駢偶以散體爲古文者而發，意在說明古代文章欲求簡明，便記憶，不得不用駢儷韻文，以爲駢文尋得理論根據。此種文學思想，實上承蕭氏兄弟之說而又予以光大者。阮氏既作文言說、書文選序後以推闡二蕭之意，又作文韻說，爲劉勰文筆論張目，謂韻乃『指各文章句之內，有音韻宮羽（即平仄）而言，非謂句末之押脚韻也。是以聲韻流變而成四六，亦祇論章句中之平仄，不復有押脚韻也。四六乃有韻文之極致，不得謂之爲無韻之文也。昭明所選不押脚韻之文，本皆奇偶相生，有聲音者，所謂韻也。文言固有韻矣，而亦有平仄聲音焉。』後又命其子福作文筆對，以爲文取乎沈思翰藻，吟詠哀思，故有情辭聲韻者爲文，直言無文采者爲筆。自阮氏倡爲此說，父子相繼，至晚清民國之交，劉師培復起而大張其軍，撰文說廣文言說文筆詩筆詞筆考載於國粹學報中，又本此旨撰中古文學史講授於國立北京大學，其補充文心雕龍及阮氏之說有云：

偶語韻詞謂之文，凡非偶語韻詞，概謂之筆。蓋文以韻詞爲主，無韻而偶，亦得稱文。金樓所詮，至爲昭晰。

尤嚴拒散體於純文學之外矣。請參閱拙著六十年來之駢文第一章

(二)文質並重論

孝元既以文采、聲調、情感爲構成美文之三要素，其本人又擅作宮體詩按宮體詩爲美文之一種與抒情賦如采蓮賦蕩婦秋思賦，按理宜有重文輕質之傾向，而事實上則大謬不然，彼固主張文質相劑者也。金樓子立言篇云：

夫翠飾羽而體分，象美牙而身喪，蚌懷珠而致剖，蘭含香而遭焚，膏以明而自煎，桂以蠹而成疾，並求福而得禍。衣錦尚褧，惡其文之著也。

此盛道文勝質之過。又內典碑銘集林序云：

夫披文相質，博約溫潤，吾聞斯語，未見其人。……夫世代極改，論文之理非一，時事推移，屬詞之體或異，但繁則傷弱，率則恨省，存華則失體，從實則無味。或引事雖博，其意猶同，或新意雖奇，無所倚約。或首尾倫帖，事似牽課，或翻復博涉，體製不工。能使艷而不華，質而不野，博而不繁，省而不率，文而有質，約而能潤，事隨意轉，理逐言深，所謂菁華，無以間也。

强調文之與質，當表裏相附，不可或闕。創作文藝，尤須嚴守不華、不野、不繁、不率之原則，酌其中，返其本，則雖變古翻新，亦能保持其體味。此種理論，異於簡文，而同於昭明，蓋深受裴子野之影響而發爲折衷之說者也。

㈢文德論

孝元母阮修容，出身甚卑，又不得寵（見梁書本傳），而教子綦嚴，終始如一。（見金樓子雜記篇）故孝元無論在藩府，躋帝位，咸能莊肅自持，略無遺行。其立身如此，論文亦復如此。金樓子立言篇云：

夫今之俗，搢紳稚齒，閭巷小生，學以浮動爲貴，用百家則多尙輕側，涉經記則不通大旨，苟取成章，貴在悅目。龍骨豕足，隨時之義，牛頭馬髀，彊相附會，事等張君之弧，徒觀外澤，亦如南陽之里，難就窮檢矣。射魚指天，事徒勤而靡獲，適郢首燕，馬雖良而不到。夫挹酌道德，憲章前言者，君子所以行也。是故言顧行，行顧言。原憲云：『無財謂之貧，學道不行謂之病。』末俗學徒，頗或異此。或假玆以爲伎術，或狎之以爲戲笑。若謂爲伎術者，犂靬眩人，皆伎術也。若以爲戲笑者，少府鬥獲，皆戲笑也。未聞强學自立，和樂愼禮若此者也。口談忠孝，色方在於過鴻，形服儒衣，心不則於德義。既彌乖於本行，實有長於澆風。一失其源，則其流已遠，其與不隕穫於貧賤，不充詘於富貴，不畏君王，不累長上，不聞有司者，何其相反之甚。

此言爲學做人，著書立說，並須『挹酌道德，憲章前言』，言行相顧，華實相扶，則有君子之致矣。若乃浮動之習，輕側之文，皆所宜戒。末云『口談忠孝，色方在於過鴻，形服儒衣，心不則於德義』，其意在於戒除虛僞。修辭須先立誠，故以『苟取悅目』爲卑，立誠則必務本，故以『不隕穫於貧賤，不充詘於富貴』者爲賢。君子必和樂愼禮，然後形於文章者始能充實而有輝光耳。參近人傅庚生之說〇見中國文學批評通論第十章　又云：

諸子興於戰國，文集盛於二漢，至家家有製，人人有集，其美者，足以敍情志，敦風俗，其弊者，祇以煩簡牘，疲後生。往者旣積，來者未已，翹足志學，白首不徧，或昔之所重，今反輕，今之所重，古之所賤。嗟我後生，博達之士，有能品藻異同，删整蕪穢，使卷無瑕玷，覽無遺功，可謂學矣。

此言前人之作，良莠不齊，苟非删整蕪穢，刮去瑕玷，其將何以敦風俗，益後生。是亦重德之意也。蓋金樓一書，成於晚年，其著書旨趣，可於自序中見之。

余於天下爲不賤焉，竊念臧文仲旣沒，其言立於世。曹子桓云：『立德著書，可以不朽。』杜元凱言：『德者非所企及，立言或可庶幾。』故戶牖懸刀筆，而有述作之志矣。常笑淮南之假手，每蚩不韋之托人，由是年在志學，躬自修纂，以爲一家之言。

歷舉臧文仲曹子桓杜元凱之著述以自勉，故其態度謹嚴，下筆不苟，而有立言傳世之意焉。

四才性論

孝元以爲人之才分不同，體性各異，影響於文藝創作者，良非淺尠。金樓子立言篇云：

明月之夜，可以遠視，不可以近書。霧露之朝，可以近書，不通以遠視。人才性亦如是，各有不同也。

既有才華，苟無學力以輔之，則若無源之水，無根之木，決不能有大成就。故又云：

埃之應風，似宵蟲之赴燭也。玉不琢，不成器，人不學，不知道。若雖有天縱，曾無學術，猶若伯牙空彈，無七弦則不悲，王良失轡，處駟馬則不疾。晉平公問師曠曰：『吾年已老，學將晚耶。』對曰：『少好學者，如日盛陽，老好學者，如炳燭夜行。』追味斯言，可爲師也。同上

從事文藝創作者，須才學相資，華實兼備，洵千古不易之論也。

㈤評鑑前代文士

孝元既以『綺縠紛披，宮徵靡曼，脣吻遒會，情靈搖蕩』，『吟詠風謠，流連哀思』爲美文所必具之條件，又高唱才學相輔之說，故其衡文鑑藝，遂往往雜糅感情之眞，思想之善，形式之美，學識之富，以此四位一體爲標準。其評潘岳云：

潘安仁清綺若是，而評者止稱情切，故知爲文之難也。金樓子立言篇

評曹植陸機云：

曹子建陸士衡皆文士也。觀其辭致側密，事語堅明，意匠有序，遺言無失，雖不以儒者命家，此亦悉通其義也。偏觀文士，略盡知之。同上

評謝朓任昉云：

至於謝玄暉始見貧小，然而天才命世，過足以補尤。任彥昇甲部闕如，才長筆翰，善緝流略，遂有龍門之名，斯亦一時之盛。同上

謂曹陸才學並茂，故能獨超衆類，自名一家。潘岳輕躁好利，頗有遺行，故論者止稱情切。謝朓但憑天才，

馳騁詞林，抑其次焉。任昉雖不通經傳，而善緝流略，且有沈詩任筆之目，故仍稱一代龍門。要其所歸，實以才高學富爲第一要件也。

綜上以觀，孝元論文，似無一貫之主張，與堅固之壁壘。蓋其確定文學封域，乃趨新派之激烈者。大量創作豔體詩賦，則爲趨新派之浪漫者。重德輕文之論，有類於守舊派。文質相劑之說，則又近乎折衷派。故謚之爲多元論（Pluralism）之文學批評家兼文學創作家，當無大謬。

第四節　北朝時代

自典午失馭，禹甸中分，江淮以北，胡塵匝地，文章事業，寂焉無聞。雖間有一二才穎之士，以符檄擅聲，然皆質木無文，不足以言述作。北史文苑傳序云：

中州板蕩，戎狄交侵，僭僞相屬，生靈塗炭，故文章黜焉。其能潛思於戰爭之間，揮翰於鋒鏑之下，亦有時而間出矣。若乃魯徵、杜廣、徐光、尹弼之儔，知名於二趙，宋該、封弈、朱彤、梁讜之屬，見重於燕秦。然皆迫於倉卒，牽於戰陣，章奏符檄，則粲然可觀，體物緣情，則寂寥於世。非其才有優劣，時運然也。

以文章之黜，歸於時運，可謂知言。其後拓跋氏崛起沙塞，收拾羣竊，獷悍之習始除，儒雅之風寖盛。逮孝文遷都洛陽，銳情漢化，追攀南國，猶患不及，於是詞藝大昌，作者輩出。惟格於風土，限於民情，文學遂作二元性之發展，了不相似。隋書文學傳序云：

永明天監之際，太和天保之間，洛陽江左，文雅尤盛，彼此好尚，互有異同。江左宮商發越，貴於清綺，河朔詞義貞剛，重乎氣質。氣質則理勝其詞，清綺則文過其意。理深者便於時用，文華者宜於詠歌。此其南北詞人得失之大較也。

劉師培南北文學不同論亦云：

大抵北方之地，土厚水深，民生其間，多尚實際。南方之地，水勢浩洋，民生其際，多尚虛無。民崇實際，故所著之文，不外記事析理二端。民尚虛無，故所著之文，或爲言志抒情之體。

文學批評每隨文學創作而轉移，北朝作者既普徧揚棄藻飾，善於說理，論文者自亦崇質黜文，視南國之重文輕質，迥不侔矣。今檢祖瑩、邢卲、魏收、蘇綽、柳虬、顏之推六家之論，著之於篇。

一　祖瑩之反模擬論

祖瑩字元珍，北魏范陽人，永安中，仕至車騎大將軍。論文主自出機杼，成一家風骨，不可寄人籬下。魏書本傳云：

瑩以文學見重，常語人云：『文章須自出機杼，成一家風骨，何能共人同生活也。』蓋譏世人好偸竊他文，以爲己用。

按『自出機杼』，謂行文以一空依傍，自鑄新辭爲貴，卽曹丕所云『於辭無所假』典論論文之意。『風骨』殆指建安詩所表現之作風而言。文心雕龍時序篇云：

自獻帝播遷，文學蓬轉，建安之末，區宇方輯。……觀其時文，雅好慷慨。良由世積亂離，風衰俗怨，並志深而筆長，故梗概而多氣也。

『志深筆長，梗概多氣』卽後世所謂建安風骨，亦卽祖氏所瓣香者也。

二　邢邵之文學新變論

邢邵字子才，北齊河間人，累官至國子祭酒，授特進，文章之美，獨步當時，每一文出，京師爲之紙貴，讀誦俄徧遠近。初與溫子昇齊名，世稱溫邢。溫卒後，又與魏收齊名，惟二人競以追摹任沈爲能事，遂至相互訾毀。

收每議陋邢邵文。邵又云：『江南任昉，文體本疏，魏收非直模擬，亦大偸竊。』收聞乃曰：『伊常於沈約集中作賊，何意道我偸任昉。』任沈俱有重名，邢魏各有所好。武平中，黃門郎顏之推以二公意問僕射祖珽，珽答曰：『見邢魏之臧否，卽是任沈之優劣。』收以溫子昇全不作賦，邢雖有一兩首，又非所長，常云：『會須作賦，始成大才士。唯以章表碑誌自許，此外更同兒戲。』魏書魏收傳

以模仿南士視爲當然，衡文論藝輒以江南爲標準，可見北人嚮往南朝之殷切。然邢氏於蕭仁祖集序中又顯然

有鄙薄模擬之意。

昔潘陸齊軌，不襲建安之風，顏謝同聲，遂革太原之氣。自漢逮晉，情賞猶自不諧，江北江南，意製本應相詭。

意謂潘陸顏謝所以能拔幟文壇，流譽千載，悉拜變古翻新之賜。如今南北睽隔，風情殊異，豈可陳陳相因，雷同一響。蓋在强調文學應隨時地不同而作適當變化者也。

三　魏收之崇理論

魏收字伯起，北齊鉅鹿人，仕至開府中書監，與溫子昇邢邵並稱三才，著有魏書一百二十卷。其論文之作，見於魏書文苑傳序。

夫文之為用，其來日久。自昔聖達之作，賢哲之書，莫不統理成章，蘊氣標致，其流廣變，諸非一貫，文質推移，與時俱化。

此言聖賢之書，無不統理成章，雖時運推移，質文屢變，亦能周於世用，不受影響。此種崇尚理致之觀念，乃北人所共有，不獨魏氏也。

四　蘇綽之復古思想

在北朝文學思想家中，不談理論，而以實際行動貫徹其思想，引起極太震撼者，則非蘇綽莫屬。蓋宇文泰於西魏當國時，從蘇綽之言，欲盡革三百年間駢儷風習，一返諸虞夏典謨，為時甚暫之復古運動遂於焉興起。周書蘇綽傳云：

> 自有晉之季，文章競為浮華，遂成風俗。太祖欲革其弊，因魏帝祭廟，羣臣畢至，乃命綽為大誥，奏行之。其詞曰：『惟中興十有一年，仲夏，庶邦百辟，咸會於王庭。柱國泰洎羣公列將，罔不來朝。時廼大稽百憲，敷于庶邦，用綏我王度。皇帝曰：「昔堯命羲和，允釐百工。舜命九官，庶績咸熙。武丁命說，克號高宗。時惟休哉，朕其欽若。格爾有位，胥曁我太祖之庭，朕將丕命女以厥官。」』……自是之後，文筆皆依此體。

觀其文字，蔓衍艱澀，酷似尚書之體，彷彿王莽復出。文雖質朴，實則仍以古語堆砌，未能達其眞意，亦不利於觀諷。李延壽乃譏之曰：

> 周氏創業，運屬陵夷，纂遺文於既喪，聘奇士如弗及。是以蘇亮、蘇綽、盧柔、唐瑾、元偉、李昶之徒，咸奮鱗翼，自致青紫。然綽之建言，務存質朴，遂糠粃魏晉，憲章虞夏，雖屬辭有師古之美，矯枉非適時之用，故莫能常行焉。既而革車電邁，渚宮雲撤，梁荆之風，扇於關右，狂簡之徒，斐然成俗，流宕忘反，無所取裁。（北史文苑傳序）

言其復古運動曾不旋踵而失敗，蓋其後庾信王褒等相繼入周，周人遂從風而靡，悉為南朝文派所化。胡三省有極中肯之評論曰：

> 宇文泰令蘇綽倣周書作大誥，今其文尚在，使當時文章皆依此體，亦非所以崇雅黜浮也。（通鑑梁紀大同十一年注）

言其文字佶屈聱牙，不能動衆，可謂通方之論。趙翼則深致惋惜曰：

當六朝時駢體盛行，而綽等獨能復古，可謂轉移風氣者矣。然時會所趨，積而難返，及宣帝卽位，修洛陽之詔，傳位太子之詔，已用當時文體。……周時雖暫用古體，而世之爲文者，駢麗自如，風會所開，聰明日啓，爭新鬬巧，遂成世運，固非功令所能禁也。（二十二史劄記後周詔誥用尚書體條）

蓋文章之事，宜任其自然發展，若强以功令禁之，其庸有當乎。近儒陳寅恪氏更抨擊其失曰：

檢周書明帝紀所載武成元年後之詔書，其體已漸同晉後之文，無復蘇綽所倣周誥之形似，可知此種矯枉過正之僞體，一傳之後，周室君臣卽已不復遵用也。若更檢周書，則見明帝紀所載武成元年前一歲九月丁未帝幸同州故宅，賦詩曰：『玉燭調秋氣，金輿歷舊宮，還如過白水，更似入新豐，霜潭漬晚菊，寒井落疎桐，舉杯延故老，令聞歌大風。』則竟是南朝後期文士北周羈旅纍臣如庾義城王石泉之語，此豈宇文泰蘇綽創造大誥文體時所及料者哉。（隋唐制度淵源略論稿）

錢鍾書氏亦曰：

六代之文，舍簡帖小品外，皆安於儷偶，不能爲單散，亦若詩然。裴子野雕蟲論、李諤上書論文體胥力斥駢文，而兩作仍以駢文行之。周文帝孝閔帝詔誥皆仿尚書，而明帝以後，浸假仍沿時習。一代文章，極起衰之大觀者，惟蘇綽大誥。細按之，貌若點竄典謨，實則排比對偶。尚書本有駢語，如『愼徽五典，五典克從』，『納於百揆，百揆時敘』，『流共工於幽州，放驩兜於崇山』，『九州攸同，四隩既宅』之類，或四字對四字，六字對六字，未嘗錯綜長短爲對也。大誥則不然，『允文允武，克明克乂』，『天地之道，一陰一陽，禮俗之變，一文一質』，『匪惟相革，惟其救弊，匪惟相襲，惟其可久。』此等對句，固無論矣。『惟時三事，若三階之在天，惟玆四輔，若四時之成歲。』『不率於孝慈，則骨肉之恩薄，弗惇於禮讓，則爭奪之萌生。』此非駢文排調而何。蓋不特遠遜新莽大誥策命，即視夏侯孝若昆弟誥，亦益加整齊，非昌黎進學解論尚書所謂渾噩詰屈之風格，幾見其能糠粃魏晉，憲章虞夏哉。（談藝錄）

謂蘇氏既以變今復古爲標榜，而所作仍不脫排偶之習，其將何以自解耶。畫虎類狗之譏，蘇氏誠不能免矣。雖然，中唐古文運動之種子，已於此時散播，則無疑焉。吾嘗謂裴子野爲唐代古文運動之急先鋒（見本編八章三節二目），今於蘇綽亦云。

五　柳虯之文質論　附劉晝

蘇綽輩之復古運動既窒礙難行，王褒庾信之綺麗文學遂風靡北國，雖經盧柔諸人之大肆抨擊，而時勢所趨，終莫能與抗。柳虯乃居間調停，而作文質論。

時人論文體者，有古今之異。虯以爲時有今古，非文有今古，乃爲文質論。（周書本傳）

所謂古體，乃指蘇綽盧柔諸子之散文，所謂今體，乃指王褒庾信諸子之駢文。文質論今已不可見，其採折衷之說，而主文質並重，似可斷言。文壇上有駢散之爭，蓋自此始。顧炎武日知錄論之曰：

後周書柳虯傳：『時人論文體，有今古之異，虯以爲時有今古，非文有今古。』此至當之論。夫今之

不能爲二漢，猶二漢之不能爲尚書左氏。乃勦取史漢中文法以爲古，甚者獵其一二字句，用之於文，殊爲不稱。（文人求古之病條）

姚鼐古文辭類纂序亦曰：

文無所謂古今也，惟其當而已。

曾燠姚某伯駢文類苑敍錄曰：

古文喪眞，反遜駢體，駢體脫俗，卽是古文。

要之，文章優劣，與其名之今古，體之駢散，絕不相涉，彼斤斤於今古駢散之爭者，可以休矣。

按北齊劉晝論畫亦主文質相濟，可與柳說相發，錄之以備參考。

畫以摹形，故先質後文，言以寫情，故先實後辯。無質而文，則畫非形也，不實而辯，則言非情也。紅黛粉容欲以爲豔，而動目者稀，揮紘繁弄欲以爲悲，而驚耳者寡，由於質不美也。（劉子言苑篇）

六　顏之推顏氏家訓文章篇

北朝文學理論家所作多短篇零簡，且亡佚幾盡，其巋然獨存，而又最具價値者，實推顏之推顏氏家訓中之文章篇。之推字介，臨沂人，初仕梁，爲湘東王國左常侍，後奔齊，遂長留北國。綜其文學理論之大較，約得數端：

㈠調和古今論

顏氏少仕梁朝，江左以情緯文之唯美文學，既已多所沾染，逮入北後，目之所接，又多是質實淸剛之作，故其中心思想，頗欲調和南北，折衷古今。以爲重華輕質，或黜今復古，均不相宜。文章篇云：

> 凡爲文章，猶人乘騏驥，雖有逸氣，當以銜策制之，勿使流亂軌躅，放意塡坑岸也。文章當以理致爲心腎，氣調爲筋骨，事義爲皮膚，華麗爲冠冕。今世相承，趨末棄本，率多浮豔，辭與理競，辭勝而理伏，事與才爭，事繁而才損。放逸者流宕而忘歸，穿鑿者補綴而不足，時俗如此，安能獨違，但務去泰去甚爾。必有盛才重譽，改革體裁者，實吾所希。古人之文，宏材逸氣，體度風格，去今實遠，但緝綴疎朴，未爲密緻爾。今世音律諧靡，章句偶對，諱避精詳，賢於往昔多矣。宜以古之製裁爲本，今之辭調爲末，竝須兩存，不可偏棄也。

顏氏謂文章構成之要素有四：一曰理致，二曰氣調，三曰事義，四曰華藻。前二項爲文章之內容，後二項爲文章之形式。四者之中，理尤爲要，故以心腎方之。其後宋人論詩，率重理致，實卽祖述顏氏之說者。又西人衡文，亦有重理一派。愛默生（R. W. Emerson）云：

> 文學乃最佳的思想之記載。（歷史哲學）

文采士特（Winchester）云：

> 文學著作之價值，在於獲取人生之至理，爲人人所共知者，透徹發揮之也。（文學評論之原理）

又云：

> 普徧不易之眞理，永爲偉大文學之材料。（同上）

是知重理之說，固無間於中外也。今者，新潮陵蕩，文苑塵霾，時人評鑑詞藝，率以理致爲重，追溯其始，非由顏氏濬其源耶。

理致而外，次重氣調。氣調者，謂行文之氣勢，氣勢順暢則讀之者口吻調利，略無凝滯，其感人可不卜而知也。（按吾師高仲華先生於顏氏氣調之說闡釋甚詳見中國修辭學研究二章二節）

至於事義、華麗，則又其次。事義謂文章之題材，華麗指文章之藻飾。顏氏嘗引席毗劉逖之論辯爲喻云：

齊世有席毗者，清幹之士，官至行臺尚書，嗤鄙文學，嘲劉逖云：『君輩辭藻，譬若春華，須臾之翫，非宏才也。豈比吾徒，千丈松樹，常有風霜，不可凋悴矣。』劉應之曰：『既有寒木，又發春華，何如也。』席笑曰：『可哉。』（文章篇）

以春華喻藻飾，言文章之至美者，不可無藻飾。此則顏氏於權衡南北得失後所得之結論，其意在調和折衷，灼然可見。雖然，文章之道，固莫能外乎是也。今試將其所論古今文之優劣及其折衷主張，列表說明如次：

㈣顏之推調和古今文章略表

文章	古人之文	優點：宏才逸氣，體度風格，去今實遠。
		劣點：緝綴疏樸，未爲密緻。
	顏之推調和之說	㈠以理致爲心腎，氣調爲筋骨，事義爲皮膚，華麗爲冠冕。
		㈡以古之製裁爲本，今之辭調爲末，並須兩存，不可偏棄。
	今世之文	優點：音律諧靡，章句偶對，諱避精詳。
		劣點：趨末棄本，率多浮豔，辭勝而理伏，事繁而才損，放逸者流宕而忘歸，穿鑿者補綴而不足。

顏氏之折衷主張，在當時似未發生任何作用，蓋徐陵庾信之『今文』即駢文體彌徧南北故也。逮唐高宗龍朔以後，產生一種新文體，不駢不散，亦古亦今，與顏氏主張，當有間接關係。詳見拙著中國駢文發展史第七章

(二)宗經論

北朝經學，較南朝稍盛，此治經者之恆言。詳見本編四章一節顏氏長羈北地，不能不受感染，遂倡宗經之說，蓋與劉勰復古主張遙相呼應者。文章篇云：

夫文章者，原出五經。詔命策檄，生於書者也。序述論議，生於易者也。歌詠賦誦，生於詩者也。祭祀哀誄，生於禮者也。書奏箴銘，生於春秋者也。朝廷憲章，軍旅誓誥，敷顯仁義，發明功德，牧民建國，施用多途。

謂文章體製，導源五經，凡百詞藝，皆由此出。蓋春秋以前，典籍存於王官，私家未有收藏，則詩書五經實為當時施教之惟一課本，影響後世，固非淺鮮。雖然，必謂某者出於某者，則不無牽强傅會之憾，其病正與劉勰同。請參閱本編八章二節一目

由於顏氏過於强調尊經詳見治家篇，故所作文章，率多裔皇典正，魚魚雅雅，與南人之偏尚辭華，北士之側重理致者，大異其趣。文章篇云：

吾家世文章，甚為典正，不從流俗。梁孝元在蕃邸時，撰西府新文紀，無一篇見錄者，亦以不偶於世，無鄭衞之音故也。

其特立獨行，道不偶俗，皆此類也。

(三)文德論

文德者，文士之德操，西人所謂文學之良知（ literary conscience ）是也。自王充首揭文德之論（見論衡佚文篇），六朝步武者實繁有徒。曹丕與吳質書云：

> 觀古今文人，類不護細行，鮮能以名節自立。

此言文士不拘小節，致干世議也。三國志王粲傳裴注引魚豢之論云：

> 尋省往者，魯連鄒陽之徒，援譬引類，以解締結，誠彼時文辯之儁也。今覽王、繁、阮、陳、路諸人前後文旨，亦何昔不若哉。其所以不論者，時世異耳。余又竊怪其不甚見用，以問大鴻臚卿韋仲將。仲將云：『仲宣傷於肥戇，休伯都無格檢，元瑜病於體弱，孔璋實自粗疏，文蔚性頗忿鷙，如是彼爲，非徒以脂燭自煎糜也，其不高蹈，蓋有由矣。然君子不責備于一人，譬之朱漆，雖無楨幹，其爲光澤亦壯觀也。』

此言王粲、繁欽、阮瑀、陳琳、路粹諸子各有遺行，不能高蹈。袁淑弔古文云：

> 賈誼發憤於湘江，長卿愁悉於園邑，彥眞因文以悲出，伯喈銜史而求入，文舉疏誕以殃速，德祖精密而禍及。夫然，不患思之貧，無苦識之淺，士以伐能見斥，女以驕色貽遣。以往古爲鏡鑒，以未來爲鍼艾，書余言於子紳，亦何勞乎蓍蔡。

此言賈誼、司馬相如、張升、蔡邕、孔融、楊修諸子，或憔悴終身，或慘遭迫害，胥種因於自矜其才，自伐其能，蓋有不勝其惋惜之情者。劉勰文心雕龍程器篇云：

略觀文士之疵，相如竊妻而受金，……諸有此類，並文士之瑕累。

按劉氏歷舉文士之失德者，凡十六人，均嚴加抨彈，無稍寬假。詳見本編八章二節二目魏書溫子昇傳云：

楊遵彥作文德論，以為古今辭人皆負才遺行，澆薄險忌，唯邢子才、王元景、溫子昇彬彬有德素。

按楊愔此論已佚，莫知其詳，第以楊氏之行誼觀之，其所以針砭文士者，當較上述諸家為深切也。顏氏受其影響，乃嚴厲指斥歷代文士之缺失。其文章篇云：

自古文人，多陷輕薄。屈原露才揚己，顯暴君過。宋玉體貌容冶，見遇俳優。東方曼倩滑稽不雅，司馬長卿竊貲無操。王褒過章僮約。揚雄德敗美新。李陵降辱夷虜，劉歆反覆莽世。傅毅黨附權門，班固盜竊父史。趙元叔抗竦過度，馮敬通浮華擯壓。馬季長佞媚獲誚，蔡伯喈同惡受誅。吳質詆忤鄉里，曹植悖慢犯法。杜篤乞假無厭，路粹隘狹已甚。陳琳實號粗疎，繁欽性無檢格。劉楨屈強輸作，王粲率躁見嫌。孔融禰衡，誕傲致殞。楊脩丁廙，扇動取斃。阮籍無禮敗俗，嵇康凌物凶終。傅玄忿鬬免官，孫楚矜誇凌上。陸機犯順履險，潘岳乾沒取危。顏延年負氣摧黜，謝靈運空疏亂紀。王元長凶賊自貽，謝玄暉侮慢見及。凡此諸人，皆其翹秀者，不能悉紀，大較如此。至於帝王，亦或未免。自昔天子而有才華者，唯漢武魏太祖文帝明帝宋孝武帝，皆負世議，非懿德之君也。

自子游子夏荀況孟軻枚乘賈誼蘇武張衡左思之儔，有盛名而免過患者，時復聞之，但其損敗居多爾。

此言古來文士，或露才揚己，或熱中名利，或操守不堅，或蕩檢踰閑，形形色色，不一而足，其幸告無過者尟矣。顏氏論其致此之由云：

每嘗思之，原其所積。文章之體，標舉興會，發引性靈，使人矜伐，故忽於持操，果於進取。今世文士，此患彌切。一事愜當，一句清巧，神厲九霄，志凌千載，自吟自賞，不覺更有傍人。加以砂礫所傷，慘於矛戟，諷刺之禍，速乎風塵。深宜防慮，以保元吉。同上

以爲文主寫情，易致矜誇，文字賈禍，胥此之由。至防慮之道，宜推翻緣情文學，而易以說理文學。其不慊意於六朝唯美文學者，隱然可見。姚察推闡其說，有曰：

魏文帝稱古之文人，鮮能以名節自全，何哉。夫文者妙發性靈，獨拔懷抱，易邈等夷，必興矜露。大則凌慢侯王，小則傲蔑朋黨，速忌離訧，啓自此作。若夫屈賈之流斥，桓馮之擯放，豈獨一世哉，蓋恃才之禍也。羣士値文明之運，摛豔藻之辭，無鬱抑之虞，不遭向時之患，美矣。梁書文學傳論

李延壽所言，意亦同此。

文人不護細行，古今之所同焉。由夫聲裁所知，故取忤於人者也。觀夫顏謝之於宋朝，非不名高一代，靈運既以取斃，延之亦躓當年。向之所謂貴身，翻成害己者矣。南史顏延之等傳論

而顧炎武則曰：

唐宋以下何文人之多也，固有不識經傳不通古今而自命爲文人者矣。韓文公讀書城南詩曰：『文章豈不貴，經訓乃菑畬。潢潦無根源，朝滿夕已除。人不通古今，馬牛而襟裾。行身陷不義，況望多名譽。』而宋劉贄之訓子孫每曰：『士當以器識爲先，一號爲文人，無足觀矣。』然則以文人名於世，

焉足重哉，此揚子雲所謂摭我華而不食我實者也。黃魯直言：『數十年來，先生君子但用文章提獎後生，故華而不實。』本朝嘉靖以來亦有此風。日知錄文人之多條

蓋深慨乎文人既無器識，又華而不實，乃思有以箴之也。

㈣文以致用論

顏氏身經亂離，又遭亡國之痛，其著家訓，旨在訓誡子孫所以應世經務之道，庶幾毋墜家聲。故於抨擊文人輕薄而外，復一再痛責文人無用。涉務篇云：

吾見世中文學之士，品藻古今，若指諸掌，及有試用，多無所堪。居承平之世，不知有喪亂之禍，處廊廟之下，不知有戰陣之急。保俸祿之資，不知有耕稼之苦，肆吏民之上，不知有勞役之勤。故難可以應世經務也。晉朝南渡，優借士族，故江南冠帶有才幹者，擢為令僕已下，尚書郎中書舍人已上，典掌機要。其餘文義之士，多迂誕浮華，不涉世務，纖微過失，又惜行捶楚，所以處於清高，蓋護其短也。

此斥江左文士迂誕浮華，不涉世務。又云：

梁世士大夫，皆尚褒衣博帶，大冠高履，出則車輿，入則扶侍，郊郭之內，無乘馬者。周宏正為宣城王所愛，給一果下馬，常服御之，舉朝以為放達。至乃尚書郎乘馬，則糾劾之。及侯景之亂，膚脆骨柔，不堪行步，體羸氣弱，不耐寒暑，坐死倉猝者，往往而然。建康令王復，性既儒雅，未嘗乘騎，見馬嘶噴陸梁，莫不震懾，乃謂人曰：『正是虎，何故名為馬乎。』其風俗至此。

此斥梁朝士大夫過於柔靡脆弱，不能應變。又勉學篇云：

洛陽亦聞崔浩張偉劉芳，鄴下又見邢子才，此四儒者，雖好經術，亦以才博擅名，如此諸賢，故爲上品。以外率多田里閒人，音辭鄙陋，風操蚩拙，相與專固，無所堪能。問一言輒酬數百，責其指歸，或無要會。鄴下諺云：『博士買驢，書劵三紙，未有驢字。』使汝以此爲師，令人氣塞。

此斥鄴下文人多矜博學，大而無當。又云：

梁朝全盛之時，貴遊子弟，多無學術，至於諺云：『上車不落則著作，體中何如則祕書。』無不熏衣剃面，傅粉施朱，駕長簷車，跟高齒屐，坐棊子方褥，憑斑絲隱囊，列器玩於左右，從容出入，望若神仙。明經求第，則顧人答策，三九公讌，則假手賦詩。當爾之時，亦快士也。及離亂之後，朝市遷革，銓衡選舉，非復曩者之親，當路秉權，不見昔時之黨，求諸身而無所得，施之世而無所用。被褐而喪珠，失皮而露質，兀若枯木，泊若窮流。鹿獨戎馬之閒，轉死溝壑之際。當爾之時，誠駑材也。

此斥梁世貴遊子弟競尚豪奢，集體墮落。又云：

今世人讀書者，但能言之，不能行之，忠孝無聞，仁義不足。加以斷一條訟，不必得其理，宰千戶縣，不必理其民。問其造屋，不必知楣橫而梲豎也，問其爲田，不必知稷早而黍稺也。吟嘯談謔，諷詠辭賦，事既優閑，材增迂誕。軍國經綸，略無施用，故爲武人俗吏所共嗤詆，良由是乎。

此斥一般知識分子好爲高論，短於治事。士習如此，社稷安危，不問可知。傳曰：『國將亡，本必先顛。』左傳閔公元年其此之謂乎。

顏氏一面嚴斥文人無用，一面又提出經世致用之方。蓋胡塵蔽天，斯文殆喪，加以干戈雲擾，生計維艱，其教子弟，因諄諄以經世致用爲先。勉學篇云：

人生在世，會當有業，農民則計量耕稼，商賈則討論貨賄，工巧則致精器用，伎藝則沈思法術，武夫則慣習弓馬，文士則講議經書。多見士大夫恥涉農商，羞務工伎，射則不能穿札，筆則纔記姓名，飽食醉酒，忽忽無事，以此銷日，以此終年。或因家世餘緒，得一階半級，便是爲足，全忘脩學，及有吉凶大事，議論得失，蒙然張口，如坐雲霧。公私宴集，談古賦詩，塞默低頭，欠伸而已。有識傍觀，代其入地。何惜數年勤學，長受一生愧辱哉。

此言工農商兵百藝之人，皆有一長以應世，士而可以無乎。又云：

夫學者，所以求益爾，見人讀數十卷書，便自高大，凌忽長者，輕慢同列，人疾之如讎敵，惡之如鴟梟，如此以學自損，不如無學也。古之學者爲己，以補不足也，今之學者爲人，但能說之也。古之學者爲人，行道以利世也，今之學者爲己，脩身以求進也。夫學者，猶種樹也，春玩其華，秋登其實。講論文章，春華也，脩身利行，秋實也。

此言爲學目的，在於修身利行，講論文章，不過其手段而已。文章篇云：

至於陶冶性靈，從容諷諫，入其滋味，亦樂事也，行有餘力，則可習之。

於『陶冶性靈』下加入『從容諷諫』一句，尙用之旨，隱然若現。又云：

或問揚雄曰：『吾子少而好賦。』雄曰：『然，童子雕蟲篆刻，壯士不爲也。』余竊非之曰：『虞舜歌南風之詩，周公作鴟鴞之詠，吉甫史克，雅頌之美者，未聞皆在幼年累德也。孔子曰：「不學詩，無以言。」「自衞返魯，樂正，雅頌各得其所。」大明孝道，引詩證之，揚雄安敢忽之也。若論詩人之賦麗以則，辭人之賦麗以淫，但知變之而已，又未知雄自爲壯夫何如也。著劇秦美新，妄投于閣，周章怖慴，不達天命，童子之爲爾。』

按詩賦雖非經邦軌物之所急需，但足資陶冶性靈之用，顏氏乃令子弟以餘力學之。蓋其畢生精力所傾注者，固在折衷古今，調和南北也。

(五)文藝創作論

顏氏以爲創作文藝，非盡人能之，當以才氣爲主，學力居次。文章篇云：

學問有利鈍，文章有巧拙，鈍學累功，不妨精熟，拙文研思，終歸蚩鄙。但成學士，自足爲人，必乏天才，勿强操筆也。吾見世人，至無才思，自謂清華，流布醜拙，亦以衆矣，江南號爲詅癡符。

意謂文學家與其他專家不同，亦卽純文學與雜文之分別，專家學者非不能爲純文學，但不必佳耳，博士買驢一事，非其明證歟。雖然，世人多無自知之明，本乏天才，而强事創作，拙文研思，終歸蚩鄙，其不騰笑士林者，未之有也。顏氏嘗舉一趣事云：

近在幷州，有一士族，好爲可笑詩賦，誂擎邢魏諸公，衆共嘲弄，虛相讚說，便擊牛釃酒，招延聲譽。其妻明鑒婦人也，泣而諫之。此人歎曰：『才華不爲妻子所容，何況行路。』至死不覺，自見之謂明，此誠難也。文章篇若此之流，無代無之，眞堪列入笑林廣記，以爲茶餘談笑之資也。才氣而外，當從三易。

沈隱侯曰：『文章當從三易：易見事一也，易識字二也，易讀誦三也。』邢子才常曰：『沈侯文章，用事不使人覺，若胸臆語也。』深以此服之。祖孝徵亦嘗謂吾曰：『沈詩云，崖傾護石髓。此豈似用事耶。』（請參閱本編七章四節一目）

文章旣成，勿卽出手，須先謀親友，俾知是非。

學爲文章，先謀親友，得其評裁，知可施行，然後出手，愼勿師心自任，取笑旁人也。自古執筆爲文者，何可勝言，然至於宏麗精華，不過數十篇爾。但使不失體裁，辭意可觀，便稱才士。要動俗蓋世，亦俟河之淸乎。

己之所作，固須先謀親友，而他人之作，則不可妄加評裁。

江南文制，欲人彈射，知有病累，隨卽改之，陳王得之於丁廙也。山東風俗，不通擊難，吾初入鄴，遂嘗以忤人，至今爲悔，汝曹必無輕議也。（以上俱見文章篇）

蓋時際亂離，動輒招禍，自全之道，惟有三緘其口耳。（參用近人羅根澤氏之說。見魏晉六朝文學批評史十章六節）

㈥勿貴遠賤近

貴遠賤近之非，人皆知之，而不能改者，狃於習也。顏氏嘗指出其弊害以告誡子弟曰：

世人多蔽，貴耳賤目，重遙輕近。少長周旋，如有賢哲，每相狎侮，不加禮敬。他鄉異縣，微藉風聲，延頸企踵，甚於飢渴。校其長短，覈其精粗，或彼不能此矣。所以魯人謂孔子爲東家丘。昔虞國

宮之奇，少長於君，君狎之，不納其諫，以至亡國，不可不留心也。慕賢篇

此說同符曹丕，特加詳耳。又舉丁覘書字爲例曰：

梁孝元前在荆州，有丁覘者，洪亭民爾。頗善屬文，殊工草隸，孝元書記，一皆使之，軍府輕賤，多未之重，恥令子弟以爲楷法。時云丁君十紙，不敵王褒數字。吾雅愛其手迹，常所寶持，孝元嘗遣典籤惠編送文章示蕭祭酒，祭酒問云：『君王比賜書翰及寫詩筆，殊爲佳手，姓名爲誰，那得都無聲問。』編以實答，子雲歎曰：『此人後生無比，遂不爲世所稱，亦是奇事。』於是聞者少復刮目。稍仕至尚書儀曹郎，末爲晉安王侍讀，隨王東下，及西臺陷歿，簡牘湮散，丁亦尋卒於揚州。前所輕者，後思一紙，不可得矣。同上

此則貴耳賤目、重遠輕近之失也。顏氏雖力加糾正，而積重難返，終無實效，良可慨已。

㈦文情說

顏氏雖有意排斥南方緣情文學，而提倡說理文學，然於富有情致之作品，輒讚歎不置。文章篇云：

王籍入若耶溪詩云：『蟬噪林逾靜，鳥鳴山更幽。』江南以爲文外斷絕，物無異議。簡文吟詠，不能忘之，孝元諷味，以爲不可復得。至懷舊志載於籍傳。范陽盧詢祖，鄴下才俊，乃言此不成語，何事於能。魏收亦然其論。詩云：『蕭蕭馬鳴，悠悠旆旌。』毛傳曰：『言不諠譁也。』吾每歎此解有情致，籍詩生於此意爾。

其理論未能前後相貫者，此其一例。雖然，文學固不能外乎情也。文學重情之說，中外學者，所見略同。柳

晁與盧大夫書曰：

文生於情，情生於哀樂。

章學誠申之曰：

文生於情，情又生於文，氣動志而志動氣也。故有所識解而著文辭，辭之所及，忽有所觸而轉增識解，皆一理之奇也。文史通義雜說篇

又曰：

文以氣行，亦以情至。人之於文，往往理明事白，於爲文之初指，亦若可無憾矣，而人見之者，以謂其理其事不過如是，雖不爲文可也。此非事理本無可取，亦非作者之文不如其事其理，文之情未至也。今人誤解辭達之旨者，以謂文取理明而事白，其他又何求焉。不知文情未至，卽其理其事之情亦未至也。譬之爲調笑者，同述一言，而聞者索然，或同述一言，而聞者笑不能止，得其情也。譬之訴悲苦者，同敍一事，而聞者漠然，或同敍一事，而聞者涕洟不能自休，得其情也。昔人謂文之至者，以爲不知文生於情，情生於文。夫文生於情，而文又能生情，以謂文人多事乎。不知使人由情而恍然於其事其理，則辭之於事理，必如是而始可稱爲達爾。同上

蓋感情之要，端在自體之不朽，此則訴諸人情爲能耳。自狄昆西（De Quincey）分知識之文與感化之文以後，文學評論家無不深韙其說，僉以情感爲構成文學最要之原素矣。

以上爲顏氏論文之精義所在，顏氏固不以文章名者，其家訓一書，亦非專爲衡文而作，然卽就上舉寥寥數篇觀之，其識見已遠在北朝諸家之上，而所以沾溉文苑者，尤非一世也。

主要參考引用書目

（一）經學類

十三經注疏　藝文印書館
論語義疏　皇侃　藝文印書館
經學歷史　皮錫瑞　商務印書館
中國經學史　馬宗霍　商務印書館

（二）史學類

後漢書　范曄　鼎文書局
三國志　陳壽　鼎文書局
晉書　房玄齡等　鼎文書局
宋書　沈約　鼎文書局
南齊書　蕭子顯　鼎文書局
梁書　姚思廉　鼎文書局
陳書　姚思廉　鼎文書局

魏書	魏收	鼎文書局
北齊書	李百藥	鼎文書局
周書	令狐德棻	鼎文書局
隋書	魏徵等	鼎文書局
南史	李延壽	鼎文書局
北史	李延壽	鼎文書局
高士傳	皇甫謐	商務印書館
史通	劉知幾	世界書局
資治通鑑	司馬光等	洪氏出版社
文史通義	章學誠	國史研究室
二十二史箚記	趙翼	樂天出版社
中華通史	章嶔	商務印書館
中國古代史	夏曾佑	商務印書館
中國通史	金兆豐	中華書局
秦漢史	呂思勉	開明書店
兩晉南北朝史	呂思勉	開明書店

中國文化史　柳詒徵　正中書局
中國史　王桐齡　啓明書局
中國通史要略　繆鳳林　商務印書館
中國文化史　陳登原　世界書局
中國婦女生活史　陳東原　商務印書館
五朝門第　王伊同　文海出版社
中國上古中古文化史　陳安仁　泰順書局
中國政治思想史　蕭公權　華岡書局
南北朝經濟史　陶希聖　武仙卿　商務印書館
中國政治制度史　陶希聖　啓業書局
魏晉南北朝史　勞榦　華岡書局
中國通史　傅樂成　大中國圖書公司
魏晉南北朝史　林瑞翰　至大圖書公司
兩晉南北朝士族政治之研究　毛漢光　中國學術著作獎助委員會
永嘉亂後北方的豪族　金發根　中國學術著作獎助委員會
竹林七賢研究　何啓民　學生書局

（三）子學類

老子注	王弼	中華書局
莊子集釋	郭慶藩	世界書局
列子注	張湛	世界書局
論衡	王充	世界書局
人物志	劉劭	世界書局
漢魏叢書	程榮等	新興書局
抱朴子	葛洪	世界書局
神仙傳	葛洪	新興書局
世說新語	劉義慶	世界書局
金樓子	蕭繹	世界書局
顏氏家訓	顏之推	世界書局
顏氏家訓彙注	周法高	國風出版社
莊子讀本	黃錦鋐師	三民書局
莊子及其文學	黃錦鋐師	東大圖書公司

（四）哲學佛學類

洛陽伽藍記	楊衒之	中華書局
弘明集	僧祐	商務印書館
廣弘明集	道宣	商務印書館
法苑珠林	道世	商務印書館
高僧傳	慧皎	商務印書館
中國倫理學史	蔡元培	商務印書館
中國宗教思想史大綱	王治心	中華書局
中國佛教史	蔣維喬	鼎文書局
中國哲學史	謝无量	中華書局
中國哲學史	馮芝生	
魏晉思想論	劉大杰	中華書局
漢魏兩晉南北朝佛教史	湯用彤	商務印書館
魏晉玄學論稿	湯用彤	廬山出版社
魏晉的自然主義	容肇祖	商務印書館
中國哲學史	勞思光	香港中文大學
中國學術思想大綱	林景伊師	學生書局

中國學術思想史論叢　錢穆　東大圖書公司
魏晉玄學　牟宗三　東海大學
才性與玄理　牟宗三　學生書局
老莊研究　嚴靈峯　中華書局
中國哲學史綱要　范壽康　開明書店
魏晉思想與談風　何啓民　學生書局

（五）音韻學類

中國音韻學史　張世祿　商務印書館
中國聲韻學概要　張世祿　商務印書館
中國聲韻學通論　林景伊師　世界書局
訓詁學概要　林景伊師　正中書局
中國聲韻學　潘石禪師　東大圖書公司
唐以前小學書之分類與考證　林明波　東吳大學

（六）文學類

全上古三代秦漢三國六朝文　嚴可均　宏業書局
全漢三國晉南北朝詩　丁福保　世界書局

漢魏六朝一百三家集	張溥	新興書局
文選注	李善	藝文印書館
玉臺新詠	徐陵	世界書局
南北朝文鈔	彭兆蓀	世界書局
樂府詩集	郭茂倩	世界書局
駢體文鈔	李兆洛	世界書局
六朝文絜	許槤	新興書局
太平廣記	李昉	藝文印書館
四六叢話	孫梅	世界書局
歷代詩話	何文煥	藝文印書館
百種詩話類編	臺靜農師	藝文印書館
樂府詩粹箋	潘石禪師	人生出版社
中國文學百科全書	楊家駱師	鼎文書局
歷代文約選詳評	王禮卿	中華叢書編審委員會
漢魏六朝小說選	葉慶炳	弘道文化公司
歷代駢文選注	張仁青	中華書局

※	※	※
中國文學批評史	陳鍾凡	中華書局
中國文學批評史	郭紹虞	明倫出版社
中國文學批評	方孝岳	泰順書局
中國文學批評通論	傅庚生	華正書局
中國文學欣賞舉隅	傅庚生	時代書局
中國文學批評史大綱	朱東潤	開明書店
中國文藝思潮	蔡正華	泰順書局
中國文藝變遷論	張世祿	商務印書館
中國文藝思想史略	朱維之	地平線出版社
周秦兩漢文學批評史	羅根澤	商務印書館
魏晉六朝文學批評史	羅根澤	商務印書館
隋唐文學批評史	羅根澤	商務印書館
中古文學思想	王瑤	鼎文書局
文學概論	馬宗霍	商務印書館
文學論	劉永濟	商務印書館

文學概論	王夢鷗	藝文印書館
中國文學理論	何朋	香港中文大學
中國文學批評家與文學批評	朱東潤等	學生書局
※	※	※
中國文學史	曾毅	文史哲出版社
中國大文學史	謝无量	中華書局
中國文學史綱	歐陽溥存	學生書局
中國文學史	錢基博	海國書局
中國文學史大綱	顧實	商務印書館
中國文學史	胡雲翼	華正書局
漢魏六朝文學	陳鍾凡	商務印書館
中國文學史大綱	容肇祖	開明書店
中國文學發展史	劉大杰	華正書局
中國文學源流	胡毓寰	商務印書館
白話文學史	胡適	文光圖書公司
中國文學	高仲華師	復興書局

中國文學史論	華仲麐師	開明書店
中國文學流變史	李健光師	聯貫出版社
中國文學史研究	梁容若	三民書局
中國文學史	葉慶炳	廣文書局
中古文學概論	徐嘉瑞	鼎文書局
近古文學概論	徐嘉瑞	鼎文書局
中古文學風貌	王瑤	鼎文書局
中國婦女文學史	謝无量	中華書局
※	※	※
駢文通義	錢基博	上海大華書局
駢文指南	謝无量	中華書局
六朝麗指	孫德謙	新興書局
駢文與散文	蔣伯潛	世界書局
中國駢文概論	瞿兌之	泰順書局
駢文學	劉麟生	商務印書館
中國駢文史	劉麟生	商務印書館

駢文衡論　謝鴻軒師　廣文書局
中國駢文發展史　張仁青　中華書局
中國韻文通論　陳鍾凡　中華書局
中國韻文概論　梁啓勳　商務印書館
中國韻文史　龍沐勛　樂天出版社
中國散文史　陳柱　商務印書館
※　※　※
中國詩歌發展史　梁石　經氏出版社
中國詩史　陸侃如 馮沅君　香港古文書局
樂府文學史　羅根澤　文史哲出版社
中國小說概論　胡懷琛　泰順書局
中國小說史　郭箴一　明倫出版社
中國小說史　孟瑤　傳記文學社
※　※　※
文論講疏　許文雨　正中書局
詩論　朱光潛　正中書局

詩詞散論　繆鉞　開明書店
文選學　駱鴻凱　中華書局
古文辭通義　王季薌　中華書局
涵芬樓文談　吳曾祺　商務印書館
文學研究法　郭象升　正中書局
初唐詩學著述考　王夢鷗　商務印書館
陶淵明研究　九思出版社
陶淵明評論　李辰冬師　東大圖書公司
詩品注　汪履安師　正中書局
古文通論　馮書耕　金仞千　雲天出版社

※　※　※

文心雕龍注　黃叔琳　世界書局
文心雕龍札記　黃季剛　文史哲出版社
唐寫文心雕龍殘本合校　潘石禪師　新亞研究所
文心雕龍校釋　劉永濟　正中書局
文心雕龍注訂　張立齋　正中書局

文心雕龍研究專號　饒宗頤等　香港中文大學
文心雕龍注　范文瀾　開明書店
文心雕龍通識　張嚴　商務印書館
文心雕龍研究論文集　淡江學院
文心雕龍研究　王更生　文史哲出版社
文心雕龍批評論發微　沈謙　聯經出版公司
※　※　※
中國女性的文學生活　譚正璧　河洛出版社
中古文人生活　王瑤　三人行出版社
文藝心理學　朱光潛　開明書店
文體論　薛鳳昌　商務印書館
文體論纂要　蔣伯潛　正中書局
蕭統兄弟之文學集團　劉漢初　臺大碩士論文
六十年來之駢文　張仁青　文史哲出版社

（七）其他類

日知錄　顧炎武　明倫出版社

四庫全書總目提要　紀昀　商務印書館
四庫全書簡明目錄　紀昀　世界書局
劉申叔先生遺書　劉師培　大新書局
章氏叢書　章太炎　世界書局
飲冰室文集　梁啓超　中華書局
陳寅恪先生論文集　陳寅恪　九思出版社
中國南北文化觀　陳序經　牧童出版社
國學概論　錢穆　商務印書館
梅園論學續集　戴君仁　藝文印書館
楚望樓駢體文　成楚望師　中華書局
高明文集　高仲華師　黎明文化事業公司
國學概論　程旨雲師　正中書局
中國文化之精神價值　唐君毅　正中書局

（八）外文類

文鏡祕府論　遍照金剛　河洛出版社
中國古代文藝論史　鈴木虎雄　日本東京岩波書店

中國詩論史　鈴木虎雄　日本東京岩波書店

中國文學通論　兒島獻吉郎著　孫俍工譯　商務印書館

中國文學概論　鹽谷溫著　孫俍工譯　開明書店

文學概論　本間久雄　開明書店

中國文學概說　青木正兒　日本東京春秋社

中國古代文藝思潮　青木正兒　日本東京春秋社

中國文學思想史　青木正兒著　張仁青　鄭樑生譯　開明書店

中國文化史　高桑駒吉著　李繼煌譯　商務印書館

苦悶之象徵　廚川白村

魏晉南北朝通史　岡崎文夫　日本京都弘文堂書房

中國小說史之研究　小山環樹　日本東京岩波書店

六朝思想史研究　村上嘉實　日本東京平樂寺書店

中國文學思想論　橋本循　河洛出版社

中國韻文史　澤田總清著　王鶴儀譯　商務印書館

文學評論之原理　Winchester著　景昌極　錢堃新譯　商務印書館
西洋文學批評史　Cleanth Brooks著　顏元叔譯　志文出版社
艾略特文學評論選集　T.S.Eliot著　杜國清譯　田園出版社